MW00564173

B T S

RM

-

김남준

진
Jin

–

김석진

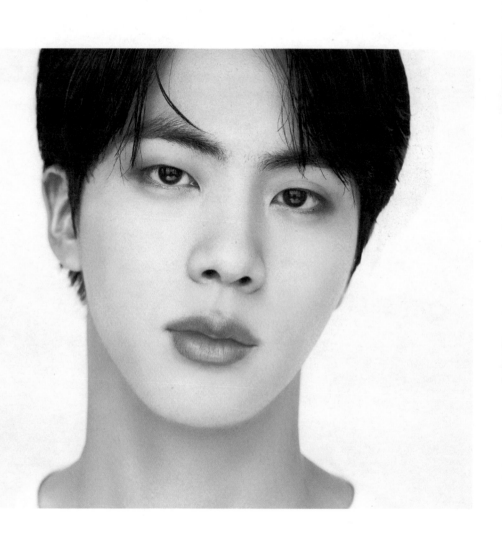

슈가
SUGA
-
민윤기

제이홉
j-hope
-
정호석

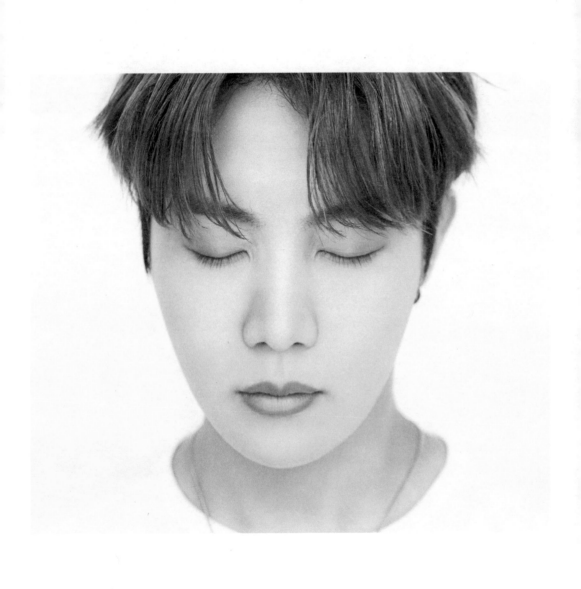

지민
Jimin
-
박지민

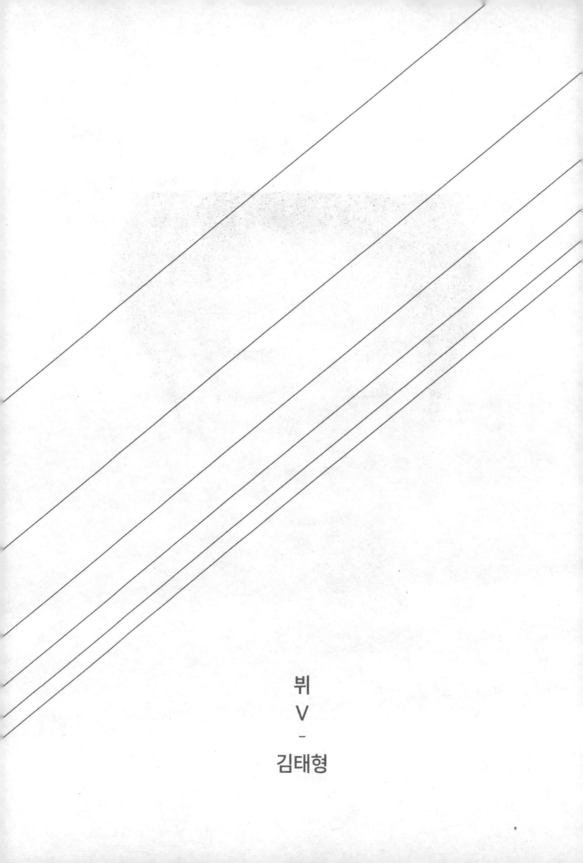

뷔
V
-
김태형

정국
Jung Kook

–

전정국

BEYOND THE STORY

CRÓNICA DE 10 AÑOS DE BTS

Myeongseok Kang

BTS

PLAZA JANÉS

ÍNDICE

CAPÍTULO 1

SEOUL

‖‖ ‖ ‖ ‖ ‖ ‖ ‖ ‖‖‖

SEÚL

‖ ‖ ‖ ‖ ‖ ‖ ‖ SEOUL ‖ ‖ ‖ ‖ ‖ ‖

El cruce más concurrido de Corea se encuentra en el distrito de Gangnam, en Seúl, cerca de la estación de Sinsa. Quienes conducen por el puente Hannam sobre el río Han hacia Gangnam pasarán por este cruce antes de dirigirse a diferentes partes del distrito, como Nonhyeon, Cheongdam o Apgujeong. Cuando hay mucho tráfico, los conductores pueden quedarse mirando los semáforos durante decenas de minutos, esperando su turno. Por eso, el metro es probablemente la mejor forma de llegar a la estación de Sinsa, si ese es tu destino.

Sin embargo, si tu destino es algún lugar cercano a la salida 1 de la estación de Sinsa, la cosa ya cambia: por ejemplo, si resulta que vas al edificio Cheonggu, que en 2010 albergaba a Big Hit Entertainment, después conocido como HYBE.

Seúl, Gangnam-gu, Dosandaero 16-gil 13-20. Incluso con la dirección, no es fácil encontrar el edificio Cheonggu si nunca has ido a Gangnam o al cruce de la estación de Sinsa. Según la aplicación Kakao-Map, la distancia entre este edificio y la salida 1 es de 568 metros, pero por el mapa es imposible saber que el edificio está cerca del final de una cuesta empinada, ni que hay que dar varias vueltas por el camino para llegar a él. A menos que se conduzca hasta allí con la ayuda de un navegador GPS, encontrar el edificio Cheonggu suponía echarle un poco de esfuerzo y muchas vueltas.

————Estaba perdido.

Ese fue el caso de Jeong Hoseok, que debutaría tres años después como j-hope de BTS. Tras firmar un contrato de *trainee* con Big Hit Entertainment, en abril de 2010, estaba entrenándose en su ciudad natal de Gwangju cuando la empresa le pidió que se mudara a la residencia de *trainees* de Big Hit Entertainment, cerca del edificio Cheonggu de Seúl. Llegó el 24 de diciembre de 2010.

————Tenía mucho miedo. Era Nochebuena y las calles estaban llenas de gente animada, pero no conseguía orientarme en absoluto.

Nunca había viajado en el metro de Seúl ni había pasado la Nochebuena en el moderno Sinsa-dong. Era una zona muy transitada, incluso para Seúl, pero la ubicación esquiva de la residencia era tan intimidante para j-hope como el metro lleno de gente o la vista poco familiar del barrio de Sinsa.

————No paraba de decir: «¡Qué frustrante es esto!», y acabé llamando al entonces jefe de A&R [Artistas y Repertorio]. «¿Cómo llego hasta allí?».

Después de llamar, «seguí yendo recto y como pude», en sus palabras, y al final llegó. Así empezaba su vida en la residencia —algo que deseaba desde el día anterior—, de la que todavía tenía nítidos recuerdos diez años después. Ese día, sin embargo, le esperaba una sorpresa.

————SUGA estaba allí en calzoncillos (risas). Había restos de manitas de cerdo en el fregadero, ropa desperdigada por el suelo y todo el mundo iba por ahí en ropa interior. «¿Esta es la vida en la residencia?», pensé.

Big Hit Entertainment

Aproximadamente un mes y medio antes de esto, a principios de noviembre, Min Yoongi —que debutaría como SUGA de BTS—, al igual que j-hope, había llegado a la salida 1 de la estación de Sinsa y buscaba la residencia.

————Mis padres me dejaron allí. Había un estudio de prácticas en el sótano del restaurante Yujeong, cerca del edificio Cheonggu, y ahí estuve esperando hasta que salió Pdogg y me llevó dentro. Después, mis padres me dijeron que parecía que se me llevaran a rastras (risas).

SUGA tenía entonces diecisiete años. Era demasiado joven para dejar Daegu, su ciudad natal, y venir a Seúl porque quería dedicarse a la música, pero en Corea es difícil convertirse en un artista popular si no se está en Seúl.

————Estaba en un grupo de baile en Daegu y trabajaba en un estudio. Pero el lugar era demasiado pequeño. De vez en cuando nos salía algún bolo. A veces nos pagaban las actuaciones con entradas, no con dinero. No lo hacíamos solo por dinero, pero creo que, por lo menos, deberían habernos pagado lo suficiente para comprar algo de comer y muchas veces ni siquiera nos pagaban eso.

Cuando SUGA entró en Big Hit Entertainment, ya era compositor profesional y trabajaba en Daegu. Asistía a *hagwons* (academias privadas) de música para aprender MIDI, conocía a compositores e iba de estudio en estudio haciendo todo tipo de trabajos. Por aquel entonces, en Daegu no había ningún instituto de arte que impartiera música popular, por lo que durante un tiempo estudió música clásica con la intención de entrar en la escuela superior de arte. Aprendió distintos tipos de música de diferentes músicos, componiendo de todo un poco, desde canciones escolares hasta *trot*. Sin embargo, para un adolescente que soñaba con una carrera como músico profesional, sobre todo un adolescente obsesionado con el hiphop, las perspectivas fuera de Seúl eran escasas.

————El hiphop no era muy *mainstream* en Daegu por aquel entonces. Era la época en que la gente se burlaba de los raperos llamándolos «guerreros del hiphop», cuando los *hyungs* con los que cantaba hacían *cyphers*[1] en el parque y teníamos a unos veinte espectadores. En el primero hubo solo dos.

En retrospectiva, ir a Seúl fue una elección bastante razonable para SUGA. De hecho, SUGA y j-hope habían tomado deliberadamente la decisión de entrar en el proceso de audiciones para ser *idols* antes de unirse a Big Hit Entertainment como *trainees*; j-hope había hecho audiciones con otras compañías y tenía sueños concretos de debutar como cantante cuando desde su *hagwon* de baile le recomendaron para una audición con Big Hit.

A medida que los grupos de *idols* coreanos se hacían extraordinariamente populares en la primera década del siglo XXI, no solo a nivel nacional sino también internacional, los adolescentes que aspiraban al estrellato acudían en masa a famosos *hagwons* de baile que no solo enseñaban a bailar, sino que también presentaban a los estudiantes más prometedores a empresas de entretenimiento de Seúl. Así fue también como la formación inicial de j-hope se externalizó a Gwangju antes de entrar en la residencia de Seúl.

————La gente de A&R de Big Hit vino a Gwangju y asistió personalmente a las audiciones. Bailé para ellos e hice ocho meses de formación externa después de haber superado la prueba. Una vez al mes, me grababa bailando y cantando y enviaba los vídeos a la empresa.

Mientras tanto, SUGA, que ya era compositor profesional, se interesó en una persona en particular en Big Hit Entertainment.

---

1 Término hiphop para los raperos que se reúnen en un círculo y se turnan para inventar versos al mismo ritmo.

————Siempre me gustó el compositor Bang Si-Hyuk. Me gustó mucho la canción de T-ara «Like the First Time» y me enteré de que Bang había escrito esa canción. Por aquel entonces no salía en televisión ni nada, pero ya era famoso como compositor entre la gente entendida.

Para los adolescentes que no conocían bien la industria del entretenimiento, lo mejor que podían hacer era confiar en la empresa que les hubiera recomendado su *hagwon* de baile o presentarse a una audición porque su compositor favorito trabajaba allí.

Incluso antes del increíble éxito de los actuales BTS, Big Hit Entertainment ya era una empresa muy respetada en 2010 y más que digna de ser la compañía soñada por un joven músico. Bang Si-Hyuk, el actual presidente de HYBE, fundó Big Hit en 2005 y, cuando firmaron j-hope y SUGA, ya había llevado al estrellato a artistas de éxito como 8Eight, J-Lim y 2AM. En particular, «Can't Let You Go Even if I Die» de 2AM, compuesta por Bang, fue un exitazo que catapultó al grupo a lo más grande. Big Hit Entertainment no era poca cosa: ya tenía artistas de éxito en plantilla y el propietario y principal productor de la compañía era famoso por su capacidad constante de lanzar éxitos.

Sin embargo, el equipo que Big Hit estaba tratando de construir en aquel momento con *trainees* como SUGA y j-hope, el grupo que acabaría convirtiéndose en BTS, estaba resultando ser todo un reto para Bang Si-Hyuk.

La creación de un grupo de *idols* de K-pop es como la producción de una gran película de Hollywood. Todo converge en un único esfuerzo, incluido el capital, la planificación, la publicidad y las relaciones públicas, e incluso el valor de marca de la propia compañía. A pesar de ello, la industria era tan competitiva que solo unos cinco grupos de chicos y cinco de chicas en una década podían considerarse exitosos. La mayoría de estos grupos populares procedían de lo que se conocía como «las tres grandes»: SM Entertainment, YG Entertainment y JYP Entertainment. Estas empresas, al igual que los grandes estudios de Hollywood, tenían la mayor parte del capital y los conocimientos técnicos de la industria.

Big Hit, por supuesto, tenía a 2AM. No obstante, el sello conjunto JYP fue el que se encargó de todo, desde la formación hasta el lanzamiento. Por eso, para Big Hit Entertainment, el proceso de *casting*, formación y lanzamiento era una empresa totalmente nueva.

Y ni que decir tiene que todo este procedimiento era mucho más difícil y costoso que el simple lanzamiento de un baladista. Los grupos de *idols* tienen que dominar simultáneamente el canto y el baile en el escenario, y todo ese canto y baile hay que entrenarlo bien, lo que significa que se necesita suficiente espacio de práctica para enseñar canto y baile a decenas de *trainees*. A los que venían de lejos, como SUGA y j-hope, y a los que muestran un gran potencial y, por tanto, se les considera más cerca de debutar, hay que proporcionarles alojamiento y comida. Preparar a un grupo de *idols* para su debut no solo requiere oficinas y despachos para la compañía en sí, sino literalmente «espacios» para todo lo anterior.

Por eso, j-hope no pudo más que sorprenderse ante lo que vio aquella Nochebuena cuando entró por primera vez en la residencia. Big Hit Entertainment era una gran empresa de la industria del entretenimiento en la que un artista en ciernes como él podía confiar para cultivar su talento. Sin embargo, en cierto modo, la empresa estaba más cerca de ser una especie de start-up. Las oficinas administrativas y estudios de grabación se encontraban hacinados en la segunda planta.

Bang Si-Hyuk utilizaba una de esas habitaciones diminutas para su trabajo artístico y administrativo, incluidas las reuniones. Era tan pequeña que no cabían más de tres personas y la tercera tenía que sentarse en el suelo. En lugar de reunir a todos los *trainees* en el mismo edificio, Bang alquiló espacios de prácticas y alojamientos en los alrededores del edificio Cheonggu.

Estos espacios, al igual que los despachos, apenas bastaban para sus funciones más básicas, lo que resulta evidente al contrastar las imágenes de práctica de Jung Kook de febrero de 2013* con las imágenes de baile de BTS filmadas en la sede de HYBE.** En 2013, Big Hit tenía claramente todo lo que necesitaba y más para una empresa de su tamaño, pero, comparada con «las tres grandes», bien podría parecer que no tenía nada.

Sin embargo, lo que sí tenía Big Hit a espuertas era gente; *trainees*, por ejemplo. Había unos quince chicos formándose con ahínco para convertirse en BTS. En un momento dado, hubo veinte aspirantes compitiendo por entrar en el grupo de chicas Glam, que debutó un año antes que BTS. Y lo que es más importante, Big Hit también contaba con el productor y creador de contenidos Bang Si-Hyuk, el productor Pdogg y el director de actuaciones Son Sungdeuk.

No obstante, en lo que se refiere a los dos adolescentes que habían llegado a Seúl desde Daegu y Gwangju, lo primero que les causó una gran impresión, como dijo el mismo SUGA al mudarse a la residencia, fue que hubiera un montón de adolescentes de su edad con intereses similares. SUGA recuerda:

—Fui al estudio de grabación y RM y Supreme Boi estaban allí, además de otros *trainees*, y todos nos emocionamos hablando de música.

Guarida del rap

RM,[2] que más tarde se convertiría en el líder de BTS, pasó su adolescencia como Kim Namjoon en la ciudad de Ilsan, provincia de Gyeonggi. Recuerda el municipio como «una ciudad donde todo era placentero».

—La ciudad se construyó siguiendo una planificación muy buena y todos los espacios verdes tenían un efecto emocionalmente calmante.

La ciudad albergaba el parque del lago Ilsan, de fácil acceso para cualquiera que viviera en los alrededores. En su mayoría, las zonas residenciales eran complejos de apartamentos, y había dos grandes zonas comerciales: La Festa y Western Dom. La ciudad estaba planificada desde su fundación, con unas calles e instalaciones impecables. Toda la ciudad era espaciosa y tranquila durante la mayor parte de la semana, mientras que los dos distritos comerciales se volvían más bulliciosos y festivos desde el viernes por la noche y durante todo el fin de semana.

—Es un lugar con una cierta sensación de comodidad. Hay un poco de ese gris típico de una ciudad y de las caras aburridas de los peatones, pero no hay edificios altos ni grandes oficinas corporativas, lo que facilita ver el cielo. El entorno es excelente para concentrarse en los estudios. No es el campo, pero a mí me lo parece.

---

2 El apodo de RM desde 2012 era inicialmente «Rap Monster» hasta que se lo cambió a «RM» el 13 de noviembre de 2017, con el espíritu de abarcar una mayor variedad musical.

Aunque está cerca de Seúl, Ilsan no es tan grande ni bulliciosa como la capital, lo que fue un factor clave para que RM descubriera el hiphop. Empezó a conectarse a internet en primer curso y descubrió el rap por Nas y por las entrevistas y documentales de artistas de hiphop en You-Tube. Y, de postre, aprendió inglés por el camino.

Sin embargo, fuera de internet, la vida de Kim Namjoon, estudiante de secundaria, estaba algo alejada del hiphop. Tanto como la distancia que separa Ilsan del barrio universitario Hongik de Seúl.

———Si Ilsan ofrecía alguna ventaja al hiphop era que Sinchon y Hongdae estaban muy cerca, a tan solo un trayecto en autobús. Soñaba con actuar en lugares como Drug o Geek Live House, que ya no existen, y hasta en un lugar más grande como Rollinghall, ya más adelante.[3] Ese lugar podía acoger a quinientas personas.

El trayecto en autobús de Ilsan a Hongdae era de algo menos de una hora. Aun así, si un fin de semana en Ilsan significaba una familia de tres o cuatro miembros paseando alrededor del lago del parque, un fin de semana en Hongdae y Sinchon era sinónimo de raperos y aspirantes a raperos y su público juntándose en los clubes.

Cuando RM tomó la decisión de hacer una prueba para el sello de hiphop Big Deal Records en 2009 a fin de convertirse en rapero profesional, no significaba solo trayectos de ida y vuelta entre Ilsan y Hongdae en autobús. Implicaba saltar a un mundo que solo había visto en internet; un mundo completamente distinto al de la ciudad que amaba tanto que en alguna ocasión ha dicho: «Es un privilegio haber nacido en

---

3 En 2022, unos días después del lanzamiento el 2 de diciembre de su álbum en solitario *Indigo*, RM ofrecería un pequeño concierto para doscientos fans en Rollinghall el 5 de diciembre.

Ilsan». Y eso no fue todo, el lugar en el que acabó aterrizando no fue Hongdae sino Gangnam.

————Pasé el primer corte, así que en la segunda audición me tocó actuar con artistas que habían debutado ya, pero me equivoqué con la letra. Pensé que se había acabado todo para mí.

Pero, curiosamente, un amigo del rapero Sleepy, del dúo de hiphop Untouchable, acudió por casualidad a la fiesta posterior a la audición y dijo que Sleepy se había interesado por el trabajo de RM hacía poco y se apuntó su número de teléfono.

————Sleepy dijo que me había visto en una audición. Supongo que lo dejé impresionado porque habló de mí y preguntó por mí. Así que le di mi número de teléfono a su amigo para que se lo pasara. Así fue como empezamos a intercambiar correos. Resulta que Sleepy era un viejo amigo de Pdogg. Y, cuando Pdogg le preguntó: «¿Conoces a algún rapero joven?», me recomendó.

Entonces llegó la llamada que aparece en «A Common Trainee's Christmas»* publicada en el blog de BTS[4]** antes del debut: «Un pueblerino de Ilsan / que llegó al 1 por ciento más alto a nivel nacional / de repente recibe una llamada durante los parciales». Sleepy llamó a RM y le preguntó: «Oye, ¿conoces a un tipo llamado Bang Si-Hyuk?».

---

4 En diciembre de 2012, unos seis meses antes de su debut, BTS lanzó su blog oficial —que ellos mismos gestionaban— y abrió una cuenta de Twitter.

RM, que se había situado en el percentil superior en los exámenes nacionales de simulacro. SUGA, que escribía canciones desde los doce años y ya era músico profesional en el instituto. Y los otros *trainees* de la residencia, que se habían presentado a las audiciones de Big Hit Entertainment como raperos y fans del hiphop. Para todos ellos, la vida en la residencia era crucial para crecer en un sentido musical, máxime si la música resultaba ser hiphop y rap. Según j-hope:

———Era una auténtica guarida del rap.

En el momento de su audición, j-hope no sabía rapear lo más mínimo. Versionó «Black Happiness» de Yoonmirae para la parte de rap, pero se quedó tan insatisfecho que tuvo miedo de haber suspendido la prueba. Para j-hope, lo que ocurría en aquella residencia debió de ser un auténtico choque cultural. Así lo recuerda:

———Vaya, en cuanto entrabas en esa residencia, los chicos empezaban a rapearte en plan *freestyle*. ¡Yo no sabía hacer nada de eso! Cada fin de semana, la compañía nos filmaba rapeando al estilo libre. Pero luego volvían a la residencia y seguían con los ritmos y dándole al rap.

La residencia rezumaba hiphop, con versiones improvisadas de canciones como «Black and Yellow» de Wiz Khalifa en mitad de la noche.

Aquellos días en la residencia en que el hiphop era trabajo, diversión y vida todo en uno para un puñado de adolescentes tendrían un gran protagonismo a la hora de formar la identidad de BTS en los años venideros. Sobre el hiphop y el vínculo especial entre el grupo, j-hope ha dicho:

———No podías no rapear en aquel ambiente. Además, todo el mundo me animaba muchísimo. Les preguntaba todo tipo de cosas sobre el rap, lo estudiaba y aprendí un montón.

Aunque j-hope era un novato en el rap, la vida llena de ritmos de la residencia lo hizo enamorarse rápidamente del género, lo que también le permitió trabar nuevas amistades con sus compañeros de formación. Un lugar donde los raperos y este bailarín que ahora también rapeaba se habían reunido para formarse como músicos profesionales: j-hope bautizó esta etapa como la «primera temporada» de su vida en la residencia.

La «segunda temporada» comenzó con la llegada de Jung Kook.[5]

Segunda temporada

Cuando empezó a perfilarse el debut de BTS, los *trainees* de Big Hit Entertainment se dividieron en dos grupos. Uno era el grupo de aspirantes de gran potencial que parecían listos para debutar, y el otro grupo estaba formado por los *trainees* cuyo debut aún no estaba confirmado. RM, SUGA y j-hope estaban en el primer grupo.

————Pensé: «Anda, yo también quiero estar ahí». Porque había venido por Rap Monster.

Es un dato muy conocido que Jung Kook fue contratado por Big Hit Entertainment en 2011 en uno de los *castings* para *Superstar K3*, un programa de audiciones televisivas de Mnet. Sin embargo, la historia de cómo un estudiante de secundaria de Busan llamado Jeon Jung Kook decidió ir al edificio Cheonggu de Seúl es un poco más compleja. Jung

---

5 Esta crónica sigue el orden de llegada de los miembros a la residencia de los *trainees*, que es: RM, SUGA, j-hope, Jung Kook, V, Jimin y Jin. El orden de entrada de los integrantes de BTS en Big Hit Entertainment como aspirantes es: j-hope, RM, SUGA, Jin, Jung Kook, V y Jimin. RM continuaría hasta convertirse en el primer *trainee* confirmado para debutar como BTS.

Kook ya había recibido tarjetas de visita de siete compañías de entretenimiento distintas durante las audiciones de *Superstar K3*.

—Ninguna de ellas me dijo de verdad por qué querían contratarme. Recuerdo que una de las compañías quería que fuera a una habitación de hotel cerca de donde se grababa *Superstar K3* para hacerme una prueba. Querían grabarme cantando.

La primera razón por la que, contra todo pronóstico, Big Hit consiguió imponerse y adjudicarse a Jung Kook fue, curiosamente, el programa de la MBC *Star Audition: The Great Birth*, competidor directo de *Superstar K*. En ese programa, Bang Si-Hyuk aparecía como mentor de los aspirantes a las audiciones. Jung Kook ha comentado:

—Según mi padre, Bang Si-Hyuk era famoso y me sugirió que intentara entrar en su compañía.

Del mismo modo que RM utilizaba internet para informarse sobre los raperos, Jung Kook buscó más información sobre Big Hit Entertainment y se enteró de que tenían a *trainees* raperos que se preparaban para debutar, incluido RM, cuyos vídeos rapeando estaban en YouTube. Jung Kook ha dicho:

—El rap del *hyung* era genial y tenía un inglés tan bueno que me dije: «¡Ahí quiero ir yo también!».

Sin embargo, cuando hizo la audición para *Superstar K3*, Jung Kook no estaba seguro de querer ser cantante necesariamente.

—Deportes, arte, música … Se me daban bastante bien las artes y los deportes, lo que me hizo pensar: «Quizá sea aquí donde encuentre mi talento». Así que, mientras me planteaba si decantarme por el deporte o por el arte, me dije: «¿Y por qué no pruebo a ser cantante?». Es un trabajo que suele gustar a la gente, así que fui a la prueba. No es que no me lo tomara en serio, pero tampoco me preocupaba mucho la posibilidad de fracasar.

Conocer en persona a Rap Monster, de quien Jung Kook sabía ya algunas cosas por haberlo buscado en internet, así como a muchos otros raperos en la residencia en la que entró al final, fue como si se desplegara un nuevo mundo ante él. Desde que puso un pie en la residencia en junio de 2011, fue como tener a muchos hermanos mayores a la vez. Jung Kook recuerda:

————j-hope volvía a la residencia muy tarde y sacaba algo de comer de la nevera y se lo zampaba. Mientras, me decía: «¿Quieres un poco?».

Y los *hyungs* se llevaban a su nuevo hermanito a todas partes. Jung Kook se ríe al recordar:

————Poco después de entrar en la residencia, uno de los *hyungs* me gastó una broma. Me dijo que los recién llegados tenían que comprar *bingsu* para todos. Así que eso hice, y nos lo comimos todos juntos.

Los tres *hyungs* que habían hecho pruebas para alcanzar sus sueños. El hermano pequeño que había ido a un programa de audiciones y se convirtió en *trainee* tras inspirarse en esos *hyungs*. Esta ligera diferencia generacional presagiaba que el mundo estaba a punto de cambiar no solo para Jung Kook, sino también para los aspirantes a rapero.

Esta «segunda temporada», como la llamaba j-hope, era un preludio de la «temporada *idol*». Para los futuros miembros de BTS, los *idols* —junto con el hiphop y el vínculo que los unía— fueron otra pieza clave de su identidad.

Cada uno en su puesto

V también tuvo un viaje poco apacible desde su ciudad natal, Daegu, hasta el edificio Cheonggu en otoño de 2011.

———El taxista nos estafó. Mi padre y yo nos subimos y pagamos 38.000 wones para ir de la terminal de autobuses a la estación de Sinsa. Recuerdo claramente que pasamos por tres túneles.[6] Aún recuerdo lo que nos dijo el taxista al bajarnos: «Tened cuidado, aquí hay muchos que intentan obligar a los clientes a subirse a taxis prémium para timarlos».

En el momento en que V entró por primera vez en la residencia fue como llegar a un mundo nuevo y misterioso. V recuerda:

———Jung Kook se había ido a clase, así que no estaba en casa, pero j-hope, RM y SUGA sí.

V no creía que fueran a cambiar sus expectativas de antes de llegar a Seúl. Ha comentado:

———Supuse que no estaría en el mismo equipo que ellos. «A los tres les encanta la música y hacer hiphop, y yo solo soy alguien que vive aquí con ellos».

V, en primer curso de bachillerato, se había convertido en *trainee* de Big Hit solo seis meses después de empezar a tomar clases de baile. Desde que se subió al escenario a cantar en el concurso de talentos de su escuela había soñado con ser artista, y tocaba el saxofón desde el colegio con el objetivo de entrar en un instituto superior de arte. Sin embargo, solo llevaba seis meses aprendiendo a bailar K-pop en un *ha-*

---

6 Los dos puntos están a solo dos kilómetros de distancia y no es necesario entrar en ningún túnel. Incluso en 2023, más de diez años después de este episodio, el trayecto en taxi costaría unos 6.000 wones en un taxi normal y corriente durante el día.

gwon. Por eso no hizo amago siquiera de presentarse a la audición cuando el equipo de A&R de Big Hit fue a Daegu, a su *hagwon* de baile, en busca de nuevos *trainees*.

————El mero hecho de que una compañía de entretenimiento viniera desde Seúl era una novedad para mí, así que solo fui a mirar. Únicamente les hacían la prueba a los chicos que habían ido al *hagwon* durante dos o tres años, pero resulta que, al final, uno de los responsables de A&R me señaló y dijo: «¿Podemos ver bailar también a ese chico?», y así fue como entré.

Para cuando V llegó a la residencia, RM, SUGA y j-hope ya estaban trabajando en un estudio de grabación que les había facilitado Big Hit Entertainment. Los tres ya estaban publicando canciones en el blog de BTS antes de debutar y habían acumulado suficiente experiencia en rap, composición y baile como para mantener largos debates sobre estos temas. SUGA, en concreto, estaba deseando debutar:

————Mi padre aborrecía a la gente de la música. Sin embargo ... cuando pasé la prueba y empecé a aparecer en los carteles, comenzó a presumir de mí. Eso me hizo pensar que más me valía debutar pronto. Puede que no consiguiera dejar huella, pero quería debutar.

Por el contrario, Jung Kook y V solo empezaron a formarse en canto y baile concienzudamente cuando entraron en la residencia en 2011. Para V, el trío RM, SUGA y j-hope ya eran artistas. V lo recuerda así:

————A los tres *hyungs* se les daba muy bien la música, se dedicaban en cuerpo y alma al trabajo y me parecían expertos. Yo me conformaba con ser un *trainee* y estar a su lado.

Como V acababa de empezar como *trainee*, la perspectiva de un debut le parecía muy lejana.

Supuse que no estaría en el mismo
equipo que ellos. «A los tres les
encanta la música y hacer hiphop,
y yo solo soy alguien que vive
aquí con ellos».

—V

Sin embargo, seis meses después, cuando Jimin llegó de Busan en mayo de 2012, tuvo la sensación de que los demás —V incluido— estaban preparados para debutar de inmediato. Jimin recuerda:

———Soy muy tímido y estaba nervioso… Temblaba como un flan. Llegué a la residencia y vi un montón de zapatos en el vestíbulo… Los zapatos inundaban hasta el piso. Pero incluso eso era genial. Entonces salieron los *hyungs*, y aunque eran *trainees*, a mí ya me parecieron famosos. RM, sobre todo, tenía el mismo aspecto de una celebridad. Y V era un *idol* de los clásicos, muy guapo y con una gorra roja.

Los chicos mayores que hacían hiphop y el chico que tenía la misma edad y era guapo como cualquier *idol* que se preciara. Tal como los veía Jimin, los *trainees* ya estaban entrando en su «temporada de *idols*». Raperos que vivían y morían por el hiphop, el bailarín que se inspiraba en ellos para escribir sus letras de rap, el vocalista que estaba aprendiendo a bailar, y el más joven, que mostraba un gran potencial tanto en canto como en baile. A Jimin le costaba imaginar que unos talentos tan dispares llegaran a reunirse en un solo equipo.

———Estaba convencido de que los *hyungs* debutarían primero como grupo de hiphop.

No obstante, la llegada de Jimin fue un preludio de que la planificación de su grupo tomaría otra dirección. Si llegasen a convertirse en un grupo de *idols*, Jimin se uniría a j-hope como uno de los bailarines principales, pero le aportaría un estilo completamente diferente al grupo.

Antes de llegar a Seúl, Jimin ya había dedicado su adolescencia al baile.

———Teníamos un club de *breakdance* extraescolar, y recuerdo que se juntaron varios y me preguntaron: «Oye, ¿quieres probarlo?». Mi respuesta fue: «¿En serio?». Quedábamos para practicar los sábados cuando no había clase y llegamos a actuar de verdad ... Fue entonces cuando sentí la emoción. Me enamoré completamente del baile.

El principal criterio de Jimin para elegir un instituto fue también «un lugar donde pudiera aprender a bailar» y, con la esperanza de familiarizarse con una mayor variedad de tipos de danza, se especializó en baile contemporáneo en la Escuela Superior de Arte de Busan. A sus padres les explicó que su objetivo era aprender a bailar en Busan, presentarse a *castings* y mudarse a Seúl. Así recuerda sus primeras impresiones de la capital:

————Pensé: «Bueno, Seúl es igualita a Busan», en el sentido de «¿Ya está? ¿Eso es todo?» (risas). Había venido con mi padre porque me cambiaba de escuela.

Por desgracia, Jimin, como V, también fue víctima de un taxista estafador.[7]

————Ir de la terminal de autobuses a las oficinas de la empresa eran quince minutos, pero tardé más de media hora. Me había subido a un taxi porque no conocía las líneas de metro... y la broma me salió cara. Mi padre me había acompañado a Busan, pero, el día que entré en la residencia, llegué solo a Seúl. Y fue entonces cuando conocí a j-hope, que había salido a buscarme.

————¿El señor Park Jimin? (risas).

j-hope aún recuerda el momento en que conoció a Jimin.

————Así fue como nos saludamos por primera vez. «¿Jimin? ¿El señor

---

7 Como las aplicaciones de taxi están ahora a la orden del día, es más difícil que se cometan este tipo de estafas.

Park Jimin?». Así, tal cual. Nos saludamos y estuvimos charlando de camino a la residencia. Le pregunté si bailaba y me dijo: «Sí, he hecho algo de *popping*», y yo: «Anda, pues yo también he estudiado baile urbano». «A ver si podemos ayudarnos mutuamente». Cosas de ese estilo. Fue una conversación un pelín incómoda (risas).

No es fácil imaginar a un rapero de la escena de Hongdae y a un experto en baile contemporáneo que empezó como bailarín de *break-dance* haciendo música en un mismo equipo. Sin embargo, unos ocho años después, a principios de 2020, BTS combinaría elementos de ambas disciplinas en «Black Swan». Esta fusión de talentos tan dispares se da algunas veces en la industria del K-pop, cuyos grupos de *idols* se componen normalmente de una gran variedad de perfiles, como rapero, bailarín y vocalista. Y las personalidades y orígenes aún más diversos de los miembros se convierten en una piedra angular que permite a los fans empaparse emocionalmente de sus personajes y de su música… siempre y cuando, de entrada, se forme un equipo armonioso.

Un equipo encabezado por un grupo de raperos *underground* que tenía en sus filas a un estudiante de secundaria que acababa de empezar a formarse necesitaba algo más que la mera convivencia para convertirse en un grupo cohesionado: hacía falta algo de alquimia.

La vida en la residencia de los *trainees*

———Me engañaron (risas).

Jin se ríe pensando en su *casting* en Big Hit Entertainment allá por la primavera de 2011. Lo que el empleado encargado de ficharle le había prometido entonces no se ha cumplido, técnicamente. Jin continúa:

————«Ya habrás visto que los *idols* de hoy se dedican a la interpretación. Con el tiempo, dejaremos que seas actor». Así es como me convencieron. Fueron muy persuasivos.

De hecho, en aquella época, no era infrecuente que un miembro de un grupo de *idols* trabajara a la par como actor. Mientras que algunos integrantes se especializaban en canto y baile, a otros se les conocía más por aparecer en programas de variedades o dramas de televisión, que atraían a un público ajeno al mercado de los *idols*.

A medida que el mercado coreano de los *idols* se expandió con el aumento de la popularidad de BTS y más artistas empezaron a actuar en el extranjero, menos *idols* se aventuraron a actuar. Jin, por ejemplo, estaba demasiado ocupado haciendo giras por estadios de todo el mundo con BTS, lo que lógicamente hizo que se centrara en su labor como músico.

Sin embargo, son muchos los *idols* que, a día de hoy, siguen compaginando la música con la actuación. Jin había entrado en la universidad para estudiar interpretación. Su interés por la música surgió de su curiosidad por las actividades artísticas en general.

————Me gusta probar cosas diferentes. Pensé que podría probar una gran variedad de experiencias si era *idol* y actor al mismo tiempo.

Riendo, añade:

————La realidad tenía otros planes para mí.

Hasta que se convirtió en *trainee* de Big Hit Entertainment, Jin tuvo una infancia feliz y bastante tranquila. El propio Jin describe así su niñez en Gwacheon, provincia de Gyeonggi:

————Bajaba al parque y siempre encontraba a algún amigo por ahí, y si alguna vez quería hablar con alguien solo tenía que llamar y decirle: «Hola, soy tal y tal». Todos los niños del barrio éramos colegas, y nuestros padres acabaron haciéndose amigos también. Ibas por la calle y te cruzabas con algún conocido cada cinco o diez minutos.

Ni siquiera la mudanza de Gwacheon a Seúl le supuso un gran cambio. En una ocasión, los padres de Jin le aconsejaron que se fuera al campo y probara la vida granjera.

———Mis padres dijeron: «¿Y si probamos varias cosas para ver en qué tienes aptitudes?». Mi abuelo, mi abuela y mi tío eran granjeros, así que ¿por qué no probar la agricultura durante un tiempo? Y así fue como acabé cultivando fresas y melones durante un mes. Tuve que podar tanta planta que no quise comer melones durante mucho tiempo después de aquello (risas).

Jin es el miembro más veterano de BTS. Cuando fichó por Big Hit Entertainment, estaba en primer año de universidad y tenía dieciocho años, la edad en la que la mayoría de los jóvenes coreanos empiezan a pensar qué quieren hacer con su vida. Jin dice:

———Desde que me convertí en *trainee*, trabajé con ahínco durante las horas de entrenamiento. Pero no me jugaba exactamente la vida, como suele decirse.

El futuro que más o menos había imaginado para sí era seguir formándose, debutar como *idol* y, en algún momento, incorporar la actuación a su carrera. Y así, Jin siguió yendo y viniendo de su casa a las prácticas y los ensayos en Big Hit.

Pero en el verano de 2012, cuando entró en la residencia, no tuvo más remedio que cambiar por completo su estilo de vida. Cuando se incorporó a la residencia con los demás chicos, la formación de BTS ya estaba decidida, y eso significaba que el contenido y la cantidad de sus entrenamientos cambiarían de forma drástica. Jin piensa en aquellos días:

————La compañía no nos dijo que íbamos a debutar con esas palabras exactas, vaya. Pero en aquel momento éramos casi los únicos *trainees* que quedaban en la residencia, lo que me hizo pensar: «Supongo que ocurrirá pronto».

Jin también recuerda sus primeras impresiones de la residencia.

————(Suspiro) … Ropa desperdigada por todas partes, cereales esparcidos por el suelo, los platos sin fregar…

El 27 de enero de 2013, Jin colgó un post en el blog de BTS titulado «Cómo preparan *tteokgguk* los *trainees*».* Su afán había sido hacer una comida en condiciones que pudiera compartir con los demás miembros.

————Por ejemplo, SUGA básicamente comía para subsistir y ya. Cenaba pechugas de pollo por las proteínas, pero incluso comerlas le era demasiado engorroso, así que las trituraba con un poco de zumo de uva y un plátano y se lo tragaba directamente de la batidora. Yo lo probé una vez y pensé: «Va a ser que no; paso», así que me preparaba cosas que luego regaba con salsa picante o salsa para carne.

Antes de que contrataran a personal unos meses más tarde para las tareas de cocina y limpieza, Jin consiguió coordinar a los demás miembros para que se turnaran en los quehaceres de la residencia. Como para muchas otras personas, cocinar y limpiar eran actividades primordiales para que Jin sintiera que su vida seguía siendo normal. El caso era que, como él mismo tenía que reconocer, cada vez estaban más ocupados para mantener esa normalidad.

————Después de unos tres meses allí … por fin me di cuenta de por qué habían llegado a vivir de aquella manera. Los días que teníamos muchos ensayos, trabajábamos catorce horas.

Escuela de hiphop

Dewey Finn (interpretado por Jack Black), el protagonista de la película *Escuela de rock*, es un músico desconocido que, bajo falsos pretextos, consigue un puesto como docente en una escuela primaria en lugar de su compañero de piso, que sí es profesor de verdad. Cuando se da cuenta del talento que tienen los alumnos, prueba a juntarlos en una banda de rock. Los alumnos, sin embargo, no saben nada de ese tipo de música, y Dewey acaba enseñándoles la historia del rock and roll en clase en lugar de seguir el plan de estudios habitual.

Si cambiáramos la música rock por el hiphop, esta «Escuela de hiphop» sería lo que encontraríamos en la residencia de BTS. RM creó una lista de reproducción con artistas como Drake, Nas, Notorious B.I.G. y Tupac Shakur para sus compañeros, que estaban menos familiarizados con el género. RM dice:

————Preparé una lista con unos cincuenta artistas para escuchar juntos. Luego, rapeábamos en círculo para desarrollar la sensibilidad musical y veíamos vídeos juntos sobre el tema.

Que RM se hubiera encargado de ser el Jack Black de la residencia se debía a que BTS se encontraba en una situación particularmente terrible en el mundo de los *idols*.

Big Hit Entertainment había debutado con un grupo de chicas llamado Glam un año antes que BTS, con una docuserie de su formación que se emitía por aquel entonces en SBS MTV (ahora conocida como SBS M). También subieron a YouTube los avances de su debut.

Por desgracia, Glam nunca alcanzó la popularidad y Big Hit Entertainment tuvo que hacer frente a una importante carga financiera. Cuando una pequeña o mediana empresa de entretenimiento fracasa en un proyecto de *idols*, las consecuencias son terriblemente nefastas. SUGA describe el ambiente de entonces:

————Pensé que la empresa se iba a pique.

Sin embargo, para RM, el mayor problema al que se enfrentaban era que su grupo, que estaba a punto de debutar, no parecía saber qué dirección tomar musicalmente. RM dice:

————Bang Si-Hyuk y yo les poníamos música de artistas como A$AP Rocky o Lil Wayne. Pero los miembros que se unieron más tarde conocían Big Hit como una empresa creada por el Bang Si-Hyuk que había lanzado a 2AM y 8Eight y había trabajado en JYP Entertainment. Y ahora se les pedía que hicieran rap y hiphop, lo que debió de generarles cierta confusión.

Lo mejor que podía hacer RM era hablar con el grupo sobre hiphop tanto como fuera posible. Hasta que debutaron, las clases en la «Escuela de hiphop» de RM, SUGA y j-hope se sucedían sin descanso. Algunas noches, volvían a casa después de terminar los ensayos a las once de la noche y se pasaban hablando de música hasta las seis de la mañana, sin pegar ojo siquiera.

Por suerte, los alumnos de esta escuela eran muy aplicados. V recuerda:

————Hubo un tiempo en que RM, SUGA y j-hope nos sentaban a los cuatro vocalistas y nos decían muy seriamente: «De verdad, tenéis que escuchar esta canción» u «Os voy a enseñar una cosa».

RM ponía tanto esmero en componer las mejores canciones de la historia del hiphop que era imposible decirle que no. Su dedicación era tan palpable que sentí que tenía que escuchar esas canciones a fondo, aunque no me gustaran.

Las clases estaban dando sus frutos poco a poco. V dice:

————Desde entonces, he llegado a un punto en el que estoy orgulloso de decir que soy el que más música escucha de todos los miembros. Escuchar todo ese hiphop de entonces hizo que me enamorara de él. Les pedía a los *hyungs* que me recomendaran más música, y yo también encontraba mis propios temas para escuchar.

La respuesta de V guarda relación con la forma en que se impartían las clases. Así es como Jimin recuerda las clases de RM, SUGA y j-hope:

————Los *hyungs* decían cosas como «¿A que mola?» y nos enseñaban todos los gestos que hacían los propios artistas mientras nos ponían las canciones. Al principio, nos reíamos y todo era diversión, pero llegó un momento en el que comprobé que sí, que molaba mucho. Pensé: «Esta música que les gusta a los *hyungs* es música de verdad».

Jimin añade:

————Así es como nos adoctrinaron en la mentalidad del hiphop (risas).

La batalla por el baile supersincronizado

————¡Arrrgh!

Cuando se le pregunta a j-hope por el proceso de entrenamiento de BTS previo al debut, este suelta un gemido exagerado antes de explayarse.

————La alarma suena a las diez de la mañana, pillamos una ensalada, pan y pechuga de pollo y nos vamos al estudio de ensayo. Luego practicamos y repasamos sin dejar de gritar «¡Argh!» y volvemos a empezar; luego otra vez «¡Arrrgh!» y, de repente, son las diez de la noche. Entonces volvemos a la residencia y dormimos. *Ad nauseam.*

Como ya se ha apuntado, Big Hit Entertainment tenía más *trainees* de los que cabría esperar de una empresa de su tamaño. Cualquier empresa de entretenimiento que acabara de empezar con treinta *trainees* necesitaría, de forma inevitable, priorizar recursos. Los estudios de prácticas estaban siempre abarrotados y los chicos tenían que turnarse en las clases. Jin dice:

————Cuando llegaba a los ensayos después del instituto, había cuatro estudios y los chicos estaban apiñados en uno de ellos. Los otros estudios se utilizaban para preparar el debut de Glam.

No obstante, con la tibia acogida de Glam por parte del público general, la compañía reasignó los recursos a BTS. Solo que, esta vez, dichos recursos se reasignaron en unas condiciones de mayor presión financiera.

Por este motivo, cuando se confirmó el debut de los miembros de BTS, Big Hit Entertainment se vio obligada a rescindir los contratos de los demás *trainees*. Así fue como consiguieron el tiempo y el espacio para formar a los siete chicos que se convertirían en BTS. También aumentaron el tiempo de ensayo de forma considerable.

Si RM, SUGA y j-hope dirigían una escuela de hiphop en la residencia a deshora, los estudios de prácticas eran como zonas de guerra del baile. Podría decirse que a los integrantes les costaba más acostumbrarse al baile que al hiphop.

Con el hiphop, el trío formado por RM, SUGA y j-hope al menos tenía sensibilidades similares y los miembros más jóvenes solo tenían que seguir el ejemplo de los mayores. Pero los únicos miembros que por aquel entonces estaban acostumbrados a bailar eran j-hope y Jimin. RM y SUGA ni siquiera habían imaginado que tendrían que aprender a bailar. j-hope explica:

———SUGA y RM me dijeron una vez que pensaban que íbamos a ser un grupo como 1TYM y que no tendríamos que bailar nada de nada.

1TYM era un grupo de hiphop que incluía a Teddy, que también había producido a BIGBANG, 2NE1 y BLACKPINK. Se hicieron populares a finales de los noventa y principios de los 2000 durante el auge del hiphop en Corea y, al parecer, RM y SUGA habían dado por hecho que BTS seguiría sus pasos como grupo de hiphop con tirón en el gran público.

Por supuesto, 1TYM, al igual que BTS, destacaba el papel de los vocalistas así como el de los raperos, y tenían algunos movimientos coreografiados en sus actuaciones. Pero según Jin, BTS reajustó su consigna para convertirse en un «grupo de gran rendimiento». Sobre el estado de ánimo en las sesiones de ensayo de aquella época, Jin dice:

———A decir verdad, la proporción del entrenamiento que ocupaba el baile no era tan grande al principio. Pero, de repente, el baile cobró importancia y el tiempo que empezamos a dedicarle aumentó enormemente. Entrenábamos a fondo, sobre todo los dos meses anteriores al debut, y había días en los que nos pasábamos doce horas bailando.

Cualquiera que lea este libro seguro que entiende lo que significa ese «gran rendimiento». Poco después, en sus actuaciones para su canción de debut «No More Dream», Jimin hacía un movimiento en el que, con un impulso de Jung Kook, volaba por los aires y luego caminaba por la espalda de los demás componentes colocados en fila.

Pero las acrobacias no eran lo único que hacía tan arduos aquellos ensayos de gran rendimiento. Jin añade:

———Bang Si-Hyuk pedía demasiado por aquel entonces (risas). Veía la reproducción de nuestras actuaciones en un PC y pulsaba la barra espaciadora para ponerlo en pausa. Entonces, criticaba hasta el último ángulo de nuestro cuerpo e incluso la colocación de los dedos. Repasaba el baile fotograma a fotograma. Nos pasamos dos meses bailando la misma coreografía.

Como describió Jin, BTS practicó la coreografía de «No More Dream» hasta el punto de estar sincronizados fotograma a fotograma.

Entre 2AM, Glam y los cuatro años que tardó Big Hit Entertainment en hacer debutar a BTS, la empresa se puso básicamente al día con los últimos veinte años de la industria. Fue un cometido que requirió mucha investigación. La compañía analizaba los factores que llevaban al estrellato a los grupos de *idols* y consultaba regularmente a los expertos del sector para pedirles consejo. De vez en cuando, Big Hit publicaba alguna recompensa para cualquiera de la empresa que presentara una buena propuesta para producir un artista de éxito.

Lo que Bang Si-Hyuk aprendió en este proceso fue que los *idols* se movían a un ritmo completamente distinto en comparación con la industria musical que les precedía. La música *idol* irrumpió en escena con el debut de Seo Taiji and Boys en 1992, y con el debut de H.O.T. en 1996 se puso en marcha un sistema de producción industrializado. BTS debutó cuando el sistema de *idols* se acercaba al vigésimo año de su edad de oro. Sus primeros fans adolescentes rondaban ya la treintena, y a medida que la cultura del *fandom* se desarrollaba con los años, el contenido y los cánones que exigían también se volvían más definidos.

El *kalgunmu*, que significa literalmente «baile afilado como una cuchilla», era uno de esos contenidos. Los fans querían que sus grupos favoritos ofrecieran momentos impresionantes de baile sincronizado perfecto. Tal perfección no solo brindaba alegría visual a sus fans, sino que también servía como prueba de lo duro que habían trabajado en equipo los componentes del grupo para lograrlo. Pero Bang Si-Hyuk, que formaba parte de la primera generación de productores coreanos de hiphop y R&B en JYP Entertainment, no se planteaba siquiera el *kalgunmu*. En el hiphop, el baile consistía más en enfatizar las personalidades de cada intérprete, lo que suponía menor presión para lograr unos movimientos perfectamente sincronizados.

Sin embargo, en el mundo de la música *idol*, el *kalgunmu* era la regla. Y, aunque era absolutamente necesario seguir esta regla a rajatabla, Jin recuerda que, incluso para los cantantes, BTS había acabado en la categoría de artistas de «gran rendimiento».

———El baile en grupo es esencial para los *idols*, desde luego, pero nuestro baile era más intenso de lo habitual.

Conforme se hacía más claro su empeño por combinar las peculiaridades del hiphop y la música de los *idols*, los chicos de BTS se vieron obligados a practicar aún más. Por la noche asistían a la «Escuela de hiphop» de RM y SUGA, que a su vez, durante el día, se convertían en alumnos de la «Escuela de baile» junto a los demás que no estaban acostumbrados a bailar. j-hope era el profesor de esta última escuela. Habla así de aquellos días:

———Jimin y yo éramos los únicos miembros que habíamos aprendido a bailar antes de entrar en la compañía. Sentí que lo primero que debíamos hacer era ayudar a los demás a disfrutar del baile. Además de las sesiones regulares de entrenamiento, de vez en cuando practicábamos al amanecer. Era algo así como la «guarida del rap», donde poníamos un ritmo, una base, e intentábamos hacer *freestyle*. Durante aquellas sesiones, el rap se convirtió en algo divertido para mí, y quería que a los demás les ocurriera lo mismo con el baile. Ponía música y les decía: «Ahora bailad, bailad como queráis», y ese tipo de cosas.

Por suerte, los miembros eran muy aplicados con sus estudios en esta escuela. j-hope continúa:

————Cuando ensayábamos, nos compenetramos mucho mejor de lo esperado. Cuando SUGA se obsesionó con el baile, incluso bromeaba: «Ya no quiero rapear más, vamos a bailar». Seguro que es difícil de creer, pero él y yo fuimos una vez a Hongdae para aprender a hacer *break* (risas).

Colisión de mundos

Sin embargo, incluso j-hope, que había abierto su propia escuela de danza improvisada en los estudios de ensayo, estaba totalmente agotado seis meses antes del debut. Recuerda:

————Sería a principios de enero de 2013. Estábamos agotadísimos, a pesar de que tendríamos que haber estado supermotivados. Había un estudio de ensayo donde filmaban nuestros pasos de baile y básicamente vivíamos allí. Por eso dejábamos de hablar cuando entrábamos allí, nos poníamos muy irritables por algunas cosas...

En su empeño por convertirse en un «grupo de gran rendimiento», los componentes practicaban las coreografías y recibían clases al mismo tiempo. En medio de todo eso, también empezaron a seguir una dieta específica para estar en su óptimo estado físico en el escenario, hasta el punto de que se obsesionaban con la cantidad de sal que echaban a las pechugas de pollo que comían como fuente de proteínas.

Pero el sufrimiento y la preocupación tenían más que ver con su estado mental que con su condición física. Pertenecer a Big Hit Entertainment, que no era tan conocida como SM Entertainment, suscitaba una especie de mirada que a j-hope se le antojaba abrumadora.

———Cuando eres *trainee*, que la gente te pregunte cuándo vas a debutar es muy… Esa pregunta es como una puñalada en el corazón.

j-hope estaba desesperado de verdad. El azaroso viaje hasta su debut puede leerse como una sucesión de momentos desesperados. Recuerda así la historia de su vida hasta su traslado a Seúl:

———No aprendí mucho en el *hagwon* donde iba a bailar por culpa de las tasas académicas. Por lo tanto, me quedaba sentado en el sofá la mayor parte de las clases. Porque me encantaba el baile … Después de las sesiones, seguía practicando por mi cuenta en los estudios de práctica. Los *hyungs* me enseñaban y hubo uno en particular, un bailarín llamado Bangster,[8] que se convirtió en mi maestro. Bangster me dijo: «Oye, ¿quieres venir a nuestro estudio a practicar con nosotros?». Y así fue como me uní al equipo de danza Neuron.[9] Y ahí fue donde entré en contacto por primera vez con la danza urbana. Más tarde, cuando firmé el

8 Bangster, o Lee ByungEun, es actualmente director de actuaciones en HYBE.
9 El verso «entré en Neuron» aparece en la canción de j-hope «Chicken Noodle Soup» (Feat. Becky G).

contrato con Big Hit Entertainment como *trainee*, no tenía ningún lugar para practicar. Por eso, a pesar de firmar el contrato, me quedé en el *hagwon* de Gwangju, donde subcontrataron mi formación de baile. Fue entonces cuando el equipo de A&R se puso en contacto conmigo y me dijo que era el momento de venir a Seúl.

j-hope, RM y SUGA tuvieron que esperar dos años hasta su debut, y Big Hit Entertainment apenas conseguía subsistir en aquel momento por el fracaso de Glam. Los espacios de ensayo estaban tan apretados que, si alguien cantaba en una habitación, lo oían los *trainees* tres puertas más abajo. Para los siete chicos que estaban a punto de debutar, estas condiciones eran una fuente de gran ansiedad.

SUGA, en particular, tenía motivos para estar nervioso. Se estaba preparando para su debut a pesar de las secuelas de una lesión en el hombro ocasionada por un accidente de tráfico. Él mismo lo explica:

———Hacía todo tipo de trabajos a tiempo parcial en 2012, justo antes de que se programara nuestro debut. Mi familia necesitaba dinero, así que daba clases de MIDI, trabajaba en una tienda de alimentación y hacía repartos, y fue en un reparto donde me hice daño con la moto.

SUGA baja un pelín la voz al relatar la vorágine de aquellos días:

———La empresa estaba en una situación muy grave y me preocupaba mucho no saber si podría continuar mi vida como aprendiz. El simple hecho de vivir era durísimo para mí. Había salido de casa depositando todas mis esperanzas en debutar, había conseguido entrar en esta empresa … Era desesperante.

Jimin también tuvo sus reservas con respecto a su debut. Recuerda:

———Había renunciado a una vida estupenda aprendiendo a bailar
en el instituto para venir a Seúl, pero no le importaba a nadie
… Podían eliminarte después de cualquiera de las pruebas
a las que te sometían de vez en cuando, y eso daba mucho
miedo. Por aquel entonces iba siempre pisando el acelerador
a fondo.

A medida que Big Hit Entertainment dejaba marchar a todos sus
trainees salvo a los destinados a BTS, a Jimin le preocupaba cada vez
más que la compañía pudiera prescindir de él en cualquier momento.
A diferencia de RM, SUGA y j-hope, los vocalistas, incluido Jimin, no
tenían ninguna garantía de que se les permitiera debutar en BTS. La
falta de tiempo para una formación adecuada y la obligación de entrenar aún más duro después de que se decidiera su debut supusieron una
mayor presión para Jimin.

———Quería saber el motivo por el que me encontraba en esta situación. Quería cerciorarme de que no me hallaba aquí solo porque
lo estuviera forzando o por pura suerte. Por eso intentaba gustarle a la gente y demostrar lo bien que me iba … Tal vez era un
poco impaciente.

La desesperación de Jimin en ese momento resultó en el capítulo
siguiente, un capítulo serio en aquel momento pero tierno echando la
vista atrás.

———No sabía bailar como un miembro de un grupo de *idols*. Nunca
me había enfrentado a un baile así hasta que fui *trainee*. Así que
cada vez que cambiaban los movimientos, hacía una pausa y me-
morizaba la posición. ¿Sabes ese personaje de Zolaman, ese mu-
ñeco de palo con la cabeza grande y el cuerpo hecho de palillos?
Pues dibujé todos y cada uno de los movimientos y posiciones

por medio de aquel personaje y los memoricé. Hacía reír a todos los que me rodeaban.

Mientras tanto, Jung Kook, que aún era bastante joven, estaba aprendiendo sobre sí mismo a la vez que vivía la vida de la residencia por primera vez y se sometía a muchísimas sesiones de entrenamiento.

————Mi personalidad cambió por completo. Acabar en un lugar lleno de desconocidos me volvió vergonzoso de repente. Intentaba no entrar en el baño cuando se duchaban los demás, por ejemplo. También dormía en la litera de arriba, y aunque sudaba por el calor que hacía de noche, no bajaba de la cama por si despertaba al *hyung* que dormía en la litera de abajo … Entonces caí en la cuenta: «Ah, es que soy muy tímido».

Su situación particular era una tormenta perfecta de las realidades combinadas del K-pop, el inminente debut de BTS y la situación empresarial de Big Hit Entertainment.

Los *idols* coreanos debutan normalmente al final de la adolescencia o, como muy tarde, a los veintipocos. Muchos de ellos comienzan como *trainees* desde la adolescencia firmando un contrato con empresas de entretenimiento. Jung Kook, que debutaría a los quince años, se considera un caso más joven tanto en lo que se refiere a entrar en la residencia de una compañía de entretenimiento como a debutar como *idol*. Además de su edad, también estaba la cuestión de debutar con chicos mayores como RM y SUGA, que ya habían estado involucrados en la escena del hiphop y estaban obsesionados con ese género musical. Esto significaba que, además de toda la preparación y las preocupaciones previas a su debut, Jung Kook tenía que descubrir qué tipo de persona era en realidad. Dice:

————Para que te hagas una idea de lo mal que lo pasé, sabes que cuando llegas a secundaria aprendes a utilizar el registro formal con los alumnos de cursos superiores, ¿verdad? Pues yo ni siquiera sabía hacer eso. El coreano informal me parecía lo más natural y no prestaba mucha atención a la gente que me rodeaba. Pero entonces entré en la residencia y me percaté de cómo me desenvolvía. Fue en ese momento cuando empecé a utilizar el coreano formal. ¿Cómo decirlo…? Creo que me faltaba actitud hacia los demás, carecía de capacidad de comprensión, cortesía y empatía. Y entonces conocí a los otros miembros y pensé: «Ah, ya veo, así es como se debe actuar con los demás» o «yo también debería hablar así», y aprendí a expresar mis sentimientos viendo cómo se hacía.

Para Jung Kook, RM en concreto fue el motivo por el que decidió firmar con Big Hit Entertainment, y j-hope y SUGA eran sus modelos. Jung Kook añade:

————Esos *hyungs* estaban a un nivel superior entre los *trainees*, lo que me hizo pensar: «Guau, yo también quiero ser como ellos», o «los *hyungs* visten muy guay» y me compraba la misma ropa (risas). Por aquel entonces, creo que tenía pensamientos banales de este tipo y no me preocupaba tanto por si iba a debutar o no.

Por otro lado, los tres *hyungs* a los que admiraba bullían de nerviosismo cuanto más se posponía el debut. El día en que por fin conseguirían subirse a un escenario parecía más lejano que nunca, y daba la impresión que el grupo iba en una dirección que ellos no habían esperado. Por si fuera poco, tenían que enseñar hiphop a los demás en la residencia y marcar la pauta a los miembros más jóvenes con los que convivían.

Además, RM, que se había convertido en el líder, era el encargado de recibir de Bang Si-Hyuk la visión general de la banda. RM rememora:

————La empresa nunca me presionó para que hiciera cosas, pero sí me recordaba que incluso aquello más pequeño podía entrañar grandes riesgos y me decía cosas como: «Tienes que hacerlo bien como líder», o incluso: «Tienes que espabilar a los miembros de tu grupo».

Aquí fue donde colisionaron los mundos en la residencia. Para RM, SUGA y j-hope, debutar era un problema inmediato, mientras que los cuatro vocalistas que iban a debutar más rápido de lo que habían previsto aún estaban asimilando lo que significaba lanzarse al mundo. Jin dice:

————No había entendido del todo lo que significaba ser un *idol*. Si lo hubiera sabido de antemano, me habría sido más fácil acostumbrarme a esa realidad. Pero, en cuanto debuté, estaba tan ocupado y también tan feliz…

Una vez concretado el debut, Jin tuvo que readaptarse a una vida de *trainee* muy distinta a la que estaba acostumbrado hasta entonces. Jin y RM llegaron a tener una conversación seria sobre esto en un momento dado. Jin dice:

————Los dos estábamos de acuerdo en que el equipo tenía que ascender. Pero la diferencia entre nosotros era que yo me preguntaba si podíamos perseguir un poco nuestra felicidad primero y luego pensar en lo que iba a suceder, mientras que él creía que teníamos que darlo todo ahora para conseguir la felicidad después.

Aunque pensaba en una dirección ligeramente distinta, V también dice que opinaba de forma diferente a los tres *hyungs* raperos.

————La mayoría de los artistas practican durante años antes de debutar, así que ni siquiera me había planteado que mi momento llegaría tras unos meses de formación. Procuraba asistir a todos los ensayos, pero fuera de las horas de práctica, salía mucho con mis amigos del instituto.

Para V, debutar aún estaba lejos, y quería experimentar cómo ser un adolescente propiamente dicho, además de trabajar como *trainee*.

Pero la vida de V cambió abruptamente cuando oyó lo siguiente de la compañía:

«Ha llegado la hora del debut. Ahora sois BTS».

¿Y vosotros qué?

Cuanto más se repasa la preparación de BTS para su debut, más sorprende que ninguno de ellos abandonara en el camino, a pesar de ser siete chicos de diferentes ciudades natales y con distintos valores, gustos musicales y tiempo de formación, reunidos para preparar en menos de un año su debut como banda.

A este respecto, j-hope habla sin tapujos:

————Al principio no nos compenetrábamos bien. Nuestros orígenes eran muy diferentes y queríamos cosas distintas. Uno decía: «Quiero ser músico», y otro: «Yo solo aspiro a subirme a un escenario». Era difícil calibrar nuestros objetivos hacia una única meta.

Pero, curiosamente, que se decidiera su debut como BTS también fue un factor decisivo para que estrecharan lazos. V recuerda:

————Aunque discutía mucho con Jimin, que tiene mi edad, y también con los demás miembros, trabajábamos tanto juntos y hablá-

—

En cuanto se acordó que los siete
debutaríamos como grupo, nuestro
planteamiento como banda cobró
sentido. Sabíamos lo que teníamos
que hacer, qué tipo de baile y qué
canciones haríamos.
Y hablábamos mucho entre nosotros.
«Tenemos…, tengo este objetivo. ¿Qué
os parece a vosotros? ¿Lo hacemos
juntos?». Ese tipo de cosas.

—j-hope

bamos tantísimo entre nosotros que, poco a poco, sentimos de verdad que nos estábamos convirtiendo en un equipo.

Que RM hiciera listas de reproducción de hiphop y que j-hope los enseñara a bailar fueron gestos nacidos de su desesperación por debutar. j-hope explica cómo les afectó este objetivo:

————En cuanto se acordó que los siete debutaríamos como grupo, nuestro planteamiento como banda cobró sentido. Sabíamos lo que teníamos que hacer, qué tipo de baile y qué canciones haríamos. Y hablábamos mucho entre nosotros. «Tenemos..., tengo este objetivo. ¿Qué os parece a vosotros? ¿Lo hacemos juntos?». Ese tipo de cosas.

Su cohesión iba más allá de las conversaciones sinceras y se extendía a todos los aspectos de la vida. V dice que se acercó más a los otros integrantes por las cosas en común de su día a día:

————Todos teníamos que estar a dieta, pero a RM y a mí no se nos daba muy bien. Y como ser un «alma gemela» es cosa seria, RM y yo nos íbamos a menudo a comer algo rico juntos. O escondíamos comida y la compartíamos después en secreto...

Los métodos de trabajo en equipo de V también eran útiles en lo relativo a los miembros más jóvenes.

————Me escabullía de la residencia con Jimin, y comíamos juntos y hablábamos. O iba al *jjimjilbang* con Jung Kook o montábamos en trineo cuando nevaba. Y luego, cuando el director nos visitaba en la residencia, hacíamos como si no hubiera pasado nada (risas).

Mientras tanto, Jin se acercaba a V buscando puntos en común.

————Para cuando V y más tarde Jimin entraron en la empresa, todos los *trainees* con los que había entablado amistad se habían marchado. Salvo unos diez que se pensaba que tenían potencial … Me parecía muy triste que se fueran otros *trainees*, lo que me hizo preguntarme en serio si debía hacer el esfuerzo de acercarme a los demás. Sin embargo, a V le gustaba el *manhwa* antiguo y el anime, igual que a mí. Así que me acercaba a él y le decía: «Oye, ¿has visto este?», y así fue como nos hicimos amigos.

RM y SUGA enseñaba hiphop a los demás miembros, j-hope enseñaba baile y Jin utilizaba cualquier ingrediente disponible en la residencia para hacer la comida para todos. Durante este proceso, los miembros más veteranos empezaron a entender a los más jóvenes y los más jóvenes aprendieron de los más veteranos.

Jin habla de las influencias musicales y los ánimos que recibió de los demás componentes:

———Los *hyungs* me parecieron muy «brutos». La forma en que decían: «A mí solo me gusta escuchar música», así, sin pretensiones. SUGA es un poco estoico y decía las cosas con sencillez y firmeza, pero luego también se acercaba a mí y me decía algo del tipo: «Espero que trabajes mucho y te vaya bien…». Era imposible que no me cayeran bien los *hyungs*, y así fue como empecé a interesarme por su música.

SUGA, por su parte, estaba aprendiendo a comunicarse con el mundo con las conversaciones que mantenía con los demás miembros.

———Fue difícil respetar el hecho de que todos éramos personas distintas. Yo era muy de extremos y lo veía todo en blanco y negro. Mi mente inmadura se preguntaba: «¿Por qué piensa este así? ¿Un ser humano normal no debería pensar asá?». Y, con el tiempo, dejé de pensar «ese chico es diferente a mí» a aceptar que «esa persona solo está siendo ella misma y ya». Me costó un poco de tiempo.

La respuesta a la pregunta de por qué ninguno de los miembros de BTS renunció durante aquella época puede encontrarse en las palabras de algunos componentes.

Jin resume la situación de entonces:

————Me parece que la palabra más adecuada es «adaptarse». Porque, cuando entré en la residencia, me di cuenta: «Ah, supongo que así es como debo vivir a partir de ahora».

SUGA habla de su orgullo como músico:

————Si no hubiera sido por la música, quizá lo habría dejado a medias. O tal vez si hubiera sido en otra compañía con una cultura diferente… Descargué muchas cosas de mi interior haciendo música. No sé cómo tenía tanta confianza entonces al hacer todas aquellas canciones. Al escucharlas ahora, muchas me dan vergüenza. Pero la gente que está obsesionada con el hiphop tiene esa actitud de «¡Soy el mejor del mundo!», ¿sabes? (risas).

Y, por supuesto, escuchemos al líder del grupo:

————Los miembros eran buena gente. Muy buena gente…

RM continúa:

————Solo sé hacer música. Entré en esta compañía para hacer música y porque creía que mi trabajo consistía esencialmente en hacer música. Y, como era el que más tiempo llevaba, era el que más podía opinar. A decir verdad, esto me facilitó mucho las cosas como líder. Y recibí mucho respeto de los demás miembros. Creo que han sabido reconocerse y aceptarse muy bien. Me han tratado muy bien.

Durante el largo tiempo que tardaron en debutar, se emplearon a fondo en formarse y en reforzar su confianza mutua a base de muchas conversaciones e interacciones. Y, así, los siete miembros, que tan distintos eran en todos los sentidos, empezaron a convertirse en un equipo. Esto queda patente en la letra de la canción «Paldo Gangsan» desvelada cuatro meses después de su debut, en el vídeo* grabado en ese mismo estudio de ensayo donde habían cantado y bailado sin cesar.

Al final, todo es coreano
Mirad hacia arriba, todos vemos el mismo cielo
Puede que parezca cursi, pero somos los mejores
Nos entendemos los unos a los otros, ¿verdad?

CAPÍTULO 2

I   I   I   I I IIIII I   I   I   I

2 COOL 4 SKOOL

O!RUL8,2?

Skool Luv Affair

DARK&WILD

WHY
WE EXIST

||| | | | | | | | | |||

POR QUÉ EXISTIMOS

|| | | | | | WHY WE EXIST | | | | | | |

Sobreviviremos

Debut de BTS: «Nuestro modelo es BIGBANG. Sobreviviremos».

El 12 de junio de 2013, justo un día antes del debut oficial de BTS, un artículo de la sección de noticias del portal coreano Naver informaba sobre la presentación oficial del debut de BTS que tuvo lugar en el Ilchi Art Hall del barrio de Cheongdam-dong, en el distrito Gangnam de Seúl. Hasta que Naver los deshabilitó, se habían dejado miles y miles de comentarios en los artículos de noticias sobre famosos de esta página tan histórica.

Las versiones muy censuradas de los primeros comentarios iban en la línea de: «Dudo que vayan a durar mucho» y «Eso de *"Boy scouts* a prueba de balas" es una bobada de nombre». Sin embargo, a medida que pasaba el tiempo y BTS ganaba popularidad, se fueron añadiendo más comentarios favorables al artículo. Para cuando BTS se convirtió en una sensación internacional, el artículo se había convertido en un destino de peregrinación en internet. Los lectores dejaban allí deseos como «Por favor, que entre en la universidad que quiero»; un fenómeno de internet reservado a los lugares donde se producen los milagros más espectaculares.

Los cambios en estos comentarios muestran el pasado y el presente de BTS: su pasado como un grupo ridiculizado desde la casilla de salida, y su presente como una banda de artistas increíblemente exitoso. Había muchas razones detrás de los comentarios injuriosos de los primeros días, pero, en última instancia, se reducían a este mensaje (de nuevo, muy suavizado): BTS no duraría mucho tras el debut y estaba claramente abocado al fracaso.

En efecto, las cartas parecían estar en su contra. En 2012, el año anterior al debut de BTS, SM Entertainment había presentado a EXO. En los cien días previos al día D, lanzaron veintitrés *teasers* que mostraban el talante del grupo y de cada uno de sus miembros. En 2014, el año siguiente al debut de BTS, YG Entertainment hizo debutar a WIN-NER, que ya se había labrado un nombre en agosto de 2013 de la mano del programa de supervivencia de Mnet *WIN: Who Is Next*.

Estos bombardeos promocionales previos al debut fueron las oportunidades perfectas para atraer a los fans de los *idols*, y se cimentaron sobre una sólida base de planificación y financiación. El éxito parecía asegurado para EXO y WINNER, y estas premoniciones demostraron ser correctas. Al igual que sus predecesores de SM Entertainment, H.O.T. y TVXQ, EXO se granjeó rápidamente el apoyo de sus fans, mientras que la canción de debut de WINNER, «Empty», encabezó las listas en tiempo real de todas las plataformas coreanas de *streaming*.

BTS, por su parte, tenía un blog. La primera entrada la publicó RM el 21 de diciembre de 2012 y en ella presentaba su canción de *mixtape*[10] «Vote».* Aquella entrada recibió el primer comentario el 24 de diciembre, tres días después de su publicación. El quinto comen-

---

10 Un álbum o una canción gratis no oficial. El término comenzó a utilizarse en la época de las cintas de casete y tiene otros muchos significados que hoy en día se utilizan poco. Como las canciones de los *mixtapes* no están tan orientadas a la comercialización, los artistas tienen libertad para expresar más sus valores y emociones personales.

tario se publicó el 5 de enero de 2013. ¿El sexto? Más de un mes después, el 16 de febrero.

Comparada con SM e YG, Big Hit Entertainment era francamente diminuta. Y esta diminuta compañía iba a presentar una banda cuyo modelo a seguir era BIGBANG de YG.

No había nada malo en ser de una compañía pequeña o en fijarse en BIGBANG como modelos a seguir. Pero muchos de los comentarios en el artículo del debut de BTS los acusaban de «intentar aprovecharse del éxito de BIGBANG». En la industria coreana de los *idols*, se consideraba casi turbio que los artistas de una compañía más pequeña nombraran a grupos populares de compañías más grandes como ejemplos a seguir; y estos grupos no tenían fans propios que los defendieran hasta que ganaban popularidad y conseguían un *fandom* propio.

Esta mentalidad estaba arraigada en la idea preconcebida de que los *idols* de compañías más pequeñas nunca alcanzan un éxito arrollador. BTS no era ni mucho menos el único grupo de *idols* masculino que consideraba a BIGBANG un modelo de referencia. Por esa época, los componentes de BIGBANG G-Dragon y Taeyang participaban en el programa *WIN: Who Is Next* de Mnet y eran mentores de los *trainees* que formarían WINNER, lo que permitió a YG exhibir su talento prometedor a los fans que ya tenía BIGBANG. A los grupos de *idols* de compañías de representación ya establecidas les es más fácil conseguir seguidores rápidamente gracias a los conocimientos técnicos, los recursos y los *fandoms* existentes a disposición de su empresa. BTS se encontraba en una enorme desventaja y parecía casi imposible acortar distancias.

El panorama general

Aunque no contaba con tanto capital como EXO o WINNER, el blog de BTS supuso un despliegue promocional importante. Al igual que los *trainees* de YG Entertainment en *WIN: Who Is Next*, los miembros de BTS lanzaron su música antes de debutar de forma oficial. Y al igual que los *teasers* individuales de los miembros de EXO, BTS también comenzó a presentar a los nuevos integrantes, y lo hizo a partir del 12 de enero de 2013 con un vídeo de Jimin bailando en el estudio de prácticas.˙ Otros contenidos eran vídeos de los miembros pasando juntos las Navidades y videoblogs individuales en los que se sinceraban ante la cámara.

La realidad de la situación de BTS y Big Hit Entertainment quedó clara en las imágenes del estudio de ensayo: el espacio no parecía lo bastante grande para Jimin solo, y el estudio donde grababan los vlogs era decididamente diminuto. Y, sin embargo, el blog contenía todo lo que un fan de los *idols* querría ver de sus artistas favoritos. Los miembros de BTS exhibían sus habilidades con el rap, el canto y el baile —Jin incluso publicaba fotografías suyas cocinando en la residencia— y eran muy transparentes consigo mismos y con sus fans en los vlogs. Jin recuerda:

———Uno de los empleados de la empresa nos dijo que eso estaba de moda y que deberíamos intentarlo. Como nos pareció divertido, nos pusimos manos a la obra. Utilizábamos un portátil muy pequeño y no fue nada fácil porque era la primera vez que lo hacía. Sin embargo, me empleé a fondo.

El comentario de Jin nos permite conocer un poco el contexto del blog. En aquella época, las iniciativas promocionales previas al debut de los grupos de *idols* del K-pop consistían generalmente en dar a conocer el proceso de audición en canales de música de la televisión por cable, o en hacer que los integrantes aparecieran en programas de telerrealidad. Sin embargo, en lugar de salir en televisión, los miembros de BTS mostraron su auténtico yo al público mediante videoblogs publicados en YouTube.

De no haber sido por el fracaso de Glam, el blog de BTS podría haber contado con más recursos. No obstante, la crisis presupuestaria no fue la única razón por la que los miembros de BTS crearon sus propias promociones previas al debut. La experiencia con Glam le había enseñado a Big Hit Entertainment una lección fundamental: antes de presentar a un nuevo artista al público, había que procurarse al menos un fan más que escuchara su música.

Como YouTube era el mayor núcleo de contenidos de vídeo entre los adolescentes de la época, Big Hit Entertainment creó un canal de YouTube titulado BANGTANTV* para subir vídeos, que luego se publicarían en el blog. Pronto, el blog y las cuentas de Twitter** gestionadas de forma independiente por los miembros de BTS se convirtieron en las plataformas de referencia para que los fans se enteraran de más cosas sobre su vida. Mientras tanto, Big Hit Entertainment trazó un plan para tener una presencia oficial en las redes sociales en aquellas plataformas que los fans solían usar —como Twitter,*** Daum cafés y KakaoStory—

y estableció objetivos y estilos de contenido adaptados a cada plataforma. Por ejemplo, uno de los objetivos de Big Hit tras el debut de BTS era alcanzar un número determinado de nuevos seguidores los días en que BTS apareciera en un programa musical.

Este novedoso enfoque para promocionar a un nuevo grupo de *idols* contribuyó en gran medida a establecer una identidad única para BTS. Los vídeos del blog mostraban composiciones sin pulir de los *trainees*, prácticas coreográficas en estudios de ensayo diminutos y daban también pinceladas de la inquietud que sentían los integrantes cuando hablaban a la cámara sin ningún tipo de retoque.

Suponía un rechazo total a las normas de género de la industria coreana de los *idols*, en la que todos los fotogramas de todos los vídeos estaban concebidos a la perfección para el consumo público. Los miembros de BTS no eran solo *idols*. Eran raperos que publicaban *mixtapes* y youtubers que subían tutoriales sobre producción musical y baile. Jimin recuerda la publicación de su vídeo de práctica de baile, en el que mostraba cómo se sentían los miembros de BTS ante esta estrategia promocional sin precedentes:

————No sabía si algo así se había hecho (ya). Grabé un vídeo por primera vez para decir: «Así es como soy». Aquella oportunidad fue valiosísima en sí misma.

Aunque en aquel momento esa era la estrategia más ambiciosa que aún resultaba factible para Big Hit Entertainment, los propios componentes no pensaron demasiado en el razonamiento que había detrás, sino que se centraron en ser auténticos con su público. Y se entregaron de corazón.

Limitaciones

Al recordar la producción de «No More Dream»* en el álbum de debut *2 COOL 4 SKOOL*, SUGA cuenta:

————Cuando trabajábamos en esa canción, estaba en la habitación de Pdogg en el edificio Cheonggu y pensaba: «Ay, qué ganas tengo de volver a la residencia de estudiantes» como unas mil veces al día. Deberíamos ir a la residencia a dormir hasta las siete u ocho de la mañana, ¿no? Pero teníamos que terminar el trabajo al final del día, durante días enteros … Eso era lo más pesado.

Cojo el bolígrafo cada noche
Y cierro los ojos tras el amanecer

Estas frases de «We are bulletproof PT.2»** condensaban a la perfección la realidad de RM, SUGA y j-hope mientras componían las letras de las canciones de *2 COOL 4 SKOOL*. Practicaban todo el día para pulir aquellas coreografías tan sincronizadas hasta que estaban perfectamente coordinadas fotograma a fotograma, mientras trabajaban también en las canciones del álbum. En el poco tiempo que tenían entre medias, grababan los vlogs y otros vídeos y gestionaban el blog.

«No More Dream», el tema principal del álbum, se alzaba como el jefe final a las puertas del debut de BTS. Jimin describe lo que supuso la canción para ellos:

————Ahora no es difícil, pero entonces, la coreografía … Casi no podíamos respirar.

El baile que acompaña a «No More Dream» se compone de movimientos amplios y frenéticos, que debían ejecutarse en perfecta sincronía. Todos los integrantes tenían que arrancar y parar cada movimiento
con una precisión militar, tensos y preparados durante toda la actuación, y asegurarse de saltar exactamente a la misma altura. Y como ya se
ha señalado antes, también su dieta estaba bajo un estricto control. Jin
habla de las sensaciones del equipo en aquel momento:

————En «We are bulletproof PT.2», todos teníamos que enseñar los
abdominales, así que hacíamos ejercicio y no podíamos comer lo
que queríamos por la dieta que nos habían pautado … Estábamos todos de mal humor.

Mientras los miembros forzaban sus límites físicos en el estudio de
ensayo y en la residencia, RM, SUGA y j-hope también se dejaban la
piel en el estudio, trabajando minuciosamente la letra de «No More
Dream». RM tuvo que componer la friolera de veintinueve versiones de
la letra del rap para esta canción en concreto.

————Una vez me fui al parque Hakdong, cerca del edificio Cheong-
ggu, y grité a voz en cuello. El rap no me salía y sentí que me
ahogaba.

El productor Bang Si-Hyuk tenía la última palabra sobre qué versión de la letra se elegiría, y, en aquel momento, RM y él tenían
perspectivas diferentes sobre el rap de la canción principal. RM lo
explica:

————Bang Si-Hyuk pensaba que debíamos plasmar las últimas tendencias. Pero yo soy de la generación que creció con Nas y Eminem, así que había un cierto punto de conflicto. La cuestión

era si podía aceptar o no lo que llamamos *trap flow*, y me costó aceptarlo. Nuestro gran problema con el álbum de debut era cómo podíamos reflejar rápidamente las nuevas tendencias del hiphop, y ahí es donde a Bang PD y a mí nos costó llegar a un consenso.

Una idea errónea muy común fuera de la industria de los *idols* era que las compañías de representación se encargaban de todo lo relacionado con la música y llevaban la batuta de la creatividad musical. Sin embargo, ni siquiera las canciones mejor producidas pueden brillar si los *idols* que las interpretan carecen de talento o voluntad.

La idea de «dar voz a las realidades adolescentes mediante las letras» sonaba muy bien aislada, en solitario, pero alguien tenía que encargarse de componer esas letras. La decisión de Bang Si-Hyuk fue que los compositores del grupo —RM, SUGA y j-hope— asumieran también el papel de letristas desde el primer álbum.

No obstante, como demostraban las diferencias en las perspectivas de RM y de Bang, no era nada fácil producir letras que contentasen tanto a la escena del hiphop como a la industria de los *idols*. Nadie se habría sorprendido si esta apuesta hubiera fracasado. El propio RM confiesa que aceptar la dirección musical de su primer álbum no fue nada fácil.

———Escuché mucha música, casi como si estuviera estudiando. Tomé estas canciones de estilo contemporáneo y las escuché a fondo, las analicé. En realidad, creo que tardé más de un año en empezar a apreciar de verdad esas tendencias e interiorizarlas.

Esas fueron solo algunas de las muchas cosas que hizo BTS para enfrentarse a sus propias experiencias y valores. Las letras de «A Typical

Trainee's Christmas»,* subidas al blog el 23 de diciembre de 2012 y el 11 de enero de 2013 —antes de la producción de «No More Dream»—, ilustran las dificultades con que tropezaron:

> *(Incluso este año) he pasado noches sin dormir practicando*
> *(Llora) Sigo siendo un trainee*
> *Qué ganas tengo de debutar el próximo año*

La entrada del blog «A Typical Trainee's Christmas: Review»,** publicada por las mismas fechas, nos muestra a los integrantes practicando las coreografías, en las sesiones de grabación y celebrando las fiestas a altas horas de la noche con un pequeño pastel. Cuando se le pregunta cómo sobrellevó aquel periodo, Jin, que subió el post, responde:

———Fui *trainee* durante casi dos años, así que se convirtió en parte de mi vida de una forma natural. Pensé que ya era hora de debutar como *idol*, pero tampoco quería buscar otra compañía, así que pensé que lo mejor era hacerlo aquí (risas) y decidí hacer los bailes que había aprendido en esta ... Era una sensación de ese estilo.

Al filo

La entrada del blog «A Typical Trainee's Christmas: Review» también incluye quejas como: «Pensé que nos darían vacaciones de Navidad, pero acabamos yéndonos todos de vacaciones a la sala Bangtan» y «El jefe es terrible / No nos llevó a cenar ni una sola vez, ni siquiera después de que hiciéramos una canción pidiendo una cena de empresa…».

Incluso en el más liberal de los países y culturas, no es fácil que un *trainee* exprese públicamente sus quejas sobre el jefe de la discográfica, antes del debut. Y Corea es un país en el que los grupos de *idols* no pueden lanzarse sin una buena dosis de capital, tiempo y conocimientos de planificación.

A pesar de ello, Bang Si-Hyuk hizo que los miembros escribieran sus propias entradas de blog y expresaran públicamente sus pensamientos y sentimientos como *trainees*, además de compartir *mixtapes* y publicar entradas de diario. Cuando los ensayos se convirtieron en algo cotidiano, como le había pasado a Jin, los *trainees* empezaron a hablar de sí mismos de una forma sincera y natural.

Este fue el comienzo del equipo que se convertiría en Beyond The Scene.[11] Jimin recuerda:

————Cuando los *hyungs* estaban escribiendo las letras, también me pedían opiniones. «¿Qué te parece este tipo de contenido?». «¿Cómo son los chavales que te rodean?». «¿Ninguno de tus amigos del insti persigue sus sueños?». Cosas así. Me sentí muy agradecido.

Las letras de RM, SUGA y j-hope en *2 COOL 4 SKOOL* reflejaban las historias de todos los miembros de BTS. Esta es la razón por la que «We are bulletproof PT.2» habla de la inquietud que sienten los raperos

---

11 En julio de 2017, unos cuatro años después del debut de BTS, Big Hit Entertainment desveló la nueva identidad de marca del grupo y añadió un nuevo significado a su nombre. Además del sentido original de «Chicos que protegen a los adolescentes de la opresión y los prejuicios» de «Bulletproof Boy Scouts», «Beyond The Scene» (Más allá de la escena) expresa la misión del grupo de apuntar siempre al horizonte y cumplir los sueños sin conformarse con la realidad.

2 COOL 4 SKOOL

THE 1ST SINGLE ALBUM
12. 6. 2013

TRACK

01 Intro : 2 COOL 4 SKOOL (Feat. DJ Friz)
02 We are bulletproof PT.2
03 Skit : Circle Room Talk
04 No More Dream
05 Interlude

06 Like
07 Outro : Circle room cypher
08 Skit : On the start line (Hidden Track)
09 Path (Hidden Track)

VIDEO

 DEBUT TRAILER

 «No More Dream»
MV

 «No More Dream»
MV TEASER 1

 «We are bulletproof PT.2»
MV

 «No More Dream»
MV TEASER 2

que pasan de la escena del hiphop a la industria de los *idols* y escriben letras de rap toda la noche, a la vez que incluye la experiencia personal de Jung Kook como adolescente con una vida estudiantil atípica, en la letra «En lugar de ir al instituto, cantaba y bailaba en el estudio de ensayo toda la noche». Cuando se escribió esta canción, los componentes de BTS no eran ni raperos de la escena del hiphop ni *idols* en un escenario público. En lugar de encubrir las realidades de la precaria vida del *trainee* con la pompa del hiphop o fantasías de *idol*, utilizaron técnicas de hiphop para mostrar sus experiencias tal y como eran.

Esta fue la postura particular que adoptó BTS desde el principio de su carrera, y la perspectiva que siguen adoptando a la hora de contar sus historias. En lugar de seguir la gramática del hiphop o de la música *idol*, utilizaron los lenguajes de ambos géneros para hablar de sí mismos.

En ese sentido, *2 COOL 4 SKOOL* es casi un cuaderno de bitácora de su viaje: cómo un grupo de *trainees* sin nombre que no podían ocupar el centro del escenario ni vivir una vida normal y corriente debutaron al fin.

El álbum comienza con «Intro : 2 COOL 4 SKOOL» (Feat. DJ Friz) con el rap «Solo contamos nuestra historia en nombre de los adolescentes y los veinteañeros». En «Skit : Circle Room Talk», los miembros hablan de sus sueños de la infancia. «Outro : Circle room cypher» hace que cada miembro cuente su propia historia en forma de *cypher*. Por último, la letra de la pista oculta del CD «Skit : On the start line» describe claramente su vida previa al debut: «*Trainee* / La palabra expresa que soy así / Pero cuesta definirla / No pertenezco a ningún sitio / Tampoco hago nada en realidad / Es ese tipo de etapa / Un periodo de transición». Lo más importante es que este tema termina con la siguiente letra:

Porque soy un trainee

Esta era su autodefinición: *trainees* en la industria de los artistas coreanos. Pero no son unos cualquiera, no: estos aspirantes volcaron toda su vida de *trainees* en forma de hiphop y convirtieron su álbum de debut en un testimonio de sus experiencias.

Desde el principio, la música de BTS reflejó la vida de sus integrantes. Las pistas de la cara B de *2 COOL 4 SKOOL*, «Intro», «Interlude», «Outro» y «Skit», se convirtieron en una pauta sobre la que modelarían los álbumes posteriores.

Era una época en la que solo una ínfima minoría conocía a los Bulletproof Boy Scouts. Sin embargo, BTS ya estaba forjando su propia identidad; una identidad a la que se aferran hoy día.

¡Trabajo en equipo!

————*Hyung*, ¿cómo puedo tener esa vibra tan genial que tienes tú? (risas).

Antes del debut, Jimin admiraba a RM hasta el punto de preguntarse cómo podía ser como él. Y no solo porque RM fuera el líder, o porque tuviera el talento de trabajar en las canciones sin ayuda alguna. Los siete *trainees* desarrollaron un fuerte vínculo durante el tiempo que pasaron en la residencia, y para cuando se habían concretado los miembros del debut y se fijó el programa, ya tenían un papel muy influyente en la vida de los demás. Jung Kook incluso dice:

————Hasta ahora, la mayor suerte de mi vida ha sido conocer a estos *hyungs*.

Continúa diciendo:

————Cuando comparo el «yo» que llevaba una vida de estudiante normal con el «yo» que creció en esta empresa con los *hyungs*, veo que la persona que soy ahora ha aprendido mucho más y ha ganado mucho más. No sé exactamente qué, pero he aprendido muchísimo. Por ejemplo, antes era muy codicioso. No soportaba perder; era orgulloso y testarudo. Me metía en muchos líos por eso, y, aunque mi mal genio sigue asomando la patita algunas veces, he aprendido a ser comprensivo con los demás primero.

Al haber sido estudiante de instituto durante su época de *trainee*, la compañía de representación era el hogar y la escuela de Jung Kook, y sus compañeros eran tanto su familia como sus profesores. Y añade:

———Vivíamos juntos, así que los *hyungs* me influyeron, como es natural, y yo lo acepté también con naturalidad. Desde la forma de hablar de los *hyungs* hasta sus personalidades. Y también me pasó con la música.

El tiempo que los componentes pasaban juntos en la residencia y en los estudios de ensayo, contagiándose unos a otros, dio lugar a un ambiente de equipo sin igual. Este espíritu de apoyo y ánimo dio sus frutos cuando se concretó el debut de BTS y el equipo entró en un periodo de sesiones de entrenamiento que parecían interminables. Con un objetivo compartido en mente, se impulsaron entre sí hasta alcanzar su meta. «Dope», del álbum posterior *THE MOST BEAUTIFUL MOMENT IN LIFE PT. 1,* contiene la letra «Everyday hustle life» («Una vida de esfuerzo diario»), una actitud que quedó grabada a fuego en los miembros desde el principio. Jung Kook explica:

———Todos nos planteábamos retos. Había algo de ese estilo entre nosotros, los vocalistas, así que nos preguntábamos unos a otros sobre nuestra forma de cantar o hablábamos de cosas como: «Pues así he estado practicando últimamente». Si uno de los miembros cantaba una versión, le animábamos diciéndole cosas como: «Vaya, tu forma de cantar ha mejorado muchísimo».

En ese sentido, todo lo que ocurrió a principios de 2013 en el periodo previo a su debut supuso una gran fuente de impulso para su futuro. El debut de BTS estaba fijado, los integrantes tenían un objetivo claro, y las perspectivas dispares derivadas de la diferencia de edad, la ciudad natal y el bagaje musical fueron confluyendo poco a poco.

V rememora su época de *trainee*:

————A ver, no era ningún «amante de los ensayos», la verdad, así que tenían que pedirme que practicara más (risas). Cuando de repente me entraba el gusanillo, pensaba: «Quizá debería practicar un poquito», y creo que al final hacía lo que me apetecía.

Pero esta era solo la visión de V sobre la nueva vida en la que se encontraba de repente; nunca había imaginado convertirse en *trainee*, pero ahora estaba a solo unos meses de debutar oficialmente. Poco a poco, fue calentando motores. Con un poco más de rotundidad que antes, V explica:

————Recibí muchas críticas cuando era *trainee*, pero en realidad me siento orgulloso de eso. Como me criticaron, sentí que crecí y maduré, y nada de lo que ocurrió tras nuestro debut consiguió amilanarme. Ya había vivido muchas cosas.

V sonríe al pensar en los otros miembros de BTS, pero dice con una mirada seria:

————A mi modo de ver, todos somos ridículos. Somos bastante alocados y, por lo tanto, testarudos en extremo. Me encanta porque en este grupo, por mucho que se nos rompa el corazón, solo nos importa el escenario. «Vale, me he caído, pero no pasa nada»; es ese tipo de sentimiento.

Mientras los miembros se esforzaban por superar sus límites físicos y mentales con su trabajo en equipo cada vez mayor, los planes de debut de Big Hit Entertainment avanzaban según lo previsto. El blog fue revelando a los miembros uno a uno, y los vlogs permitieron que los miembros se comunicaran con sus fans. A la canción de *mixtape* «A Typical Trainee's Christmas» le siguió «Graduation Song», con videoclip incluido, de j-hope, Jimin y Jung Kook. Se subió tanto al blog como a YouTube el 8 de febrero de 2013.

El blog, lanzado el 21 de diciembre de 2012 con una publicación de la canción «Vote» del *mixtape* de RM, se había convertido en un canal de difusión de BTS en el que podía verse la vida de los integrantes, así como fotografías, música y movimientos de baile. Era el prototipo del formato de redes sociales que ahora se utiliza en los canales de muchos artistas de HYBE.

El 22 de marzo de 2013, unos tres meses antes del debut oficial, actualizaron el blog con un vídeo de j-hope, Jimin y Jung Kook en un ensayo de baile. La última entrada del blog previa al debut, titulada «130517 Bangtan Vlog», incluía videoblogs de todos los miembros salvo V. Estas entradas siguen en el blog hoy en día, lo que permite incluso a los fans más nuevos ver cómo fue la transformación de los componentes del grupo mientras se preparaban para el debut.

El plan de debut de Big Hit para BTS no había atraído la atención de muchas personas en aquel momento, pero eso no significaba que fuera un fracaso. La gente dejaba comentarios en el blog incluso antes del debut oficial, y los componentes empezaban a ganarse un *fandom*. Y aunque el local para la presentación del debut no era de los más grandes, esos primeros fans llenaron todos los asientos aquel día tan decisivo.

Al igual que los miembros, las limitaciones presupuestarias y de recursos de la época también se llevaron al límite. Esto se tradujo en unos planes de debut meticulosos y ajustados, que desembocaron en un pequeño episodio que solo los miembros recuerdan todavía. Jimin explica:

————Esto fue antes de la presentación de V. A nosotros seis nos presentaron hasta Jung Kook, pero la compañía dijo: «V es nuestra arma secreta».

V se mostró al público en un *teaser* fotográfico para el álbum debut de BTS el 3 de junio de 2013. Ocultar la presencia de un miembro atractivo hasta el último momento y luego hacer una presentación sorpresa para añadir una nueva dinámica al grupo es una estrategia con un éxito comprobado. Sin embargo, a estas alturas, los demás miembros ya se habían estado comunicando con sus cada vez más numerosos fans en los meses anteriores al debut. Jimin recuerda:

————Los fans nos enviaban cartas y regalos a todos, salvo a V, que era el único que no recibía nada.

Podría haber sido una situación desalentadora para un *trainee* que aún está en la adolescencia, pero los demás miembros colmaron a V de ánimos. Jimin añade:

————Recuerdo que todos nos reuníamos en nuestra habitación y animábamos a V. Le decíamos cosas como: «Eso es porque aún no te han presentado de forma oficial, no te desanimes».

13 de junio de 2013

Un poco antes del día D, el grupo estaba practicando la coreografía de «We are bulletproof PT.2»,* que, junto con la canción «No More Dream», se interpretaría en el programa *M Countdown* de Mnet el día de su debut, el 13 de junio.[12] Durante esta sesión, j-hope sufrió una lesión que le provocó una sinovitis en el muslo derecho.

La coreografía de la segunda parte de «We are bulletproof PT.2» incluye un solo de j-hope en el que cae de rodillas sobre el escenario mientras se dobla hacia atrás a la vez hasta tocar el suelo con la espalda. La repetición de este movimiento le ocasionó una importante sobrecarga en la pierna y tuvieron que extraerle con una jeringuilla el líquido sinovial causante de la hinchazón. Sin embargo, antes de que pudieran preguntarle por qué había dejado que la cosa llegara tan lejos, j-hope, al recordar el incidente, responde con firmeza:

———Si tengo que hacer algo, procuro hacerlo bien. No me gusta nada hacer un «churro».

La preparación para el debut es un camino largo, complicado y sinuoso, sobre todo para los *trainees* de las compañías más pequeñas. No obstante, en la mayoría de los casos, el día D llega tan rápido que nadie tiene tiempo de sentirse vacío. Y aunque la primera actuación no suele

---

12 El 13 de junio, el día después del lanzamiento del álbum debut *2 COOL 4 SKOOL*, y día en que BTS actuó por primera vez en público, se reconoce ahora como el aniversario del debut de BTS y se celebra cada año en un encuentro de fans llamado BTS Festa.

ser la última, es la más importante para la gran mayoría de los grupos de *idols*.

La industria de los *idols* del K-pop hace hincapié en la actuación y el estilo casi tanto como en la habilidad musical, lo que convierte a los programas musicales semanales en abierto y por cable en unos de los canales publicitarios más importantes para los artistas. Como resultado, un sinfín de bandas claman por unos espacios de emisión limitados cada semana. Los grupos que no consiguen atraer a un número significativo de seguidores en su actuación de debut, o al menos durante la primera semana de dicho debut, tienen pocas probabilidades de conseguir más atención. No les garantizan un espacio en el episodio de la semana siguiente y les acortan algunas actuaciones para ajustarlas a la duración del programa, lo que significa que los artistas no siempre tienen la oportunidad de demostrar todo lo que pueden ofrecer. Esto no es un problema para los artistas consagrados, pero para los *idols* que acaban de debutar —incluso los que cuentan con el respaldo de grandes compañías de representación— la aparición en programas musicales puede significar el éxito o el fracaso de su carrera. En otras palabras, el futuro mismo de BTS dependía de su primera actuación. Jin aún recuerda la tensión de aquel escenario:

———Hay un momento en la coreografía de «No More Dream»* en el que tengo que saltar en la parte que dice «Es mentira», pero, a diferencia de en los ensayos, llevamos auriculares intraurales y micrófonos con petaca prendidos de los pantalones porque estamos en el escenario. Por culpa del peso adicional, cada vez que aterrizaba tras un salto, los pantalones se me bajaban poquito a poco. Se me quedó la mente en blanco y, como era un novato, no podía gritar: «¡Hagamos una toma más!». Así pues, pensé que había metido la pata a lo grande en mi primera actuación y me eché a llorar.

Pero los temores de Jin resultaron infundados, ya que BTS tenía preparada una superarma para atrapar al público de un plumazo: el *break* de la segunda mitad de «We are bulletproof PT.2». En esta secuencia, j-hope hace el salto y aterriza con la rodilla (el movimiento que le provocó la lesión), y Jimin da una voltereta sobre él. A continuación, Jimin se da la vuelta y lanza el sombrero, que Jung Kook atrapa antes de empezar su propio baile. j-hope recuerda cómo surgió la secuencia:

————Estábamos practicando cuando Son Sungdeuk-seonsaengnim sugirió: «¿Queréis exhibir cada uno vuestra especialidad en la segunda mitad de la canción?». Así que cada uno preparó una coreografía y los tres nos quedamos en el estudio de ensayo, dispusimos las colchonetas y practicamos una y otra vez.

Los agotadores esfuerzos dieron sus frutos. La combinación de movimientos impactantes, junto con la voltereta, embelesó al público y consiguió que el grupo captara la atención que buscaba. Jung Kook describe cómo se sintió:

————La cosa es que, en realidad, no atrapo el sombrero. Solo lo parece desde las gradas. Pero de todos modos, en cuanto atrapé el sombrero, la gente que estaba allí decía: «¡Hala! ¡Toma ya!». Y a mí se me puso la piel de gallina.

j-hope también tuvo la sensación de que sus esfuerzos anteriores al debut se vieron recompensados.

————Antes de la actuación, lo único que oíamos desde los asientos era: «Pero ¿quiénes son esos tíos?». Sin embargo, cuando vieron nuestros movimientos se quedaron boquiabiertos. Fue alucinante. Y entonces me alegré de bailar.

El público presencial no fue el único impresionado por BTS. En cuanto terminó la actuación de BTS, el entonces jefe de operaciones comerciales de Big Hit Entertainment, Lenzo Yoon, recibió más de treinta llamadas telefónicas: personas de todo el sector alababan la actuación y hasta le proponían oportunidades de negocio.

La primera actuación que se retransmitió demostró a los integrantes de BTS lo que podían ganar en el escenario. Jung Kook descubrió que estar bajo los focos le ponía «nervioso, emocionado, tenso y feliz». Jimin supo de la existencia de sus fans. Lo explica así:

————Aun ahora, recuerdo esa única fila junto a las cámaras durante nuestra primera actuación.

La «única fila» se refiere a los fans que acudieron en persona a ver a BTS en directo. Los fans de los artistas que aparecen en programas musicales pueden acudir a las actuaciones como grupo a través de las compañías de representación. El número de fans que pueden atraer las empresas depende en gran medida de la popularidad y el reconocimiento de los artistas. En aquel momento, BTS solo atrajo a un puñado de fans, que ocupaban más o menos una fila delante de aquel pequeño escenario. Jimin cuenta:

————Si lo piensas bien, no nos conocía nadie, pero vinieron hasta allí porque les gustábamos, y nos apoyaron … Querían vernos encima del escenario, así que tuvieron que pegarse el madrugón, sin poder descansar bien, y esperaron. Nosotros preparamos aquella actuación para poder mostrársela a esta gente.

Sus preparativos condujeron a un debut con un pequeño final feliz.

Forasteros

Un *trainee* en la cúspide del debut es, como es natural, objeto de la atención de todo el mundo. El personal de la empresa está muy atento a todos sus movimientos, e incluso los aparentemente inaccesibles directores generales y dueños de las compañías se deshacen en alabanzas. Y, por supuesto, el apoyo y las expectativas de amigos y familiares están en su punto álgido.

Sin embargo, cuando el *trainee* debuta por fin y actúa en un programa musical, se topa con la fría y dura realidad: el mundo no está tan interesado.

En cada episodio de un típico programa coreano de listas y clasificaciones musicales, que se emite casi toda la semana, participan unos veinte equipos de artistas, desde novatos que acaban de debutar hasta veteranos que llevan décadas sobre los escenarios. En la final actúa siempre el artista más popular del episodio.

Durante el rodaje, la mayoría de los artistas presentados aquel día aguardan en la sala de espera del set con los demás artistas. En esta multitud abarrotada, los *idols* emergentes —incluso los que han firmado con las compañías de representación más grandes— son prácticamente anónimos en un mar de caras nuevas. Tienen suerte si nadie oye una mala palabra de su boca y difunde rumores horribles sobre ellos en el mundillo.

Incluso entre los nuevos artistas, BTS eran unos forasteros, prácticamente varados en una isla propia. Y esto no era solo porque Big Hit

Aun ahora, recuerdo esa única fila
junto a las cámaras durante nuestra
primera actuación.

—Jimin

Entertainment fuera una compañía pequeña. Jin recuerda la difícil situación en la que se encontraban mientras esperaban en aquella antesala antes de salir a actuar:

————Sentía tanta curiosidad que le pregunté a otro artista: «¿Cómo es que tienes tantos amigos aquí?». Y me dijo: «Ah, es que fulanito estaba antes en mi compañía de representación». «¿Y menganito?», pregunté, y contestó: «Ah, fuimos *trainees* juntos en mi otra compañía de representación». Y esa era la tónica habitual de la mayoría de la gente. No se habían hecho amigos después de debutar, ya lo eran antes. Nosotros solo habíamos estado en esa única compañía, así que, en aquel momento, ya no salimos de la sala de espera.

Del mismo modo que muchos *trainees* abandonaron Big Hit Entertainment antes del debut de BTS, es habitual que los *idols* en formación cambien varias veces de compañía. Y por el tamaño mismo de las compañías de representación más grandes, son muchos los aspirantes que entablan amistad con *trainees* de otras compañías.

No obstante, los componentes de BTS nunca se habían relacionado con otras compañías, y no tenían ninguna razón en particular para relacionarse con otros *trainees*. RM y SUGA habían pasado del hiphop a la industria de los *idols*, y los demás miembros no tenían tiempo para mirar al exterior porque siempre estaban escuchando hiphop en la residencia con RM y SUGA y perfeccionando las coreografías en el estudio de prácticas.

Jimin describe cómo se sentía al compartir espacio con otros artistas al principio de la carrera de BTS:

————Aún no sé por qué, pero solo hacíamos piña entre nosotros. Supongo que a los demás también les costó acercarse a nosotros.

Todos estábamos muy tensos porque nos habíamos empeñado en hacer hiphop, no cruzábamos miradas con los demás... (risas).

Eran los forasteros en la sala de espera o, para ser totalmente sinceros, no eran más que siete chicos que no le importaban a nadie.

Pero al mismo tiempo, los integrantes vieron que su atención se desviaba de forma natural hacia el mundo exterior. Aunque estuvieran apiñados en un rincón de la sala de espera, no podían sustraerse a la música del programa. En el televisor de la sala de espera podían ver las actuaciones del exterior en tiempo real y por los auriculares que se habían colocado escuchaban a los demás artistas en directo. Estos audios en particular causaron una gran conmoción en BTS, porque por primera vez se comparaban con los demás artistas.

Jimin explica:

——Había una diferencia evidente entre las voces de nuestro grupo y las de los demás cantantes. Yo era un novato y no conocía bien mi propia voz ni cuáles eran mis propias armas, así que solo pensaba: «Ay, ¿por qué soy tan malo?» y «Los demás son buenísimos». Al final, me di cuenta de que era un pez pequeño en una pecera enorme.

Y añade:

——Si quería mejorar de alguna manera, tenía que practicar mi manera de cantar, pero no sabía cómo, de modo que seguí cantando a ciegas. Cada vez que cometía un error, me metía en el baño a llorar.

V también critica sus primeras actuaciones:

——A veces, cuando estoy mirando vídeos en YouTube, me aparece uno de los más antiguos de nuestro equipo, pero siempre me los salto. No es que me avergüence de ellos. Son recuerdos bonitos que siempre tengo presentes, de manera que, cuando los veo después de mucho tiempo, pienso: «Así eran las cosas en aquel entonces», pero a la vez me pregunto: «¿Por qué hacía eso en aquella época?».

V continúa:

————Me gusta también la persona que era antes. Es por haber pasado por todo aquello por lo que hoy soy quien soy.

El debut de BTS los expuso a una avalancha de influencias externas que ejerció un profundo impacto en sus primeras actividades. Jung Kook empezó a cantar en todas partes, hasta tal punto que pensaba: «Todo el tiempo que paso cantando en las veinticuatro horas que tengo es práctica que hago». Jimin describe el estado de ánimo del equipo en aquella época:

————Yo no era el único, creo que V y Jin también sentían que tenían carencias en lo tocante a sus respectivas habilidades vocales. Yo tenía además un poco de complejo de inferioridad, de manera que pensaba: «Debo hacerlo mejor». Si alguno de nuestros miembros practicaba su canto, yo también lo hacía.

Y así, los miembros siguieron practicando incluso después de su debut. SUGA comenta cómo se sentía en aquel entonces:

————Durante todo 2013 me sentí como si estuviera en prácticas. No me daba la impresión de que hubiera debutado de verdad, porque nada había cambiado. La única diferencia era que salíamos en la tele, pero lo que practicábamos era lo mismo. Fue entonces cuando comprendí que debutar no era el final. «Todo se repite», pensé.

La intuición de SUGA se demostró correcta. Los miembros de BTS aprendieron que su meta de debutar era solo el primer paso de una larga travesía que los llevaría de vuelta al estudio donde ensayaban.

Los tristes reyes de los novatos

Tal y como declararon en su presentación oficial, BTS logró sobrevivir a 2013. Su primer álbum *2 COOL 4 SKOOL* (que salió a la venta en junio de 2013) y su continuación, el álbum *O!RUL8,2?*, aparecido en septiembre del mismo año, alcanzaron el puesto 65 y 55, respectivamente, entre los álbumes más vendidos[13] de la Gaon Chart[14] de 2013. Fue el mejor resultado de entre todos los grupos de *idols* que debutaron aquel año.

BTS también se llevó de calle los galardones a mejor artista novel de todos los grandes premios musicales coreanos de finales de 2013, entre ellos los Melon Music Awards (MMA), los Golden Disc Awards, los Seoul Music Awards y los Gaon Chart Music Awards,[15] aunque no los MAMA de Mnet.[16]

Sin embargo, las galas de entrega de premios a las que asistieron para recibir sus galardones no hicieron sino demostrar a los miembros la realidad que afrontaban. Jin recuerda:

———Cuando ganamos el premio a mejores artistas noveles de los MMA, creo que fue SHINee-sunbae quien se llevó el mejor

---

13 Unidades distribuidas netas, menos unidades devueltas.
14 Lista oficial de éxitos de Corea del Sur, lanzada por la Korea Music Content Association. El sistema se relanzó bajo el nombre de Circle Chart en julio de 2022.
15 Los Gaon Chart Music Awards cambiaron su nombre por Circle Chart Music Awards en 2023.
16 Mnet Asian Music Awards, nombre que cambió a MAMA Awards en 2022.

O!RUL8,2?

THE 1ST MINI ALBUM
11. 9. 2013

TRACK

01 INTRO : O!RUL8,2?

02 N.O

03 We On

04 Skit : R U Happy Now?

05 If I Ruled The World

06 Coffee

07 BTS Cypher PT.1

08 Attack on Bangtan

09 Paldo Gangsan

10 OUTRO : LUV IN SKOOL

VIDEO

 COMEBACK TRAILER

 CONCEPT TRAILER

 «N.O»
MV TEASER 1

 ALBUM PREVIEW

 «N.O»
MV TEASER 2

 «N.O»
MV

Artista del Año. ¿Qué coreano no conocía a SHINee en aquel entonces? Todo el mundo sabía quiénes eran BEAST e Infinite, también. Pero, por lo que respecta a nosotros, era una época en la que la gente nos llamaba «Esos tíos del chaleco antibalas».

Nadie prestaba atención a BTS en las ceremonias de entrega de premios. Los eclipsaban la infinidad de artistas consagrados que ya gozaban del amor del público y además, como BTS era el único grupo de Big Hit Entertainment presente, no tenían compañeros de discográfica más veteranos que pudieran presentarles a otros artistas.

Nadie les hablaba ni ellos se atrevían a entablar conversación con nadie. Lo único que podían hacer era asistir a las galas de entrega de premios, subir al escenario para ofrecer un breve comentario y unas palabras de agradecimiento y volver derechos a la residencia.

En el año 2013, cuando los citados álbumes de BTS alcanzaron el puesto 65 y 55 en la Gaon Chart, EXO tenía seis discos entre los diez primeros, en las posiciones 1, 3, 4, 6, 7 y 10. Ese es uno de los motivos por los que BTS es el único grupo masculino de *idols* coreano surgido en 2013 del que todavía se habla. Era una época en la que un equipo tenía copado el mercado, lo que hacía casi imposible que los recién llegados sobrevivieran.

No es exagerado decir que la atención de la industria estaba puesta en exclusiva sobre EXO y el debut de los aprendices de YG Entertainment que aparecían en *WIN: Who Is Next*. Los logros de BTS en las entregas de premios solo demostraban que habían sobrevivido, por el momento. No había ninguna garantía de que fueran a aguantar en 2014 y 2015. Si TVXQ y BIGBANG eran los iconos de la segunda generación de grupos masculinos de *idols* de la industria del K-pop, EXO y el grupo de YG a punto de surgir tenían casi asegurado el papel de reyes de la tercera generación.

Este contexto explica, en parte, que la respuesta al segundo álbum de BTS, *O!RUL8,2?*, fuera un chasco tan grande.

Según la Hanteo Chart, que recopila datos sobre ventas físicas y digitales de música, el álbum de debut de BTS, *2 COOL 4 SKOOL*, vendió 772 unidades en la primera semana de su lanzamiento, mientras que el segundo, *O!RUL8,2?*, vendió 2.679 los primeros siete días que estuvo a la venta: más del triple que el primero. Las ventas en la primera semana de los álbumes de continuación de los grupos de *idols* suelen reflejar las expectativas que ha generado entre los fans el disco anterior, lo que significaba que *2 COOL 4 SKOOL* había obtenido una buena acogida entre el público. Sin embargo, las cifras de distribución no resultaban tan halagüeñas. Según la Gaon Chart, se distribuyeron 34.030 copias de *O!RUL8,2?* en 2013, un aumento de apenas 9.589 unidades en comparación con *2 COOL 4 SKOOL*, del que se distribuyeron 24.221.

Aunque nadie esperaba que las cifras de distribución también se triplicaran, era cierto que el crecimiento no había estado a la altura de las expectativas. Un aumento de 20.000 a 30.000 copias, a diferencia de uno de 200.000 a 300.000, no suponía un logro de especial relevancia dentro de la industria.

En el vídeo de «ARMY Corner Store»* que se lanzó en junio de 2021 para conmemorar el octavo aniversario de BTS, RM describe los cuatro álbumes que sacaron antes de la serie *THE MOST BEAUTIFUL MO-MENT IN LIFE* como un ciclo de «dulce, amargo, dulce, amargo». *O!RUL8,2?* fue el primero de los «amargos».

j-hope rememora la confusión que sintieron:

————Cuando debutamos con «No More Dream» y «We are bulletproof PT.2» sentimos una gran respuesta en los directos, de manera que creo que, para ser sincero, nos vinimos un poco arriba. Pero luego, en el siguiente álbum, con «N.O»,* fue algo así como si ... nos cayeran tortas por todos lados.

Insulto

Aunque pueda parecer asombroso, la decepcionante acogida de *O!RUL8,2?* fue solo una de las muchas tribulaciones que acechaban entre bastidores.

Pocos artistas logran mantener una racha de éxitos y BTS, tras haber efectuado un memorable debut, tenían por delante unas cuantas oportunidades más. Tanto el equipo como Big Hit Entertainment habían planificado ya una hoja de ruta para el futuro: la canción que cerraba *O!RUL8,2?*, «OUTRO : LUV IN SKOOL», era un anticipo del álbum siguiente. *Skool Luv Affair* tocaría el tema del amor, un paso ambicioso que pretendía dar un impulso adicional al grupo dentro de la industria. El equipo también consiguió remontar la tibia acogida de *O!RUL8,2?* centrándose en «Attack on Bangtan»˙ como siguiente single.

«Attack on Bangtan» transmite la confianza y energía que BTS acumuló tras su debut, y añade velocidad a la explosividad de «No More Dream» del primer álbum. El equipo avanzaba a toda máquina con su propio impulso, negándose a echar el freno incluso después del desengaño que se llevó con «N.O».

j-hope recuerda que los miembros no tenían la menor intención de permitir que las circunstancias los desanimaran:

————En aquella época, en aquella coyuntura, ni siquiera nos planteábamos rendirnos. Todos pensábamos: «Con lo duro que hemos trabajado para debutar, ¿ahora vamos a rendirnos?» y «Debemos seguir adelante». Tuvimos un momento «chof» con «N.O», pero con «Attack on Bangtan» pareció que volvíamos a estar en forma.

Jin también insufló calma al equipo.

————Todo tiene su progresión. A veces hay que escalar poco a poco. Y sabíamos que todos los demás que habían ascendido hasta el éxito lo habían hecho despacio, paso a paso.

Pero el auténtico «tortazo» llegó de un lugar inesperado, varios días más tarde, el 21 de noviembre, en el podcast *Kim Bong-hyun's Hip-Hop Invitational* del crítico musical Kim Bong-hyun.

RM y SUGA participaron en el primer aniversario del podcast, al que también asistió el rapero B-Free. Lo que sucedió a continuación es de sobra conocido por el público. Como la grabación puede encontrarse con una búsqueda rápida en YouTube, no la reproduciremos aquí. En resumidas cuentas, B-Free arremetió contra BTS.

————Mirando atrás, da la impresión de que pasamos por algo por lo que todo el mundo tiene que pasar una vez en la vida.

RM prosigue con calma:

————Encajar un insulto (nota de traducción: RM utiliza la palabra inglesa *insult* en vez de su equivalente en coreano) como ese a la cara, y de alguien de nuestra misma industria ... la palabra coreana *moyok* parece demasiado plana, no se me ocurre otra más apropiada que «insulto». En cualquier caso, ahí fue cuando aprendí «cómo reaccionar cuando vas por la calle y sin venir a cuento te dan un bofetón».

RM suelta una carcajada hueca. En verdad, el ataque de B-Free fue más sangrante si cabe que una bofetada en la cara, porque se mostró muy tajante con la identidad musical de BTS sin haber escuchado siquiera su álbum.

Cuesta imaginar a un *idol* de K-pop lanzando una crítica *ad hominem* a un artista de otro género, pero el fenómeno a la inversa sigue produciéndose de forma habitual en el mundillo coreano del entretenimiento, algo que se remonta a la primera generación de cantantes *idol*. El origen es el extendido estereotipo de que la música K-pop es inferior en cuanto a calidad y profesionalidad.

Sin embargo, algunas personas —como B-Free— actúan como si fueran jueces de un *casting* y emiten su veredicto público sobre la identidad musical de los grupos de *idols* a pesar de que nadie les ha conferido esa autoridad.

Idols por naturaleza, en cualquier caso
Me hacen callar y me desprecian

La letra de «BTS Cypher PT.1»* en *O!RUL8,2?*, que salió a la venta antes del encuentro de RM y SUGA con B-Free, contiene la respuesta del equipo a toda esa clase de críticas. BTS sabía lo que el público pensaba de ellos y respondió a esas personas con un *cypher*, que es una técnica de hiphop. La letra de «We On» va incluso más allá con la ambiciosa declaración: «Fans, público, fanáticos / Sí, los estoy haciendo míos». La pregunta de «INTRO : O!RUL8,2?», «¿Cuál era mi sueño?», y el «Realmente es ahora o nunca / Todavía no hemos logrado nada» de «N.O» muestran a las claras por qué los miembros decidieron formar parte de BTS.

La música del grupo documenta la travesía de sus miembros: de no conocer sus propios sueños a comprender sus ambiciones, luchar por hacer realidad sus objetivos y, finalmente, desarrollar su propia perspectiva sobre el modo en que el público los percibía.

Distintas personas reaccionarán de forma diferente a la música de BTS, ya que el gusto musical es totalmente subjetivo. Sin embargo, nadie puede negar que los miembros de BTS llenaban las canciones con sus auténticas emociones y experiencias del momento. En «Skit : R U Happy Now?», los miembros expresan lo felices que se sienten a pesar de lo ocupados que están, y en la siguiente canción, «If I Ruled The World», elucubran en tono humorístico sobre lo que podrían hacer si alcanzaran el éxito. Esas canciones reflejan la reacción de BTS al pequeño aperitivo del éxito que les había proporcionado su álbum de debut.

Si *2 COOL 4 SKOOL* es la plasmación autobiográfica que hace BTS de las incertidumbres de la vida del aprendiz, *O!RUL8,2?* es el grito de guerra con el que saltan a la palestra y cuentan la historia de su vida como *idols* en formato de hiphop, un estilo narrativo único que acabaría definiendo al equipo.

La temática de «N.O», esa oscilación entre los sueños y la realidad, podría haberse elaborado en cualquier género pero, para BTS, aquel no era un simple motivo aislado sin mayor importancia, separado del resto de su música. A lo largo de todo *O!RUL8,2?*, e incluso su álbum de debut *2 COOL 4 SKOOL*, los miembros vertieron en su música historias personales y genuinas que daban una forma concreta a su determinación, con letras como «Realmente es ahora o nunca / Todavía no hemos logrado nada», un mensaje que transmitían desde el escenario en sus apasionadas actuaciones.

SUGA hablaba en serio cuando afirmó en *Kim Bong-hyun's Hip-Hop Invitational* que quería que BTS actuara de puente entre la música de los *idols* y el hiphop. Como su música hasta el momento había demostrado a las claras, esa había sido su meta desde el principio mismo. «Paldo Gangsan», en concreto, condensa la identidad de los principios y el debut de BTS. j-hope explica cómo se compuso la canción:

————Como provenimos de orígenes tan distintos, se sugirió que sería muy divertido hablar sobre los pueblos de cada uno y rapear en dialecto. Dijimos: «Yo soy de Gwangju, tú (SUGA) vienes de Daegu, y tú (RM), de Ilsan, en la provincia de Gyeonggi, así que hablemos de nuestros lugares de origen y llevemos esta canción a alguna parte».

«Paldo Gangsan» solo fue posible porque todos los miembros son de fuera de Seúl. Aunque empezaron sus carreras musicales en otra parte, todos acabaron en la capital para efectuar su debut como *idols*, un fenómeno que ocurre en todos los sectores, porque una proporción enorme de las infraestructuras coreanas tienen su sede en Seúl. No solo eso: las normas de la industria de los *idols* y el K-pop dictaban que los siete jóvenes agrupados en un equipo compartieran residencia.

A pesar de respetar los estándares de la industria en muchos sentidos, BTS exploró nuevas sendas al transmitir el origen de cada uno de sus miembros y describir cómo se habían unido para formar un equipo, en formato musical. Este proceso de hablar unos de otros a través de la música, dice j-hope, sirvió para estrechar sus lazos:

————No sé cómo describirlo con palabras, pero … no creo que tuviéramos prejuicios sobre la localidad de origen de los demás. Así que las conversaciones fueron relajadas y pudimos reírnos juntos y disfrutar sin más de las anécdotas sobre nuestros pueblos, y así se desarrolló la canción. Nació porque sentíamos un respeto mutuo por nuestros orígenes.

Sin embargo, cuando *O!RUL8,2?* salió al mercado, muy pocas personas apreciaron el uso novedoso de la música que había hecho BTS. Estaban solos en la industria de los *idols*, y raperos de la escena del hip-hop como B-Free se metían con ellos sin escuchar siquiera su trabajo.

Y nadie decía ni media palabra sobre esas actitudes. En aquella conversación con RM y SUGA, B-Free había insultado no solo a su música, sino también el nombre del grupo y el nombre artístico de SUGA. Y cuando el episodio fue de dominio público, en internet hubo hasta quien se puso del lado de B-Free e hizo comentarios odiosos sobre BTS.

En aquel entonces, esa era la realidad de la industria para BTS y la mayoría de los grupos de *idols*. Era una época en la que la gente se sentía libre para hacer comentarios degradantes por internet sobre el nombre, la apariencia y las acciones —ni siquiera la música— de los artistas, sin otro motivo que el hecho de que fueran *idols*.

Varios años más tarde, RM recuerda aquel momento:

———Es exactamente así. «La historia de la lucha por el reconocimiento».

Queríamos que nos reconocieran. Demostrar lo que valíamos.

Para RM y los demás, era inevitable buscar un motivo para hacer lo que hacían. RM añade:

———Me informé y estudié mucho sobre insultos y comentarios hirientes, y me volví más apasionado todavía. «Uy, realmente tengo que hacerlo mejor». No estaba muy seguro de qué era lo que tenía que hacer mejor, pero ya había debutado y ya se habían metido conmigo, de forma que quería hacer algo, de alguna manera, que estuviese a mi alcance, y volcarme en ello de verdad.

No pasó mucho tiempo antes de que la determinación de RM se hiciera realidad, por lo menos en parte. Un miembro del equipo de Mnet que había visto el vídeo de *Kim Bong-hyun's Hip-Hop Invitational* se puso en contacto con Big Hit Entertainment y RM apareció en el episodio del 13 de mayo de 2014 de *4 Things Show*, un programa de entrevistas que examina al sujeto del episodio desde cuatro perspectivas diferentes, de un modo más profundo y matizado que muchos programas actuales, por no hablar ya de 2014. Era la oportunidad perfecta para que RM dejara claras sus ideas dentro del contexto de su conflicto interno entre sus identidades como artista de hiphop y *idol*.

————Para mí fue extremadamente importante quitarme aquel peso de encima. El dolor seguía allí, pero [la entrevista] me reconfortó el corazón en ciertas maneras ... Tienen que suceder cosas malas para que las haya buenas. Y en aquel momento pensé: «Bueno, ha pasado una cosa como esa pero, gracias a ella, hay gente que quiere saber más de nosotros».

No terminaron allí sus problemas, y BTS se las vería con desafíos inimaginables, pero esas dificultades, irónicamente, ayudaron a los miembros a redoblar su compromiso y hasta les abrieron nuevas oportunidades. Era solo el principio de sus inicios. A propósito de ese periodo, SUGA se limita a decir:

————Intento no pensar en aquella época si puedo evitarlo. Porque, a fin de cuentas, fuimos nosotros quienes ganamos y zanjamos la cuestión.

La fuerza de alguien

Skool Luv Affair, el tercer álbum de BTS, salió a la venta en febrero de 2014. Por usar la expresión de RM, fue el segundo «dulce» en el ciclo de «dulce, amargo, dulce, amargo» que definió sus cuatro primeros álbumes. La acogida pública del tema principal, «Boy In Luv», fue explosiva, y los llevó en volandas a su primera candidatura a los primeros puestos de un programa musical televisivo. Según la clasificación de álbumes de la Gaon Chart de 2014, se distribuyeron 86.004 unidades del disco, un aumento del 250 por ciento respecto del anterior, *O!RUL8,2?*

A diferencia de temas principales anteriores como «No More Dream» y «N.O», que contaban historias más sombrías sobre adolescentes con sueños que afrontaban la realidad, «Boy In Luv» exploraba el romanticismo adolescente e insuflaba un tono alegre a su imagen, antes más dura. Al refinar la garra de la que habían hecho gala en «Attack on Bangtan», desarrollaron una canción de amor única, al estilo de BTS. Aunque la coreografía seguía siendo poderosa y llena de energía, incluía movimientos más desenfadados y unos trajes que recordaban a los uniformes escolares y volvían al grupo más cercano si cabe para los adolescentes. «Just One Day», una canción posterior del mismo álbum, también se centra en un amorío juvenil, lo que cimentaba el tema de «nuestra manera de amar», tal y como lo definía el primer corte: «Intro : Skool Luv Affair».

Esta nueva dirección era el primer paso de la expansión musical de BTS. Allá donde los álbumes anteriores trataban de los propios miembros —su etapa de aprendices, su actitud hacia la música, su respuesta a las percepciones de los demás—, *Skool Luv Affair* dio inicio a una exploración del mundo exterior con el tema del amor, que requiere interesarse por los demás y contemplar el universo que hay más allá de uno mismo.

Skool Luv Affair también aborda de forma directa las últimas tendencias en la moda juvenil de la época y todas sus implicaciones sociales con «Spine Breaker», aunque asimismo incluye «Tomorrow», que toma las circunstancias personales de los miembros y las traduce a un lenguaje universal con el que cualquiera puede sentirse identificado.

«Tomorrow» empieza con la confesión de SUGA sobre sus incertidumbres previas al debut, pero los pasajes «Este veinteañero desempleado teme al mañana» y «Queda mucho camino por recorrer, pero ¿por qué sigo parado aquí?» transmitían un estado de ánimo universal para muchas personas en la veintena que buscaban su sitio en el mundo. Al ampliar sus propias historias para que incluyeran las de sus iguales, BTS definían la vida como «No solo estar vivo, sino vivir mi vida», con lo que se infundían valor a sí mismos y a quienes los escuchaban.

El momento más oscuro es siempre el que precede al amanecer
Más adelante, no olvides a tu yo de ahora

Eran unas palabras de ánimo muy propias de BTS, en la medida en que no se basaban en un optimismo infundado, pero tampoco se dejaban empantanar en la negatividad y la desesperación. Si «BTS Cypher Pt. 2 : Triptych» nos ofrecía las perspectivas de los miembros sobre todo lo que había sucedido con anterioridad, incluido el insulto de B-Free, «Tomorrow» dejaba entrever el futuro del grupo. La música que aportarían luego a la escena con la serie *THE MOST BEAUTIFUL MOMENT IN LIFE* ya iba cobrando forma en *Skool Luv Affair*. RM hace memoria:

Skool Luv Affair

THE 2ND MINI ALBUM
12. 2. 2014

TRACK

01 Intro : Skool Luv Affair
02 Boy In Luv
03 Skit : Soulmate
04 Where You From
05 Just One Day

06 Tomorrow
07 BTS Cypher Pt. 2 : Triptych
08 Spine Breaker
09 JUMP
10 Outro : Propose

VIDEO

 COMEBACK TRAILER

 ALBUM PREVIEW

 «Boy In Luv»
MV TEASER

 «Boy In Luv»
MV

 «Just One Day»
MV TEASER

 «Just One Day»
MV

————Incluso visto desde ahora, creo que «Tomorrow» solo pudo meterse en el álbum gracias a SUGA. Porque fue él quien entrelazó los ritmos y los temas. En realidad, en aquel entonces nos encontrábamos en el peor momento de agotamiento de la Temporada 1 de BTS.[17]

Según RM, «Tomorrow» surgió de la serie de obstáculos que afrontaron los miembros desde su debut en adelante. Las decepcionantes ventas de *O!RUL8,2?* y el ataque de B-Free los habían agotado, y necesitaban algo que los sacara de ese bache. Por si fuera poco, SUGA sufrió una apendicitis aguda durante la producción de «Tomorrow». Según relata:

————Estaba preparando el álbum mientras actuaba en Japón cuando padecí una rotura del apéndice que me obligó a volver a Corea para operarme y pasar la convalecencia. Pero me subió la fiebre a más de 40 grados y se me acumuló pus en el estómago, de modo que tuvieron que operarme otra vez.

Su álbum anterior había quedado por debajo de las expectativas, y a SUGA cuando se recuperase le esperaba el trabajo en el siguiente, un disco que no tenía ninguna garantía de éxito. De modo que volcó en «Tomorrow» sus ansiedades y su determinación de superarlas.

————Pensábamos: «Quiero ver la luz, por una vez», «Aunque solo sea eso, queremos dar por lo menos un concierto». Sin esos sentimientos, no seríamos quienes somos hoy.

SUGA añade:

————Quería componer la clase de música que antes escuchaba, algo que pudiera dar fuerzas a la gente, como «Tomorrow». Todavía siento lo mismo hoy en día.

---

17 Aunque no es un término oficial, a los miembros de BTS les gusta dividir en eras su historia. Cuando aquí hablan de la Temporada 1 de BTS se refieren a la época que va desde su debut hasta la salida al mercado de su álbum de 2014 *DARK&WILD*.

La respuesta del público a *Skool Luv Affair* devolvió a SUGA la esperanza de cara al futuro. «Boy In Luv» hizo llegar a BTS a más gente incluso que antes, con lo que cumplió con éxito su propósito como tema principal. «Tomorrow» consolidó más aún la identidad de la banda.

A continuación, la atención de todos —tanto los miembros de BTS como Big Hit Entertainment— pasó a centrarse en el álbum siguiente, *DARK&WILD*. Dado que *Skool Luv Affair* los había propulsado al puesto de aspirantes a lo más alto de las clasificaciones de los programas de música, su siguiente objetivo, como es natural, era obtener el primer puesto. Poco a poco, el futuro se iba volviendo cada vez más prometedor, y los miembros se veían reforzados en su determinación. Por aquella época, Jimin se esforzaba por mejorar su técnica de canto, con la que llevaba a vueltas desde el debut. Recuerda:

———La gente lo decía. Que a BTS le fallaban las voces. Cada vez que lo oía, se me partía el corazón.

Las voces de BTS, que utilizaban melodías de R&B sobre un fondo de hiphop, eran inusuales en el panorama de los *idols* del K-pop, cuya música tendía a los clímax agudos. El enfoque de BTS, que consistía en cabalgar los ritmos con la voz, era un estilo inhabitual en la industria, y la ausencia de esas espectaculares notas agudas que decoraban otras canciones de *idols* podía hacer sospechar que las capacidades vocales de BTS no estaban a la altura. Sin embargo, Jimin explica que siguió adelante:

———Ya no me caía a cada momento.

Por encima de todo, sus fans, que aumentaban en número poco a poco, les sirvieron de apoyo emocional. SUGA dice:

———Los fans a los que veíamos por primera vez. Todos y cada uno de ellos significaban muchísimo para nosotros.

Incluso después del debut, SUGA oscilaba en su fuero interno entre su identidad inicial como artista de hiphop y su nueva identidad como cantante *idol*. Le resultaba difícil dar el salto y dejar atrás algo que había amado durante tanto tiempo, pero lo que le facilitó la transición al nuevo mundo fueron sus fans.

————Es realmente fascinante que vaya gente a verme. Y lo entregados que son. Para ser sincero, yo no puedo ser tan fan de alguien. Antes actuaba para unas dos personas en Daegu, pero de pronto tenía delante a todos esos fans, que me querían. Imagina lo emocionante que era para un chaval como yo. Fue entonces cuando lo entendí todo, en plan: «Ah, tengo el deber de hacer lo que esta gente quiere».

Esa sensación ayudó al equipo entero a aclimatarse a la vida del *idol*. Jimin recuerda cómo se sentía:

————RM y yo hablábamos mucho. No éramos realmente famosos ni nada, pero a esas alturas ya no podíamos exactamente escupir por la calle sin consecuencias … Y poco a poco íbamos adquiriendo cierto sentido de la responsabilidad para conocer el valor de nuestro trabajo.

Aunque no siempre fuera fácil, estaba claro que BTS iba hacia arriba, poco a poco. Eso, hasta que sucedió algo inesperado.

Otra ración de «amargo»

En las entrevistas, j-hope tiende a mantener un tono constante. Ya comente los mayores éxitos de BTS o los momentos más difíciles, siempre mantiene la serenidad, casi como un observador objetivo.

Sin embargo, a veces, en muy contadas ocasiones, la voz de j-hope se carga de emoción. Uno de esos momentos se produjo hablando de los ensayos previos a la ceremonia de entrega de los premios MAMA, el 3 de diciembre de 2014:

————En aquel momento, estábamos muy metidos en nuestro «modo de combate», y vaya … era como si estuviéramos rodando esa película, *300*, practicando como si no hubiera un mañana. Había un solapamiento entre Block B y nuestras circunstancias, además, así que teníamos claro que no podíamos relajarnos. Jimin y yo apretábamos los dientes mientras ensayábamos nuestros solos. Queríamos estar rompedores, así que nos dejábamos el alma practicando.

Block B, el grupo que debía compartir escenario con BTS en los MAMA, había sido comparado con ellos de manera habitual. Al igual que sucedía con BTS, la música de Block B también tenía su base en el hiphop, y entre sus miembros se contaban raperos como el líder, ZICO. Y al igual que la de BTS, la música de Block B era salvaje y directa.

Las extenuantes sesiones de ensayo previas a la actuación en los MAMA, sin embargo, no se debían tan solo a la competencia amistosa con Block B. BTS estaban verdaderamente desesperados. j-hope cuenta:

————Todas esas actuaciones para «Danger» eran realmente agotadoras. Cuando hicimos nuestro *comeback* con «Danger» al sacar el álbum *DARK&WILD*, llevábamos grabados unos veinte programas de música y luego fuimos a un programa diferente donde anunciaban el primer puesto. Nos dijeron que teníamos que estar presentes, así que subimos ahí en directo, totalmente descolocados. Después resultó que ni siquiera éramos candidatos al primer puesto, lo que creo que fue una gran sorpresa.

Pero de pronto tenía delante a todos
esos fans, que me querían. Imagina lo
emocionante que era para un chaval
como yo. Fue entonces cuando lo
entendí todo, en plan: «Ah, tengo
el deber de hacer lo que esta gente
quiere».

—SUGA

La sorpresa de j-hope no se debió en exclusiva a la posición del grupo en los rankings. V, con cautela, ofrece más detalles sobre la situación:

———No pasa nada por que nombren candidatos al primer puesto a otros equipos; nos toca trabajar más duro y punto. Sin embargo, en los estudios de televisión siempre éramos los primeros en saludar a todo el mundo, *sunbaes* y *hubaes* por igual, pero había gente que nos ignoraba directamente y ni nos miraba a la cara. O se burlaba de nosotros por no ser siquiera candidatos al número uno.

El incidente supuso un duro golpe mental para BTS. V prosigue:

———Después del programa, subimos todos juntos a la furgoneta … Alguno lloraba, alguno estaba muy cabreado y alguno no podía ni hablar. Aquella inenarrable decepción y aquella emoción desoladora eran demasiado.

V describe cómo afectó a BTS el incidente:

———Fue entonces cuando pensamos: «Oye, vamos a hacerlo superbién, para que nadie nos vuelva a mirar nunca por encima del hombro». Echando la vista atrás, me alegro de que al menos guardáramos la compostura en aquel momento (risas). Como todos nos mantuvimos firmes, conservamos esa determinación y salimos adelante todos a una, jurando que juntos llegaríamos a ser un grupo buenísimo.

Si BTS salió tan dolido —y resuelto a triunfar— fue en parte porque su primer álbum completo, *DARK&WILD* (que salió a la venta el 20 de agosto de 2014, con el tema principal «Danger»), resultaba de especial importancia en aquel punto de su carrera. Por desgracia, a los miembros los esperaba algo tan «oscuro y salvaje» como el propio título del álbum.

Jin describe así el periodo entre el debut de la banda y el *DARK-&WILD*:

————Para ser sincero, no recuerdo muy bien aquella época. Para empezar, estaba muy ocupado: iba de la residencia a ensayar, luego a grabar, a las televisiones a actuar, participábamos en galas y luego volvíamos a la residencia, un día tras otro. Por supuesto, recuerdo la presentación oficial y la actuación de nuestro debut, y las sesiones de autógrafos para los fans, pero más allá de eso … de mis actividades cuando estábamos con «No More Dream», «N.O», «Boy In Luv» y «Danger», no recuerdo gran cosa.

Así era el horario cuando BTS lanzó *DARK&WILD*, una apuesta a todo o nada que ponía en juego el futuro del equipo. Por desgracia, la realidad no fue tan benévola. SUGA describe el desengaño que se llevaron.

————Sufrimos tanto por eso, y ¿por qué…?

American Hustle Life

Nos remontamos atrás dos años hasta verano de 2012, cuando Jung Kook fue un mes a Estados Unidos para aprender a bailar. Aquello fue un año antes del debut de BTS, cuando todavía era un aprendiz. Él lo recuerda así:

————Quizá porque no tenía una clara sensación de propósito cuando empecé como aprendiz, la empresa dijo que no estaba expresando mi carácter único. Hacía todo lo que me pedían y tenía talento, pero había algo que no salía a la luz. Creo que no podía expresar muy bien mis emociones a causa de mi personalidad. Creo que me enviaron allí para que experimentara las cosas en persona.

El viaje de estudios al extranjero fue un éxito. Jung Kook cursaba el primer año del bachillerato en aquella época y no tenía una idea muy clara de lo que significaba ser artista, pero el viaje lo transformó. Según explica él:

————Lo más fascinante es que allí no hice nada especial. En vez de las típicas clases, aprendíamos a bailar estilo taller y, como yo no disponía de esa clase de experiencia, me sentía algo cortado y vacilante. Cuando teníamos tiempo libre, iba a pasar el rato a la playa, comía *jjamppong* y, cuando volvía solo a la residencia, tomaba leche con cereales ... Cuando regresé estaba más gordo (risas). Pero cuando bailé a mi regreso a Corea, la empresa y los *hyungs* dijeron que me veían totalmente cambiado. La verdad, no creo que hiciera gran cosa allí, pero según ellos mi personalidad y mi estilo de baile habían cambiado. Creo que mis habilidades mejoraron un montón en aquella época.

Después de sus actuaciones a raíz de *Skool Luv Affair*, BTS participó en el programa de telerrealidad y variedades de la Mnet *American Hustle Life*,[18] rodado en Los Ángeles en 2014. Fue una extensión natural del viaje de estudios de Jung Kook en 2012, pensada para ayudar a los miembros a crecer en la cuna del hiphop y prolongar el impulso que habían construido con su último álbum.

Sin embargo, los miembros no iban a «estudiar» el hiphop como si empollaran para un examen de mates. Tal y como Jung Kook había mejorado tanto sus habilidades como su actitud hacia el trabajo durante el primer viaje, la inmersión en la música y el baile en el extranjero sería lo que transformase a los miembros recién debutados de BTS. Jimin

---

18 Una serie de ocho episodios que se emitió desde el 24 de julio hasta el 11 de septiembre de 2014.

comparte algunos de sus mejores recuerdos del rodaje de *American Hustle Life*:

————Lo que experimentamos entonces fue más divertido de lo que me esperaba, porque … no salió en el programa, pero intentamos grabar un vídeo de música estando allí, y de verdad que me creí que me convertiría en un auténtico guerrero del hiphop (risas). También probé las batallas de baile. Cuando conocí a Warren G, me pusieron de deberes que compusiera una melodía y una letra, y fue el primero que me encargó una tarea de esa clase. Así que estábamos en el rodaje, pero RM y yo salíamos al jardín y nos poníamos a charlar: «¿Tú sobre qué quieres escribir?», «¿Qué melodía quieres usar?», y nos lo pasábamos bomba. También me pusieron de deberes diseñar una coreografía.

Por esas fechas, BTS andaba detrás de rodar su propio programa de telerrealidad. Al público le encantaba *Skool Luv Affair* y Big Hit Entertainment pronosticaba que, si daban un empujón al entusiasmo de los fans con la emisión de *American Hustle Life*, conseguirían una explosión de popularidad en cuanto se lanzara el nuevo álbum.

En aquella época, los encuentros en tiempo real de los fans con los *idols* en V Live[19]* aún no eran una realidad, lo que significaba que una

---

19 Una plataforma de vídeo alojada en Naver desde 2015 hasta 2022 que permitía que *idols* y otras estrellas se comunicaran con los fans en tiempo real. Tras la clausura de ese servicio, parte del contenido de pago migró a la plataforma de *fandom* Weverse, gestionada por Weverse Company, una filial de HYBE.

de las maneras más eficaces que tenía un grupo de *idols* de obtener reconocimiento era aparecer en un programa de variedades en el que solo salieran los miembros. Big Hit Entertainment decidió que la producción de un programa de esas características sería una de las iniciativas mediáticas más importantes para BTS, junto con su canal de YouTube.

Para obtener un rédito promocional instantáneo, la mejor opción hubiera sido aparecer en un programa televisivo de variedades ya establecido. El propio Bang Si-Hyuk salió en *Star Audition: The Great Birth*, y Jo Kwon, con su aparición a las dos de la madrugada en el programa de la MBC *We Got Married*, también lo había demostrado.

Sin embargo, los programas de variedades en los que sale en exclusiva un solo artista o grupo de *idols* tienen otro fin: esos formatos atraen poderosamente a los fans del contenido relacionado con los *idols*, sobre todo a los de los artistas específicos que protagonizan el programa. Son el tercer contenido que más esperan los fans, por detrás solo de las promociones de un nuevo álbum y los conciertos en vivo.

Y como BTS había hecho gala de un crecimiento constante desde su debut, un programa así permitiría que los nuevos fans atraídos por el lanzamiento de los álbumes descubrieran con rapidez y facilidad más cosas sobre los miembros. Ese efecto quedaría más tarde de manifiesto con *Run BTS!*,[20] ofrecido a través de V Live. *Rookie King: Channel Bangtan*, en el canal SBS MTV, que se rodó poco después del debut de BTS, todavía tiene seguimiento entre los fans curiosos que quieren saber más sobre los inicios del equipo.[21]

---

20 El primer episodio se emitió el 1 de agosto de 2015. El programa puede verse en medios como el canal de YouTube BANGTANTV y Weverse.
21 Un verdadero programa de variedades emitido desde el 3 de septiembre hasta el 22 de octubre de 2013, con ocho episodios en total.

American Hustle Life estaba plagado de variables incontrolables. No se parecía en nada a otros *realities* coreanos, ya que estaba rodado en Estados Unidos y contaba con la presencia no solo de BTS sino también de leyendas del mundo del hiphop. El periodo de producción, además, se solapó con los preparativos del álbum *DARK&WILD*.

Para los *idols* del K-pop —sobre todo los que acaban de debutar— transcurre muy poco tiempo entre un álbum y el siguiente, lo que significaba que el solapamiento entre el calendario de rodaje y la producción del disco ya estaba previsto por todos los implicados. Sin embargo, una nueva y sorprendente variable convirtió la grabación de *American Hustle Life* en una experiencia inolvidable para BTS, en más de un sentido.

You're in Danger

————Componer el tema principal fue realmente agotador. No había manera de encontrar la melodía, así que nos juntamos en Estados Unidos con Bang Si-Hyuk y todos los demás ... fue casi un estado de emergencia.

Según lo recuerda RM, el proceso creativo del tema principal de *DARK&WILD*, «Danger», fue complicado, lo que supuso un acusado contraste con el del álbum anterior, «Boy In Luv», que desde el principio sonaba claramente a tema principal y cuyo título provisional se dejó como definitivo en cuanto la canción estuvo finalizada. «Danger», en cambio, precisó ajustes y más ajustes hasta que la versión final se dio por terminada.

El motivo de esta repentina dificultad era el problema de la «subida de nivel» que afrontaban todos los grupos de *idols*. Por poner a BTS como ejemplo, «No More Dream» fue un éxito por derecho propio, lo que les permitió labrarse un hueco en el mercado de los *idols* masculinos. Sin embargo, si querían alcanzar el nivel de grupos consagrados como EXO e Infinite, tenían que lanzar múltiples bombazos que brillaran más incluso que «No More Dream». Se trata de un principio de particular importancia para los grupos de *idols*, ya que su popularidad depende en gran medida de su base de fans. Para conservar y acrecentar el impulso creado por un *hit*, un grupo de *idols* debe seguir produciendo éxitos deslumbrantes que hagan crecer de forma visible la escala del *fandom*.

No basta con una mejora en las cifras de ventas o escuchas en *streaming*. Subir de nivel exige una respuesta explosiva del público, de una escala que vaya más allá de lo anterior, una reacción del *fandom* que enloquezca ante el contenido que acaba de darse a conocer. Los actuales BTS lo consiguieron con la serie de éxitos «I NEED U», «RUN», «Burning Up (FIRE)», «Blood Sweat & Tears», «Spring Day», «DNA», «FAKE LOVE» y «IDOL», que vinieron seguidos de más *hits* que incrementaron de forma constante y visible la escala de su base de fans.

El problema radicaba en que producir más de dos éxitos seguidos era toda una hazaña. Si la nueva canción se parecía demasiado al *hit* anterior, el público pensaría que BTS era demasiado predecible. Eso podía conducir al éxito comercial, pero no a la clase de respuesta apasionada de los fans que había recibido el single anterior. Por otro lado, un cambio radical de estilo podía causar rechazo entre los incondicionales, por ser demasiado diferente de lo que les gustaba. Era un dilema con el que se las veían todos los artistas que luchaban por producir su siguiente éxito.

BTS podía mantenerse fiel al estilo de «Boy In Luv» y amarrar una popularidad estable, pero ese enfoque jamás hubiera llevado a obras posteriores como «I NEED U». En realidad, las canciones que habían promocionado en los programas de música hasta ese momento —«No More Dream», «N.O», «Attack on Bangtan» y «Boy In Luv»— presentaban un tono constante, pero todas tenían vibras distintas.

Una vez captada la atención del público con «Boy In Luv», BTS necesitaba llegar a un público más amplio todavía con una canción principal explosiva en representación de *DARK&WILD*. El título mismo del álbum apuntaba al carácter del grupo, conjuntando su lado oscuro y el salvaje. Y dado que BTS ya eran conocidos por sus espectaculares actuaciones, su nuevo tema principal no solo debía estar a la altura de las expectativas, sino superarlas.

Todos esos factores confluyeron en una vorágine descomunal durante el rodaje de *American Hustle Life*, cuando su horario, ya apretado, se vio tensado hasta el límite. V recuerda su día a día:

——Rodábamos ese programa y trabajábamos en el álbum al mismo tiempo, de manera que grabamos «Danger» en Estados Unidos y también ensayamos allí la coreografía. Cuando terminaba el rodaje a las ocho de la noche, nos poníamos de inmediato a practicar la coreografía hasta el amanecer; echábamos unas horas de sueño y volvíamos a rodar por la mañana. Si alguien decía que nos tomáramos un descanso de diez minutos, nos tumbábamos todos ahí donde estuviéramos y nos dormíamos al instante.

Aquel horario sobrehumano provocó algunos incidentes increíbles. V prosigue:

——Ensayábamos toda la noche y volvíamos a nuestro alojamiento al amanecer, cubiertos de sudor, pero estábamos tan acalorados que soltábamos vapor. Así que alguien dijo: «¡Fua, míralo! ¡Echa humo literalmente!».

RM describe en pocas palabras su experiencia en LA:

————Fue una época en la que me pregunté: «¿Qué tengo dentro? ¿Qué podría tener dentro?», y me llevé hasta el límite.

El momento más inoportuno

A diferencia de «Boy In Luv», la nueva canción de BTS, «Danger»,* no se convirtió en candidata al primer puesto de los programas de música. Según la Gaon Chart, se distribuyeron 100.906 unidades de *DARK-&WILD*, lo que lo colocó en el 14.º puesto. Solo era un aumento de 14.902 unidades respecto de *Skool Luv Affair* medio año antes, es decir, que prácticamente no existía crecimiento.

Aquel álbum que los había llevado a sus límites físicos, en el que tantas esperanzas habían depositado, había acabado ubicándose en el lado malo del ciclo «dulce, amargo, dulce, amargo». Los miembros estaban abatidos, algo que no era del todo ajeno al citado desplante que les hicieron durante el rodaje de un programa musical, lo que supuso un fuerte golpe emocional. También era el motivo por el que SUGA suspiró: «Sufrimos tanto por eso, y ¿por qué…?».

La decepción de SUGA acabaría por empujarlo a volcar toda su alma en la música, por medio de la serie de álbumes *THE MOST BEAUTI-FUL MOMENT IN LIFE*. Sin embargo, en el momento del lanzamiento de *DARK&WILD*, nadie sabía si BTS tenía un futuro. SUGA recuerda:

————En el caso de «Danger», estuvimos cambiando la coreografía hasta justo antes de grabar el VM. Ensayábamos el baile y, si teníamos un poco de tiempo, dormíamos unos diez minutos y luego volvíamos a grabar el VM. Y yo empecé a resentirme, en plan «Creía que existía un Dios pero, a estas alturas, ¿no merecemos que Dios tenga un detallito con nosotros?». Como al menos un «Oye, chicos, habéis trabajado todos muy duro», un reconocimiento de esa clase.

V se muestra incluso más franco sobre los apuros de BTS en aquella época:

————Pura y llanamente, éramos «un equipo que si estaba todavía vivo era solo gracias a ARMY». Un grupo que solo estaba vivo porque los fans nos escuchaban. Un grupo que solo sacó su álbum gracias a ellos.

BTS volvía a pasar por un bache. Pero la decepción de *DARK&WILD* no marcó el fin de sus tribulaciones. Si la historia de BTS pudiera encuadrarse en una estructura dramática formada por «introducción, escalada de acción, clímax y conclusión», *DARK&WILD* sería solo la introducción. Y 2014 todavía les deparaba alguna mala pasada más.

American Hustle Life empezó a emitirse el 24 de julio de 2014 y *DARK&WILD* salió a la venta el 20 de agosto de ese mismo año. Sin embargo, el verano de 2014 se recuerda por otro acontecimiento crucial en la industria del K-pop: el concurso de supervivencia para artistas de hiphop de la Mnet *Show Me the Money 3*, que se estrenó el 3 de julio.

No sería ninguna exageración decir que la franquicia *Show Me the Money*, y sobre todo la temporada que se emitió en 2014, transformó para siempre la escena coreana del hiphop. Aquella tercera edición estableció una tradición anual de peleas de gallos entre los mejores raperos del mundillo, que apelaba tanto a los fans del hiphop como a los espectadores de programas de variedades. Irónicamente, una de las personas que fundó esa tradición fue un *idol* en formación, Bobby, que más tarde sería miembro del grupo masculino de *idols* iKON. Bobby, que ya había aparecido en *WIN: Who Is Next*, contaba con un incipiente grupo de seguidores, pero seguía siendo un aprendiz porque su equipo había perdido aquel concurso. La compañía que lo representaba, YG Entertainment, decidió hacerlo aparecer en *Show Me the Money 3* junto con su futuro compañero en iKON B.I. El dúo dio que hablar durante la emisión entera del programa, y Bobby se proclamó ganador.

El resultado ejerció un impacto sonado tanto en la escena de los *idols* como en la del hiphop. La victoria de un *idol* rapero en *Show Me the Money 3*, un programa en el que aparecieron una cantidad nada desdeñable de raperos consagrados, fue una suerte de punto de inflexión que allanó el camino para que se reconociera a los *idols* por su calidad tanto en la escena del hiphop como entre el público generalista. El año siguiente, *Show Me the Money 4* contó con el miembro de WINNER Mino, entre otros *idols* raperos que hicieron gala de sus impresionantes habilidades.

El nuevo paradigma de *idols* raperos que competían contra raperos consagrados de la escena del hiphop causó sensación y generó más interacciones todavía entre artistas de los dos ámbitos. Un botón de muestra fue la canción de Epik High «Born Hater», que se lanzó poco después del final de *Show Me the Money 3*, en la que cantaban Bobby, B.I., Mino y algunos de los nombres más destacados del hiphop coreano, como Beenzino y Verbal Jint.

Show Me the Money 3 añadió un obstáculo más a la lucha de BTS por el reconocimiento. Tras el ataque de B-Free, BTS —y en particular

DARK&WILD

THE 1ST FULL-LENGTH ALBUM
20. 8. 2014

TRACK

01 Intro : What am I to you

02 Danger

03 War of Hormone

04 Hip Hop Phile

05 Let Me Know

06 Rain

07 BTS Cypher PT.3 : KILLER (Feat. Supreme Boi)

08 Interlude : What are you doing now

09 Could you turn off your cell phone

10 Embarrassed

11 24/7 = Heaven

12 Look here

13 So 4 more

14 Outro : Do you think it makes sense?

VIDEO

 COMEBACK TRAILER

 «Danger»
MV TEASER 1

 «Danger»
MV TEASER 2

 «Danger»
MV

 «War of Hormone»
MV

RM y SUGA, que eran raperos procedentes de la escena del hiphop—se sentían obligados a reivindicarse. Fue en aquel momento cuando *Show Me the Money 3* puso en escena a otros *idols* que se les adelantaron a la hora de obtener un reconocimiento por parte de la gente del hiphop. Y, de camino, Bobby sacó la canción «YGGR#Hip Hop» en el programa, en la que se metía con todos los *idols* raperos con la excepción de los pocos a los que personalmente respetaba. En su canción posterior «GUARD UP AND BOUNCE» y en el tema «Come Here», en el que colaboraba, arremetió contra una serie de *idols* raperos concretos, entre ellos BTS. El nombre artístico de RM en aquella época, Rap Monster, fue uno de sus blancos directos.

Conviene dejar claro que las pullas de Bobby fueron de un carácter totalmente distinto al insulto de B-Free. Este se había mofado de BTS sin venir a cuento, en mitad de una conversación, mientras que la «tiradera» de Bobby se ajustaba a la cultura del hiphop, donde los artistas buscan pelea a través del rap y se insultan entre ellos a modo de desafío, para sacar pecho.

Vista en este contexto, la tiradera de Bobby era un desafío a todos aquellos *idols* raperos que no se habían ganado aún su respeto. La letra de su «Come Here» retaba de forma explícita a sus competidores a pelear. También RM se tomó el ataque como un desafío amistoso más que un insulto y comentó que respetaba a Bobby. Por desgracia, el desafío no podía llegar en peor momento. BTS afrontaba una montaña de obstáculos simultáneos y el ataque venía a sumarse a lo que ya era una pila enorme de dificultades. Por si fuera poco, «Come Here» se lanzó el 2 de diciembre de 2014, precisamente un día antes de la actuación en los MAMA: el escenario en el que BTS ya se había comprometido a efectuar la mejor actuación de su vida.

200 %

En las horas que transcurrieron entre que se dio a conocer «Come Here» y la actuación de BTS en los MAMA, los miembros del grupo y todos los integrantes de Big Hit Entertainment a duras penas lograron mantener la calma. RM ya estaba en Hong Kong, donde se celebraría la gala de los MAMA, cuando le llegó la noticia del «Come Here». No dispuso de mucho tiempo para idear una respuesta.

———No paraba de darle vueltas a si debía mencionar o no a Bobby en el escenario. En el hotel no podía dormir, pensando: «¿Lo hago o no lo hago? ¿Lo hago o no lo hago?». Estaba hecho un lío.

Si RM no respondía a Bobby en los MAMA, donde tendría lugar su primera actuación después del ataque, cualquier respuesta posterior carecería de impacto, pero contaba con menos de un día para componer una letra nueva a modo de contraataque en mitad del rap que había preparado para la actuación en colaboración con ZICO, de Block B.

Entretanto, el personal de Big Hit Entertainment se hallaba en comunicación constante entre Corea y Hong Kong, planteándose todos los problemas que podían surgir de la respuesta de RM a Bobby y potenciales medidas de contención para esos problemas. Era de justicia que RM respondiera a rap con rap. Ya había aguantado tres ataques y dar la callada por respuesta era inconcebible, sobre todo teniendo en cuenta a sus fans.

Al mismo tiempo, BTS no podía permitirse meter la pata en el escenario de los MAMA. Después de todo lo que habían pasado en los meses recientes, debían ejecutar una actuación perfecta. RM tendría que responder a la tiradera como era debido, pero, a la vez, BTS en su conjunto debía asegurarse de que el público se centrara en la actuación del equipo.

El día de los MAMA de 2014, Mnet presentó la actuación en colaboración de BTS y Block B como la «Próxima Generación del K-pop». Sin embargo, en realidad, el acto* era más bien una guerra para convertirse en la siguiente generación del K-pop: los equipos se turnarían para hacer gala de su rap y su baile y luego cantarían sus canciones en formato de pelea de gallos.

RM rememora sus sentimientos sobre la actuación:

———Nuestra posición nos obligaba a intentar remontar como fuera. En aquella época, todos los días nos encontrábamos con situaciones muy tristes, muy turbias y frustrantes, y luego, en mi caso, aquello que pasó con Bobby. Yo ya estaba ansioso y desesperado, o sea que iba tirando a rastras y me creía, en serio, a punto de estallar, y de pronto fue como si alguien viniera con una aguja y pinchara un globo.

Jimin recuerda sus emociones antes de salir al escenario de los MAMA:

———Teníamos que ganar, a toda costa. No quería quedarme atrás de ninguna manera.

Todas aquellas circunstancias se conjuraron con la envenenada determinación y desesperación de los miembros para elevar a nuevas cotas su preparación para los MAMA. RM describe con exactitud el ambiente que se respiraba en el equipo:

————No era solo yo, todos pensábamos lo mismo. Si un *hyung* se enfadaba, yo me enfadaba, si un *dongsaeng* se enfadaba, yo me enfadaba. En aquel periodo nos movíamos como uno solo, estábamos exactamente en la misma longitud de onda.

Según Jimin, RM a menudo decía lo siguiente a los miembros antes de la actuación:

————Hay una cosa que RM solía decirnos: «No os emocionéis tanto. Todavía no hemos llegado a nada, no somos nada». Lo decía cada vez que estábamos a punto de salir al escenario.

Antes siquiera de saltar al escenario de los MAMA, BTS había conseguido muchas cosas con sus ensayos. Uno de esos logros fue la perfección de la coreografía de «Danger».

En aquel momento, «Danger» contaba con la coreografía más difícil de todo cuanto había lanzado BTS. Incorporaba una infinidad de movimientos cuyos detalles debían cuadrar a la perfección y, aunque el baile parece mantener un tempo constante, varios cambios discretos de velocidad entre ademanes individuales exigían que los miembros fueran ajustando el ritmo en todo momento. Lo más impactante de la coreografía era cuando los miembros se quedaban inmóviles a la vez durante el baile, algo que precisaba que todo el mundo estuviera en plena tensión a lo largo de la actuación, ajustando brazos y piernas en el instante justo para cambiar de velocidad, a la vez que se mantenían en perfecta sincronía. Jimin lo explica:

————Comparada con «Boy In Luv», «Danger» tenía un montón más de detalles, y los movimientos eran más rápidos. Cuando hacía maniobras que mi cuerpo no había empleado nunca, que mi cuerpo no había hecho nunca, necesitaba una clase de fuerza distinta, y eso era lo más difícil.

Jimin añade:

———Y aquel pensamiento de «Todavía no somos gran cosa…». Todo
se juntaba, y por eso resultó tan difícil.

Sin embargo, la complicada coreografía de «Danger» obraría en su
beneficio en los MAMA. La intensidad sostenida de los movimientos
de BTS causó un poderoso impacto sobre el escenario, y nadie podía
apartar la vista de ellos. Preocupaba un poco que las cámaras del programa no fueran capaces de captar todos los detalles de su coreografía,
pero el problema se resolvió añadiendo un nutrido cuerpo de baile
para que replicaran los movimientos. La imagen de los miembros
de BTS vestidos de blanco y los bailarines de negro fue una especie de
punto de partida para posteriores actuaciones a gran escala del grupo,
como las que acompañaron a canciones del estilo de «Burning Up
(FIRE)».

V recuerda la interpretación de «Danger» en los MAMA:

———En los MAMA, sacamos el 200 % de esa canción.

Como dice V, el escenario de los MAMA fue la primera oportunidad
que tuvo BTS de presentar «Danger» y los puntos fuertes del grupo a un
público masivo. La intensidad y el explosivo final de inspiración rockera
casaron a la perfección con las grandes dimensiones del escenario, que
era enorme en comparación con los de los programas coreanos de música. Eso permitió que BTS se sacara de la manga una actuación a gran
escala que aprovechó el efecto del cuerpo de baile. La interpretación en
los MAMA enseñó a BTS a maximizar el efecto de «Danger» y plantó
la semilla del inimitable estilo de actuación del grupo que estaba por
venir.

La ejecución de «Danger» fue impresionante de por sí, pero más
importante todavía fue que la puesta en escena al completo de BTS

aquella noche, desde la aparición de j-hope y Jimin hasta la actuación climática de «Danger», fluyó de forma constante e intensa.

Cuando le preguntan por qué aspecto de la actuación le dio más que pensar, j-hope responde:

———En mi caso, la verdad es que fue el baile. Quería darlo todo en las partes que pudiera hacer.

Durante los duelos en solitario del principio, j-hope causó sensación al elevarse ligeramente en el aire y aterrizar en el suelo con todo su peso.

———¡Fue el «rodillazo de mi alma»! Reviví la sensación que había experimentado en mi debut y estrellé la rodilla contra el suelo con todas mis fuerzas. En cuanto terminó la actuación, me la agarré y dije: «Ay, eso duele…». El concepto clave era el de *versus*, la competición, de manera que tenía muy presente que no debíamos perder bajo ningún concepto.

La intervención de Jimin, a continuación, en la que se arrancó la camiseta a mitad del número, fue un dechado de pura fuerza de voluntad y determinación.

En sus palabras:

———En fin, teníamos que vérnoslas con Block B, de modo que un día tras otro acabábamos hablando de cómo darle un toque más impactante. Entonces creo que alguien dijo: «¡Habrá que quitarse algo de ropa!» (risas). Porque los otros (Block B) también eran muy buenos bailarines, así que buscábamos una manera de destacar.

Jimin también recuerda un pequeño detalle que añadió para imponerse a la competencia:

———Cuando estábamos en la fase de la colabo, Block B eran muy fuertes en la parte visual. Claro, yo soy menudo desde siempre,

Me creía, en serio, a punto de
estallar, y de pronto fue como
si alguien viniera con una aguja
y pinchara un globo.

—RM

pero no quería parecer un canijo, de manera que, cuando caminábamos, yo daba grandes zancadas aposta (risas).

El rap de RM aquella velada también contribuyó a la publicidad que rodeó a la actuación. El día en que Bobby sacó «Come Here», es decir, la víspera de la gala de los MAMA, RM colgó un tuit en el que aparecía él mismo escuchando el «Do What I Do» de Verbal Jint y subrayando un pasaje concreto de la letra como aperitivo de lo que se avecinaba.* Luego, durante la actuación en los MAMA, dio una respuesta directa a la provocación de Bobby[22] que de inmediato causó furor en las redes.

BTS lo dieron todo en el escenario, se ganaron al público con novedades brillantes y se negaron a ocultar la realidad de sus vidas. Aunque las actuaciones en solitario de j-hope, Jimin y RM que precedieron a «Danger» fueron muy diferentes entre ellas, todas rebosaron una energía y un dinamismo que amenazaban con derribar las fronteras de la música y la industria de los *idols*.

Si el mundo de los *idols* es un género fantástico, la actuación de BTS trajo la esencia cruda, pura y salvaje del género del hiphop, más dramático, sin por ello poner en peligro su identidad como *idols*. Todo cuajó en la representación final y climática de «Danger», que también fue un aperitivo de lo que el grupo tenía reservado para el mundo.

---

22 En aquella gala, RM presentó la canción de *mixtape* «RM (for 2014 MAMA)».

Un día de diciembre de 2014

Incluso antes del escenario de los MAMA, BTS ya se había recuperado en parte de la decepcionante acogida de «Danger». Tal y como se habían recobrado del «N.O» de *O!RUL8,2?* con «Attack on Bangtan», sucedieron a «Danger» con «War of Hormone»,* que fue bien recibida por el público.

«War of Hormone» fue una suerte de medida de emergencia por parte de Bang Si-Hyuk, pues estaba basada en una filosofía muy distinta a la de las canciones previas de BTS. Considerando que «Danger», irónicamente, había puesto en peligro al equipo, Bang produjo de cabo a rabo la actuación, el vídeo y los conceptos de vestuario de «War of Hormone» para que encajasen con las tendencias más *mainstream* y populares entre los *idols* del momento.

El vídeo destacaba en cuanto que fue rodado para parecer una sola toma larga pero, en todos los demás aspectos, era lo más que Bang sabía acercarse a lo que él entendía como «la clase de actuación de *idols* que los fans más *mainstream* deseaban». En el vídeo y la coreografía, los miembros de BTS encandilan al público con una jovialidad y un optimismo sin límites, acompañados de un toquecillo de chulería, a lo tipo duro, en consonancia con la referencia a las hormonas del título. Y, como explica SUGA, la estrategia fue un éxito:

————Después de «Danger», la compañía dijo: «No podemos terminar así», y de pronto se nos llenó la agenda cuando estábamos descansando. Sacamos un conjunto de fotos y un VM para «War of Hormone» y la respuesta fue genial. Eso nos dio ímpetu para recuperarnos.

Al mismo tiempo, «War of Hormone» fue una especie de muro que BTS tuvo que sortear. Hasta ese momento, sus éxitos —«Attack on Bangtan», «Boy In Luv» y «War of Hormone»— conservaban la ferocidad que era el sello de BTS a la vez que mostraban un lado más alegre. Pero Bang Si-Hyuk y BTS eran muy conscientes de que mantener el mismo estilo en lo sucesivo no les permitiría subir de nivel. No solo eso: el estilo de «Boy In Luv» por sí solo no captaría por entero los mensajes y realidades que habían caracterizado sus álbumes y su música hasta ese momento.

Eso era lo que *DARK&WILD* se proponía resolver. Es un álbum del que no se habla mucho en la actualidad, al estar emparedado entre los primeros tres discos, que a menudo se conocen como la «Trilogía de la Escuela», y la revolucionaria serie *THE MOST BEAUTIFUL MOMENT IN LIFE*, pero aun así *DARK&WILD* desempeñó un papel crucial para impulsar a BTS hasta la era post *THE MOST BEAUTIFUL MOMENT IN LIFE*.

DARK&WILD también se distanció de la «Trilogía de la Escuela» al desprenderse de los elementos de R&B anclados en el hiphop para desplazarse hacia un paisaje sonoro más intricado y establecer un nuevo estilo de autoexpresión para el grupo. Ese cambio se reafirma desde el primer corte mismo, «Intro : What am I to you», el cual, a diferencia de canciones introductorias anteriores, cubre unos huecos sonoros en la experiencia auditiva, antes escasos, con sonidos complejos, lo que amplía la escala del sonido y confiere un empuje dramático a la composición.

«Hip Hop Phile»* supone la mayor desviación respecto de las canciones anteriores, ya que permitió a los miembros expresar el impacto que el hiphop había tenido en sus vidas y su desarrollo, además de confesar su amor por el género. Sigue la tendencia de otras canciones de BTS en cuanto que resalta el aspecto hiphopero de su música, pero el paisaje sonoro poco a poco va cobrando fuerza hasta alcanzar un clímax poderoso que deja en el oyente una impresión duradera.

Al mismo tiempo, los cantantes mantuvieron a raya sus emociones para evitar un sonido demasiado dramático. Se trataba de otra desviación respecto del estilo convencional del K-pop, que permitió a los miembros expresar emociones más complejas mediante un uso magistral de la música R&B y soul: la cristalización de lo que se convertiría en el «estilo vocal BTS».

El álbum fue un redescubrimiento del lado oscuro y salvaje del grupo, dos características que se habían demostrado por separado en álbumes anteriores: la ferocidad en «No More Dream» y la oscuridad en «N.O». «Boy In Luv» se escoraba hacia el lado salvaje y era animada y alegre. Los cortes de *DARK&WILD*, en cambio, mantienen un tono oscuro constante que al mismo tiempo construye una mayor escala y unos potentes cimientos emocionales que cargan de pasión todas las canciones. Densos y llenos de intricados detalles, todos los temas empiezan en tono oscuro y van subiendo hasta alcanzar un final retumbante que desencadena el lado salvaje de los miembros sin desprenderse de la energía sombría y pesada de la canción.

DARK&WILD cimentó el estilo único de BTS, y la actuación en los MAMA fue la primera oportunidad que tuvo el grupo de mostrarle al mundo en su conjunto su potencial completo: oscuro, salvaje y dramático a la vez. La interpretación de «Danger» les dio tiempo de contar una historia en el escenario, donde fueron libres de desplegar su estilo diferenciado pero unificado gracias al trabajo en equipo.

Y el público empezó a responder. RM no tardó en conseguir un papel en el programa de variedades de tvN *Problematic Men*, donde atrajo todavía más atención pública hacia BTS. Que lo eligieran resulta especialmente significativo porque se debió casi en exclusiva a la explosiva respuesta generada por la actuación en los MAMA.

———En cualquier caso, había respondido a Bobby en los MAMA. Eso acabó generando una pequeña controversia y me ofrecieron un papel en *Problematic Men*. El director de entonces del programa vio mi nombre en las búsquedas en tiempo real de Naver e investigó quién era, preguntándose: «¿Quién es esta persona de nombre raro?», y pensó: «Parece que lo estudian bastante», y se puso en contacto conmigo ... Fue lo mismo que sucedió cuando el incidente con B-Free: me daba la sensación de que, siempre que pasaba algo malo, también llegaba algo bueno.

La actuación en los MAMA no catapultó de golpe a BTS a lo más alto de las listas de popularidad, pero fue la culminación de todo aquello por lo que había luchado hasta ese momento. Las audiencias que vieron la actuación o leyeron sobre BTS tras la respuesta de RM en la gala empezaron a consumir su música y sus vídeos musicales.

Y así, el año 2014 llegaba a su fin y j-hope celebraba sus cuatro años en Seúl. Por aquellas fechas, uno de los trabajadores de Big Hit Entertainment que se dedicaba a supervisar la respuesta del público a BTS presentó un informe inesperado al entonces vicepresidente de la compañía, Choi Yoo-jung.

«Está ocurriendo algo. Eh ... están ganando fans sin parar».

CAPÍTULO 3

THE MOST BEAUTIFUL MOMENT IN LIFE PT.1

THE MOST BEAUTIFUL MOMENT IN LIFE PT.2

THE MOST BEAUTIFUL MOMENT IN LIFE : YOUNG FOREVER

LOVE, HATE, ARMY

‖‖ ‖ ‖ ‖ ‖ ‖ ‖ ‖ ‖ ‖ ‖‖‖

AMOR, ODIO, ARMY

||| | | | | | | LOVE, HATE, ARMY | | | | | |||

Born singer

El 12 de julio de 2013, BTS lanzó «Born Singer»,* su primera canción de *mixtape* desde el debut, a través de su blog oficial. Fue exactamente un mes después del debut y tres días después de que sus fans adoptaran el nombre de ARMY,[23] el 9 de julio. SUGA explica lo que había detrás de la letra de «Born Singer»:

————Recuerdo que, la semana después de que debutáramos, Bang Si-Hyuk dijo: «Deberíamos grabar algo sobre lo que sentimos ahora mismo», «Deberíamos ponerlo en forma de canción». Dijo que, con el paso del tiempo, no recordaríamos esas emociones. Así que, cuando estábamos en la televisión, escribí la letra en un cuaderno.

En el momento en que se hizo pública la canción —que es una reinterpretación del «Born Sinner» original de J. Cole— era poco habitual que los *idols* produjeran canciones que no formaran parte de un álbum o que las distribuyesen por un medio que no fueran las plataformas de *streaming* ordinarias. En su momento, hubo ARMY que no supieron dónde o cómo escuchar la canción, y por tanto pidieron ayuda a otros ARMY. Al producir, lanzar, descubrir y escuchar la canción de esa manera, BTS y ARMY estaban haciendo historia.

---

23 Escogido por votación de los fans, se trata de las siglas de Adorable Representative M.C. for Youth («Adorable y Representativo M.C. de la Juventud»).

La historia sigue en curso. Cualquiera que escuche ahora el «Born Singer» de BTS por primera vez puede experimentar la fusión del pasado y el presente. BTS —que ahora son figuras icónicas dentro de la industria global de la música— se definieron ya en esa letra con la expresión «Nací para cantar», y los vemos poner al descubierto su presente mediante «una confesión tal vez prematura».

SUGA abordó las preocupaciones de BTS sobre su identidad, al hablar de «la línea entre el antes y el después del debut, entre el *idol* y el rapero», mientras que RM reconocía su estado mental cuando debutaron: «La verdad, estaba asustado, había hablado mucho y había que demostrarlo». Y, luego, el rap de j-hope dice:

> *La sangre y el sudor que hemos derramado, siento que me empapan*
> *Se me llenan los ojos de lágrimas después de nuestra actuación*

BTS vivía dentro de esas frases, no solo antes de que saliera «Born Singer» sino en el momento de su lanzamiento e incluso después. A un pequeño logro le sucedía enseguida la desesperación y, por mucho que el grupo avanzara a toda vela hacia el éxito, sus metas seguirían quedando muy lejos. Su rutina diaria —ensayar, darlo todo en el escenario, bajarse y reponerse y trabajar en sus canciones— se repetía, pero aquello que les hubiera permitido creer que habían demostrado lo que valían permanecía fuera de su alcance. Siempre que bajaban del escenario, no era la gloria sino las lágrimas lo que saboreaban.

Habían tenido la esperanza de que les fuera bien cuando debutaron en 2013. En 2014, creyeron que podían llegar a lo más alto. Pero ¿qué sucedió en 2015?

SUGA dice:

————Cuando se trabaja en esto, se está muy desconectado. Aparte de mi carrera como *idol*, a esa edad yo no era nada. No habría sido nada si no hubiera acabado dedicándome a la música. Así que, para ser sincero, no había otra respuesta. «Supongo que no hay nada que pueda hacer aparte de esto».

Los miembros de BTS dejaron atrás sus localidades natales, la escena del hiphop y la vida estudiantil ordinaria para lanzarse de cabeza a este mundo. Sin embargo, casi tres años después de su debut, aquello que demostraría que habían tomado la decisión correcta seguía fuera de su alcance.

Del mismo modo, en un vlog* grabado el 19 de diciembre de 2014, j-hope se preguntaba: «¿Hemos tenido un buen 2014?». Reflexiona:

————2014 ha sido bastante duro, tanto física como mentalmente. El motivo es que ha sido la primera vez desde que debutamos que he empezado a sentir indecisión… También ha sido el periodo en que he tenido muchas dudas sobre mí mismo, además de sobre el camino que estaba emprendiendo, y me preguntaba: «¿Esto es lo correcto?».

Con el paso del tiempo, los miembros estaban cada vez más preocupados por la incertidumbre. A pesar de que sus ventas subían un poco tras la salida al mercado de un nuevo álbum o de que el *fandom* que seguía los premios MAMA mencionaba más su nombre, eso no les daba ánimos. En realidad, tales éxitos les complicaban más las cosas a los miembros.

Esto es lo que dice RM de su estado de ánimo en aquel entonces:

————Era como … las cosas funcionaban, teníamos resultados visibles, pero nos daba la impresión de que nada estaba a nuestro alcance. Por no andarme con rodeos, creo que eso nos afectó mucho. Aquella etapa fue muy difícil.

SUGA recuerda una comprensible sensación de indefinición:

————Sabíamos que nuestros fans iban en aumento, pero no era que pudiéramos verlos a todos, porque el número de fans que podíamos ver en las cadenas de televisión o las sesiones de autógrafos tenía un límite.

Fue gracias a un grupo de ARMY a los que conoció en un concierto que SUGA no sucumbió por completo a la ansiedad mientras trabajaba en *DARK&WILD*. El primer concierto en solitario de BTS en octubre de 2014, BTS 2014 LIVE TRILOGY : EPISODE II. THE RED BU-LLET,[24*] se convirtió en una oportunidad para sentir de nuevo lo que los fans les estaban dando. Dice SUGA:

————Tengo la primera actuación grabada en la memoria. Era mi primer concierto, y pensé: «Guau, cuántas personas han venido a vernos», «Soy una persona muy feliz».

La incertidumbre seguía allí. Por supuesto, no les faltaban motivos para el optimismo, y en todo caso tampoco tenían muchas opciones.

---

24 Había dos fechas para la actuación en Seúl (el 18 y 19 de octubre de 2014), pero las entradas anticipadas se agotaron nada más salir a la venta, de manera que se añadió otro concierto el 17 de octubre.

Por lo tanto, mientras BTS se preparaba para trabajar en su tercer miniálbum, *THE MOST BEAUTIFUL MOMENT IN LIFE PT.1*, SUGA decidió:

————Si esto no funciona, dejaré la música para siempre.

Producción de industria artesanal

A lo largo de la producción del miniálbum *THE MOST BEAUTIFUL MOMENT IN LIFE PT.1*, SUGA poco más o menos que se encerró en el estudio. Cuando no tenían un compromiso en la agenda, apenas abandonaba los cinco metros cuadrados del estudio adyacente a la sala de ensayo subterránea. Fue por esas fechas, también, cuando empezó a beber.

————Hasta entonces, era tan pardillo que ni siquiera bebía. Pero fue porque ya no podíamos seguir adelante … La etapa de preparación del álbum fue un verdadero infierno.

El resto de miembros de la banda y el personal escuchaban, en tiempo real, las canciones que SUGA iba componiendo. RM recuerda de aquel periodo:

————Por entonces, trabajábamos todos juntos en un estudio que había en la parte de atrás de la segunda planta del edificio Cheonggu. Los suelos no tenían ni diez metros de largo y nos teníamos que apretujar. Escuchábamos las melodías que SUGA componía en cuanto las tenía hechas. Era una época en la que, en una sala, nosotros comentábamos: «Eh, esto no está mal», y entonces entraba Bang Si-Hyuk desde otra habitación y decía: «Pdogg, ¿tú qué crees? No está mal, ¿verdad?». Nuestra residencia en aquella época estaba a la vuelta de la esquina. Si la empresa nos decía que fuéramos a trabajar, íbamos de inmediato.

El proceso de trabajar en *THE MOST BEAUTIFUL MOMENT IN LIFE PT.1* que rememora RM puede resumirse, por usar sus propias palabras, como una «producción de industria artesanal». Con independencia de su papel o posición, todos los integrantes del grupo y la compañía que participaron en la producción del álbum trabajaron al alimón, y el producto final fue el resultado de una conversación constante. Cuando estaban satisfechos con la canción que habían compuesto, llamaban de inmediato a los demás, que estaban repartidos por las otras salas, para que la escucharan, o compartían la pista a través de Messenger. Si la respuesta no era muy buena, alguien se ponía a editar la canción en el acto o componían otra nueva. Entre todos, el proceso de producción de la canción sucedía a tiempo real, y la calidad del producto final mejoraba en consonancia con rapidez.

RM explica cómo se sentía en aquella época:

————Me sentía como si quisiera enfadarme con el mundo entero. No sé cómo explicarlo de otra manera que no sea «flotar con ligereza, desvanecerse, recomponerse, derrumbarse de nuevo, ser capturado otra vez…». Esas sensaciones repitiéndose.

Todos estos recuerdos resultan muy irónicos, porque fue la serie *THE MOST BEAUTIFUL MOMENT IN LIFE* la que puso a BTS y Big Hit Entertainment en la vía rápida hacia el éxito. También marcó el inicio de una radical transformación: la influencia de la industria de la música popular coreana se extendería por todo el mundo e incluso grupos de *idols* que, como BTS, hubieran debutado en compañías más pequeñas, tendrían esperanzas de llegar a lo más alto. Por no hablar de que, tras la serie *THE MOST BEAUTIFUL MOMENT IN LIFE*, cada vez más grupos de *idols* empezaron a lanzar álbumes en forma de series unificadas por un solo concepto, tal y como había hecho BTS; la importancia de la «planificación narrativa» —el llamado «Universo»— empezaba también a quedar clara.

Sin embargo, este álbum —un hito en la historia de la industria de la música popular coreana y, sobre todo, la de los *idols*— fue lo que fue también porque los miembros volcaron sus emociones más íntimas y todos los implicados en la producción formaron piña, tanto física como emocionalmente, más que seguir un sistema definido con claridad.

Era inevitable que «la juventud» se convirtiera tanto en el tema de los álbumes como en su concepto. «Intro : The most beautiful moment in life»* del miniálbum *THE MOST BEAUTIFUL MOMENT IN LIFE PT.1* empieza:

> *Hoy el aro parece más lejano*
> *Los suspiros se acumulan en la cancha*
> *Un chico asustado de la realidad*

En esa letra, que SUGA reescribió docenas de veces hasta perfeccionarla, habla sobre lo que es topar contra el muro de la realidad a través de su deporte favorito, el baloncesto. Y en «Moving On»,** que en la práctica actúa de canción final antes de «Outro : Love is Not Over», comparte una historia muy personal.

THE MOST BEAUTIFUL MOMENT IN LIFE PT.1

THE 3RD MINI ALBUM
29. 4. 2015

TRACK

01 Intro : The most beautiful moment in life
02 I NEED U
03 Hold Me Tight
04 SKIT : Expectation!
05 Dope

06 Boyz with Fun
07 Converse High
08 Moving On
09 Outro : Love is Not Over

VIDEO

 COMEBACK TRAILER

 ALBUM PREVIEW

 «I NEED U»
MV TEASER

 «I NEED U»
MV

 «I NEED U»
MV (Original ver.)

 «Dope»
MV

Desde los primeros días en el vientre de mi madre

Contaba los días hasta mi primer movimiento

Recuerdos vagos, el precio de mi movimiento fue

Un dispositivo médico pegado al corazón de mi madre y una
enorme cicatriz

————La canción «Moving On» es como un dedo doloroso que me señala.

Con voz pausada, SUGA prosigue la historia:

————Ya lo veréis por la letra, pero fue cuando tenía dos años, ¿o eran tres…? Lo que todavía recuerdo es que me había dormido y, al despertar, estaba apoyado en mi madre, y oí un sonido parecido al de un reloj que venía de su corazón. Le pregunté por qué emitía ese sonido. La habían operado después de tenerme. Mi madre se había puesto muy enferma porque yo había nacido. Me hizo sentir culpable, de alguna manera. Desde que era pequeño, me he preguntado: «¿Fue correcto que yo naciera?». Necesito hacer todo lo que pueda por ella, sea lo que sea. A lo mejor por eso estaba ansioso por triunfar. Por ese motivo llamé a mi nacimiento «Moving On» («Seguir adelante»).

La serie *THE MOST BEAUTIFUL MOMENT IN LIFE*, que fue el comienzo de una historia de éxito espectacular, nació de la confesión más íntima. Todos y cada uno de los jóvenes se unieron para dejar plasmado un periodo en la vida de una sola comunidad —el «momento más hermoso de la vida»— antes de darlo por concluido. Al igual que en «Moving On», BTS cambiaron de alojamiento por primera vez desde su debut mientras preparaban *THE MOST BEAUTIFUL MOMENT IN LIFE PT.1*. Jung Kook reflexiona al respecto:

————En mi parte de esta canción, la letra dice: «Al dejar la habitación vacía con mis últimas cosas / Vuelvo la vista un segundo», ¿no? En realidad, es cierto que recuerdo echar un último vistazo a mi habitación de la residencia antes de partir. Sentía que habíamos crecido, y por un lado esperaba con ganas todas las emociones nuevas que viviríamos en nuestro nuevo hogar.

Como en la letra de «Moving On», en su alojamiento previo se preocupaban por «un futuro incierto», y entre los miembros hubo «unas cuantas veces en las que nos peleamos», pero atravesaron el proceso de «cuando más pequeña es la casa, más fuerte es el lazo». Dejar aquel lugar y mudarse a una nueva residencia demostraba que algo estaba cambiando, o por lo menos les permitía creer que era así.

Al mudarse, Jung Kook sintió que la situación del grupo podía cambiar:

————Para empezar, había más habitaciones. Una habitación, dos, tres, y un baño. Me compré mi primer ordenador y tenía mi propio espacio de trabajo. No tenía un vestidor aparte para mi ropa, de modo que monté unos raíles en el salón y la colgaba allí, y en el espacio libre coloqué un escritorio. Y por eso, más tarde, el nombre de mi estudio fue «el Armario Dorado». El alojamiento era más espacioso, de manera que, sin ninguna duda, me sentía cómodo. Era como si tuviera más aire para respirar. Al principio de todo, dormíamos los siete en una sola habitación, ¿vale? Después empezamos a dividir los cuartos.

Jin también pudo sentirse más a gusto en el nuevo alojamiento:

————Yo compartía habitación con SUGA, Jung Kook estaba en otra con RM, y V, Jimin y j-hope compartían la más grande entre los tres. Nuestra vida cotidiana cambió mucho. Antes de aquello, estábamos muy apiñados, pero a partir de entonces tuvimos la diversión de ir a visitar las habitaciones de los demás.

Así, vemos que la serie se expresaba a través de un método narrativo basado en términos clave como «juventud» y «el momento más hermoso de la vida», sustentados en las experiencias y emociones personales de los miembros.

En este sentido, BTS y Big Hit Entertainment, sin siquiera darse cuenta, estaban inmersos en el proceso de derribar las barreras. Eran un grupo de *idols* contando una historia a través de un álbum de estilo hip-hop, un álbum que andaría mucho tiempo en boca de la gente.

Reglas que se rompen y luego se cambian

Con *THE MOST BEAUTIFUL MOMENT IN LIFE PT.1*, Bang Si-Hyuk echó por la borda buena parte de lo que, a la sazón, se consideraba sentido común (o incluso «reglas») dentro de la producción de contenido de *idols*.

Por lo general, los grupos de *idols* lanzaban como tema principal una canción bailable, en cuyo vídeo por supuesto aparecería una coreografía ejecutada por los miembros. Sin embargo, el vídeo musical del tema principal de *THE MOST BEAUTIFUL MOMENT IN LIFE PT.1*, «I NEED U», no tiene escenas que contengan baile. Es más: los personajes del vídeo no se pasean por elaborados decorados, centros urbanos o países extranjeros, sino por lo que parecen las afueras de una ciudad.

El motivo de esa novedad tiene que ver con el contenido del vídeo.

Existen dos versiones del VM de «I NEED U»: la versión oficial* (el clip final editado que se remitió a la televisión) y la versión original,** que se colgó solo en YouTube. La versión original dura unos dos minutos más que la oficial, y ese par de minutos muestran violencia, trauma emocional y otros elementos casi inauditos en los vídeos musicales de los grupos de *idols* del momento.

Dentro de la industria del K-pop, experimentar de esa forma equivalía a buscarse la ruina de manera intencionada. En Corea, se entiende que los *idols* ofrecen una fantasía. En sus vídeos musicales, tanto si el concepto consiste en sonreír de oreja a oreja como en rebelarse contra el mundo, en la mayoría de los casos todo forma parte del mismo objetivo: parecer *cool*. Dividir los conceptos entre «frescos» u «oscuros», en función del tono de las imágenes y la propia canción, también forma parte de esa manera de hacer las cosas. Los aspectos realistas se van eliminando uno por uno; solo entonces los fans pueden aceptar el contenido de *idols* como una fantasía segura. BTS, sin embargo, aportó una concepción más realista a ese mundo. No era un mero problema de intensidad expresiva. Los personajes de «I NEED U» se encuentran en circunstancias deprimentes y opresivas, en las que no se ha resuelto nada, y los miembros dan rienda suelta a las emociones que les inspira su situación, en la que todo empeora sin parar. Hasta que «la juventud» se aceptó como un concepto más de la música de *idols* como sucede hoy en día, costaba identificarla con exactitud. Se trataba de algo que, en todos los aspectos, resultaba casi extraterrestre para los fans que se habían acostumbrado a los productos existentes de la industria.

«I NEED U» no es más que la primera canción de la serie *THE MOST BEAUTIFUL MOMENT IN LIFE* y, para comprender bien el argumento, que no terminaba allí, los fans tendrían que ver diversos clips relacionados, entre ellos el vídeo musical de «RUN», tema principal del que iba a ser el siguiente miniálbum, *THE MOST BEAUTIFUL MOMENT IN LIFE PT.2.*

Sin embargo, ese era el único camino disponible para Bang Si-Hyuk. Al igual que los personajes de sus vídeos musicales, los miembros de BTS deambulaban por las afueras, incapaces de llegar al corazón del mundo en el que vivían, atrapados entre su precaria posición y el anhelo de éxito: una situación sofocante y sin resolver. Fueron esas emociones las que hicieron posible la serie *THE MOST BEAUTIFUL MOMENT IN LIFE.* También explican el lanzamiento de «I NEED U» como canción.

Un productor cualquiera podría haber escogido «Dope», que lucía la intensa coreografía de BTS, como tema principal de *THE MOST BEAUTIFUL MOMENT IN LIFE PT.1.* A decir verdad, hasta «I NEED U», todas las canciones principales de BTS habían presentado una atmósfera intensa. Su actuación en los premios MAMA a finales de 2014 consolidó aún más esa imagen. A pesar de ello, Bang Si-Hyuk optó por representar el álbum con «I NEED U», una canción tan relajada que casi parece frágil y que arranca con un ritmo de tempo lento.

Tanto es así que la coreografía de la canción* empieza con los siete tumbados en el suelo, y ninguno de los demás miembros se levanta hasta que el rap de SUGA en la primera estrofa ha terminado. Del mismo modo, no queda claro de inmediato lo que intenta transmitir la canción. En lugar de eso, desde el principio mismo, lo que comunica la letra es una sensación de melancolía y una emoción compleja.

> *Cae, cae, cae, se esparce*
> *Cae, cae, cae, se cae*

«I NEED U» plasma el estado de ánimo de los miembros en aquel momento, que RM describió como «flotar con ligereza, desvanecerse, recomponerse, derrumbarse de nuevo, ser capturado otra vez... Esas sensaciones repitiéndose».

Sin embargo, «I NEED U» fue algo más que un experimento aventurado. Por lo tocante a esta canción en particular, Bang Si-Hyuk estaba lleno de convicción. Había decidido que BTS necesitaba ir más allá de las barreras de lo que habían hecho hasta entonces. El estilo único de la banda, condensado dentro de su álbum anterior, *DARK&WILD*, parecía flotar en el mismo espacio exacto, repitiendo el mismo ciclo.

«I NEED U» aportó un profundo pesar, como pétalos que cayeran sobre el núcleo oscuro y áspero de BTS. La canción principal, con sus complejas emociones, no fue una elección ordinaria dentro de la industria de los *idols*. Sin embargo, Bang Si-Hyuk estaba seguro de que, por sí misma, la canción provocaría una reacción universalmente positiva entre la gente. En «I NEED U», una capa de sonidos tranquilos y delicados se superpone al apasionado rapeo de SUGA, y luego, cuando la música de súbito se acelera, él canta con voz queda y pesarosa: «Perdona (Te odio) / Te quiero (Te odio) / Te perdono (Mierda)». Con esta constante aparición en paralelo de la intensidad y la tristeza, los oyentes se sienten tristes y, a la vez, cada vez más eufóricos. Después, al llegar el estribillo, esas emociones se funden y explotan. El modo en que el prolongado estribillo da paso de repente a un ritmo potente demuestra el componente catártico de la canción, junto con su explosiva parte de baile.

Los miembros de BTS fueron los primeros en ofrecer una acogida positiva a la canción. «I NEED U» no sería calificada de hiphop, EDM o música *dance* del tipo que habían producido los grupos de *idols* anteriores. Los miembros, sin embargo, aceptaron de forma intuitiva esta canción nacida fuera de los confines entre género y género, emoción y emoción. Jimin reflexiona sobre la primera vez que oyó «I NEED U»:

———Llega esta canción, luego escuchamos el concepto del álbum y el resto de temas, pero ya se notaba en el ambiente que todo el mundo estaba seguro. De que la canción era buena y el concepto, también.

Jung Kook sintió incluso que «era demasiado buena para decirlo con palabras». Añade:

———Estaba cien por cien convencido de que «funcionaría». Era buenísima. Tanto, que todo lo que había sucedido hasta entonces se hizo migajas, me olvidé por completo del «Estás en peligro»[25] (risas).

---

25 Referencia a la letra del tema principal de *DARK&WILD*, «Danger».

Jung Kook expresa, asimismo, la esperanza que «I NEED U» hizo sentir a BTS en aquel momento:

————Fue como si aquello fuera el principio. Nuestro principio.

Un momento que llega una vez en la vida

Se habían saltado las reglas de la industria pero, para que el producto final se considerase un éxito, BTS necesitaba otro enfoque novedoso más. Con «I NEED U», Jin cambió su manera de cantar.

————Hasta ese momento, solía recargar el canto, pero, cuando grabé esta canción, por primera vez respiré mientras cantaba. Durante la grabación, canté la canción entera del tirón de esta manera, y unos pocos pasajes de aquello acabaron en la versión final. En su momento se me antojó extraño, pero era lo correcto.

El baile también precisó cambios a fondo. j-hope lo explica:

————Antes, lo único que teníamos que hacer era volcar toda nuestra energía en el baile, en plan «¡Argh!», pero para «I NEED U» la manera en que expresásemos las emociones tenía mucha importancia. La coreografía solo funcionaría si mostrábamos bien la sentimentalidad, de modo que, básicamente, era «mitad baile, mitad interpretación a base de expresiones faciales».

Para transmitir las emociones, j-hope se imaginaba la siguiente clase de cosas:

————Hum … Era como que, cuando bailaba, me metía en el personaje de un niño asomado al borde de un precipicio. Sentía un gran nerviosismo, como si hubiera muchísimo en juego.

Las emociones de las que habla j-hope se trasladan de forma directa a las fotos de *THE MOST BEAUTIFUL MOMENT IN LIFE PT.1*, así como al estudio de rodaje* del vídeo musical de «I NEED U». Reitera:

————Fue algo bastante único. En su momento, sacábamos muchas fotos de esto y aquello, pero es como si … Creo que me sentía como si no viviera como un famoso, sino como una persona que disfrutaba de su juventud. Era lo mismo cuando iba de un lado a otro grabando con el resto de miembros, y a lo mejor durante el rodaje me daba por pensar en la ansiedad y en un periodo en el que me sentía perdido … pero no me sentía como si aquello fuera un proceso por el que se pasaba como famoso que está preparando un álbum.

RM también sintió algo parecido:

————Si lo pienso ahora, a lo mejor podría haberse sacado algo más de nosotros. Creía que no habría nada parecido después de «Danger», pero me equivocaba. Y la presencia de la canción llamada «I NEED U» era, sin duda, imponente. Creo que todo empezó a partir de una sensación de «Anda, esto a lo mejor podría funcionar» y nuestras ganas de intentar crear nuestro «momento más hermoso de la vida» también estaban escondidas dentro de nuestras emociones.

Jimin explica el efecto que tuvieron las emociones de los miembros sobre el rodaje de «I NEED U»:

Fue como si aquello
fuera el principio.
Nuestro principio.

—Jung Kook

————Creo que me metí de cabeza en el concepto mismo de «el momento más hermoso de la vida». Hacerlo en compañía de los demás miembros era maravilloso, y no paraba de pensar en lo bonito que era aquel momento y en que realmente podía llamarlo el mejor de mi vida. Al empaparme de esa manera en el papel del vídeo musical, me dijeron a menudo que eso encajaba bien con las emociones que debía transmitir.

Los miembros identificaban una parte sustancial de ellos mismos dentro de los papeles que representaban en el vídeo musical, y eso les permitió meterse a fondo en el personaje aunque casi no tuvieran experiencia actoral. V todavía conserva un gran recuerdo del papel que representó en la serie THE MOST BEAUTIFUL MOMENT IN LIFE. Dice:

————Creo que era una persona que no había tenido más remedio que volverse «mala». Si existe eso del bien y del mal, era una persona cuya situación lo había empujado a pasar de repente de buena a mala. Y así, cuando pienso en el personaje, lo que siento es pena por él.

De este modo, antes del posterior éxito comercial de la serie THE MOST BEAUTIFUL MOMENT IN LIFE, los miembros habían crecido internamente a través de su proceso de producción.

Jimin reflexiona sobre el rodaje del vídeo de «I NEED U»:

————Para mí, la cosa era que siempre había tenido este sueño, desde pequeño, y por eso me dedicaba a este trabajo. Pero era tan genial. Hablar, cantar, practicar el baile, rodar mientras decíamos: «¡Somos la juventud!» … Básicamente, el rodaje también lo hacíamos con un gran grupo, y a mí me hacía muy feliz que nos paseáramos juntos de aquella manera. Haciendo lo que más me gustaba, nada menos. Y me daba la impresión de que, si más tarde rememoraba mi vida, no podría explicarla sin esa parte que hice en conjunto con esas personas.

La experiencia de trabajar en la serie *THE MOST BEAUTIFUL MOMENT IN LIFE* se convirtió en una oportunidad para que Jimin creciera como artista.

————Si comparaba el antes y el después de *THE MOST BEAUTIFUL MOMENT IN LIFE*, por lo tocante a la imagen que daba en el escenario, pensaba: «¿He encontrado mi equilibrio?». Creo que poco a poco descubrí lo que se me daba bien.

Jin estrechó más si cabe sus lazos con los demás miembros. Dice:

————Durante aquel periodo, mis lazos con los miembros se volvieron más fuertes. Eran, realmente, como mi familia. Y rodábamos los vídeos musicales como una película, ¿vale? Después de verlos, los miembros en verdad nos sentíamos así. Antes, pensábamos que éramos *idols*, sin más, pero desde aquella etapa, cuando pienso en los miembros, me da la impresión de que estábamos actuando como protagonistas de una película.

Empezó a surgir un espíritu unificado entre los miembros. Jimin explica el ambiente que se respiraba dentro del grupo antes del lanzamiento del álbum *THE MOST BEAUTIFUL MOMENT IN LIFE PT.1* en pocas palabras:

————Creo que nuestra mentalidad de «Podemos hacerlo» se había reforzado mucho.

Expectativas

Como sugiere el título, la canción «SKIT : Expectation!»' de *THE MOST BEAUTIFUL MOMENT IN LIFE PT.1* capta la expectación de los miembros antes de la inminente salida a la venta del álbum. Para ser exactos, más que expectación se trataba de la esperanza de que esas expectativas se hicieran realidad. Las palabras que los miembros no paraban de repetir —que necesitaban ser los «números uno»— suenan como un conjuro para sacudirse de encima el nerviosismo. j-hope explica:

———El trabajo era importante para mí, tenía un sueño y quería triunfar, y por eso me causaba mucha ansiedad saber si nos iría bien. Creo que me preguntaba: «¿Me hará realmente feliz este trabajo?». No paraba de darle vueltas a eso.

Como dice j-hope, los miembros querían salirse del ciclo de «dulce, amargo, dulce, amargo». No pedían mucho: ocupar un número uno en un programa televisivo de listas de éxitos. Salir ganadores no solo en los rankings anuales de álbumes o en una ceremonia de entrega de premios sino, simplemente, en uno de esos programas que se emitían varias veces por semana.

Ocupar un número uno en la lista de éxitos de un programa de televisión es un rito de paso para todos los grupos de *idols* de Corea. Todos los programas de listas de éxitos se emiten de forma semanal. Cada canal de televisión terrenal tiene el suyo, lo que significa que, juntándolos a todos, aparte del lunes, hay uno todos los días. Por otro lado, cada programa hace sus cálculos de manera diferente. En algunos, unas buenas cifras de música digital conllevan una alta probabilidad de llegar al número uno, mientras que, en otros, el primer lugar puede ser fruto de unas buenas ventas físicas.

Solo después de alcanzar el número uno en uno de esos programas puede hablarse de popularidad o de éxito. Si un grupo de *idols* no lo consigue en un periodo determinado de tiempo, es probable que acabe por desaparecer por completo de esos programas. Aparte de los que pertenecen a grandes empresas de representación, los *idols* que no llegan al número uno en al menos uno de esos programas musicales de listas de éxitos que se emiten durante toda la semana se encuentran con que sus compañías son reacias a seguir esperando e invirtiendo en costes de producción.

BTS se encontraba en esos momentos entre los álbumes *DARK&WILD* y *THE MOST BEAUTIFUL MOMENT IN LIFE PT.1*, y el trofeo del número uno en uno de esos programas televisivos estaba al alcance de su mano. Tras el lanzamiento de su álbum *Skool Luv Affair* habían sido candidatos al número uno con «Boy In Luv», y para cuando llegaron los premios MAMA de finales de 2014, su *fandom* había empezado a aumentar de tamaño a pasos agigantados. Sin embargo, los números de *DARK&WILD* no habían estado a la altura de las expectativas y su nuevo álbum todavía no había salido. Ni BTS ni Big Hit Entertainment tenían manera de formarse una idea fidedigna de su popularidad.

Hablando con la empresa acerca de la dirección que llevaba el grupo en la época de *DARK&WILD*, V al parecer dijo:

————Hay grupos por encima de nosotros por lo que respecta a popularidad, y también los hay por debajo, pero no creo que haya ninguno como nosotros. BTS ocupa una posición que es única de BTS.

Partiendo de esta idea, V señaló una condición para que BTS siguiera creciendo:

————Lo que se llama un «Escenario de Leyenda», hacer una actuación asombrosa.

Unos meses más tarde, ese Escenario de Leyenda se hizo realidad en los premios MAMA de 2014. Aun así, todavía no se habían embolsado el trofeo al número uno. Entre todos los grupos que todavía no habían alcanzado el primer puesto en uno de los programas televisivos de listas, eran los que más cerca lo tenían. Con todo, aún no lo habían logrado. «SKIT : Expectation!» capta a la perfección las expectativas y el nerviosismo de los miembros.

j-hope explica cómo se sentía en aquella etapa:

————También queríamos llegar a ese puesto, queríamos subir al número uno … Pensamos mucho sobre lo que era desear una cosa.

Un grito de alegría a la una de la madrugada

A medianoche del 29 de abril de 2015, *THE MOST BEAUTIFUL MOMENT IN LIFE PT. 1* se lanzó en todas las plataformas de *streaming* de música. En aquel momento, por el efecto del recuento horario a tiempo real, la mayoría de los grupos de *idols* lanzaban sus canciones a medianoche, y los fans las escuchaban una y otra vez para mejorar el puesto de entrada del tema en las listas.[26]

Una hora más tarde, a la una de la madrugada, el director de Big Hit

---

26 Las plataformas de *streaming* coreanas ya han abolido esta clase de método de recuento, y las canciones ahora suelen lanzarse a las 18.00.

Entertainment a la sazón, Lenzo Yoon, lanzó un grito de sorpresa al ver los resultados. El tema principal «I NEED U» había entrado en el número dos de la lista de éxitos Melon, que se actualizaba a tiempo real y en aquella época era la que dominaba el mercado de las plataformas de *streaming* de música de Corea.

Los miembros estaban igual de sorprendidos. j-hope recuerda el momento en el que vio la lista Melon:

————Creo que todos debimos de mirar la lista juntos a mitad del ensayo. Era tan emocionante. Nunca habíamos entrado en las listas de éxitos [en una posición tan alta]; era la primera vez que sentí que había «tanta gente escuchando nuestras canciones» y fue maravilloso. También pensé: «Para esto hemos hecho música».

Al poco de debutar, uno de los deseos de SUGA había sido llegar «al número uno de la lista de éxitos Melon». Para él, se trataba de la señal del éxito. Dice:

————En aquel entonces, creía que eso lo era todo. Pensaba que era el fin mismo de este mundo. Creo que entendía como que «llegar al número uno de la Melon significa que has triunfado como cantante». Miraba la lista casi a diario. No era como si mirase la bolsa, pero calculaba una cosa y otra y también realizaba análisis.

Aunque «I NEED U» no pudo hacer realidad el deseo de SUGA, en su momento aquel número dos en las listas de Melon parecía igual de difícil, si no más, que el número uno en un programa televisivo de música.

Comparados con cantantes que eran muy conocidos y populares entre las masas, para los grupos de *idols*, cuyas actividades se centraban en su *fandom*, resultaba difícil obtener buenos resultados en las plataformas de *streaming* que usaba el público general, sobre todo Melon, que era la que tenía más usuarios. Las listas de éxitos en tiempo real, que basaban sus rankings en el número de oyentes por hora, por supuesto favorecían a los artistas con un *fandom* potente, pero conseguir un puesto en lo alto de las listas no resultaba fácil en aquel entonces, como tampoco lo es ahora. Ni siquiera «Danger», el tema principal del álbum anterior de BTS, *DARK&WILD*, consiguió un puesto destacado en las listas en tiempo real. El significado de que BTS hubiera alcanzado el número dos era simple: su número de fans había empezado a aumentar tanto que hasta el personal de Big Hit Entertainment apenas podía creerlo.

Todos y cada uno de sus resultados mostraron una tendencia al alza. De acuerdo con los criterios de la Gaon Chart, vendieron 203.664 copias de *THE MOST BEAUTIFUL MOMENT IN LIFE PT.1*, más del doble que *DARK&WILD* en 2014. Luego, BTS por fin llegó al puesto más alto en un programa televisivo de listas musicales. El 5 de mayo de 2015 consiguieron, con «I NEED U», su primer número uno, en el programa *The Show* del canal por cable de música SBS MTV. Tres días más tarde, el 8 de mayo, llegaron al primer puesto en *Music Bank*, de la KBS, el primero que lograban en una cadena de televisión terrenal.

Jimin explica cómo se sintió en aquel momento:

———Teníamos una poderosa sensación de que aquello era una recompensa. De que habíamos conseguido algo juntos, como grupo; esa sensación me abrumaba, creo. La verdad era que no me importaba lo mucho que me había preparado ni lo duro que había trabajado. Estaba agradecido de que hubiésemos logrado algo a partir del trabajo en equipo de todos los miembros.

Los demás integrantes del grupo sentían algo parecido. Para ellos, un número uno significaba que BTS, como grupo y también en el plano individual, por fin había obtenido el reconocimiento, y eso lo experimentaban como una gran alegría. j-hope lo explica:

————Era como si se estuviera reconociendo nuestra presencia. Nuestro punto de partida era la música, y estábamos haciendo saber que un álbum, mi nombre, nuestro grupo…, todas esas cosas estaban «vivas»…

j-hope se extiende sobre la felicidad que acompaña a la popularidad:

————Dar a conocer, a través de mi trabajo, que «Esta es la persona que soy» era una sensación muy dulce. Me di cuenta, por primera vez, de que se me quería mucho.

El efecto de la victoria en la juventud

Cuando BTS empezó a acariciar el éxito, el mundo que los rodeaba comenzó a cambiar. Es algo que puede apreciarse también en los vídeos relacionados con sus apariciones en programas musicales televisivos, colgados en YouTube bajo la subcategoría «BANGTAN BOMB».[27]•

Los vídeos tomados desde su debut en 2013 hasta *THE MOST BEAUTIFUL MOMENT IN LIFE PT.1* por lo general muestran a los miembros haciéndose bromas unos a otros en el camerino, preparándose para salir a escena, etcétera. Los vídeos grabados tras su álbum de continuación, *THE MOST BEAUTIFUL MOMENT IN LIFE PT.2*,

---

27 «BANGTAN BOMB» es una subcategoría del canal oficial de YouTube de BTS, BANGTANTV. Los vídeos contienen no solo sus actuaciones en los escenarios, sino también grabaciones espontáneas de los miembros entre bastidores, en el camerino y en otras localizaciones de rodaje.

suelen mostrarlos preparándose para aparecer como «MC especiales» en programas de televisión, acompañando al lanzamiento del álbum.

Eso da una idea de lo que significó *THE MOST BEAUTIFUL MO-MENT IN LIFE PT.1* para BTS. Un MC especial era una persona en concreto a la que se escogía de entre varios artistas activos en aquel momento para que presentara el programa un día. Ser elegido MC especial significaba, en pocas palabras, que esa persona estaba «en la cresta de la ola». Las cámaras también captaron la reacción de los miembros cuando llegaron al número uno.

Jimin explica los cambios internos que los miembros, incluido él mismo, experimentaron en aquella época:

————Creo que fue desde aquel momento … cuando empezamos a ser conscientes de verdad de esas personas llamadas «fans». Antes de aquello no habíamos definido a los fans como era debido. Comentábamos «¿Cómo los llamamos?». Los miembros decíamos, simplemente: «Hagámoslo lo mejor que podamos», «Hagamos un buen trabajo». Pero una vez que llegamos al número uno, empecé a acordarme sin parar de nuestra primera emisión el día en que debutamos. Aquel día acudieron unos diez fans, ¿verdad? Esas personas… Sin esas personas animándonos no habría existido demanda de que existiéramos, y sentíamos con mucha urgencia que debíamos mostrarnos verdaderamente agradecidos a esas personas llamadas «fans».

El éxito hizo que BTS cobrara conciencia de todo lo que habían pasado para llegar tan lejos, además de pensar en qué meta querían fijarse en lo sucesivo. j-hope recuerda el ambiente que se respiraba entre los miembros después de *THE MOST BEAUTIFUL MOMENT IN LIFE PT.1*:

————Creo que todos los miembros éramos ambiciosos. Habíamos cumplido un sueño, pero no nos dábamos por satisfechos y queríamos presentar una imagen de nosotros mismos todavía más impresionante. Todos pensábamos: «Quiero llegar más alto todavía». A lo mejor por eso nuestro grupo ha llegado ya tan lejos … Creo que si alguno de nosotros, aunque solo fuera uno, hubiera pensado de otra manera, nos habría resultado difícil.

El éxito había permitido a los miembros ampliar sus metas, y se dio la gran coincidencia de que habían estado trabajando en «Dope»* como siguiente single tras «I NEED U».

«I NEED U» y «Dope» fueron, por así decirlo, dos hitos que resumen lo que era BTS en aquella época. «I NEED U» casi parecía retratar las penalidades y desesperación que habían experimentado antes de *DARK&WILD*, mientras que «Dope» plasmaba cómo, a pesar de todo, habían conseguido llegar tan lejos.

> *¡Qué peste! ¡Peste! ¡Peste! Olor a sudor en nuestro estudio de baile*
>
> *¡Mira! ¡Fuerte! ¡Fuerte! ¡Fuerte! Mi baile responde*

El título de la canción «Dope», o «jjeoleo» en coreano, generalmente se usa para decir que algo es fantástico, muy guay, *supercool*..., pero en la letra de la canción BTS usa otro significado de «jjeoleo»: «apestar a sudor». Mientras que otros grupos de *idols* cuya popularidad había estallado alardeaban diciendo: «Somos fantásticos», BTS salía a decir: «Practicamos hasta apestar a sudor». Con «I NEED U», BTS iba lanzado hacia arriba, y el siguiente single «Dope» se convirtió en una canción que captaba el

Creo que fue desde aquel momento ...
cuando empezamos a ser conscientes de verdad
de esas personas llamadas «fans».

—Jimin

espíritu del candidato con el que nadie cuenta pero a base de esfuerzo llega a lo más alto. Los primeros compases de «I NEED U» presentan una atmósfera lírica, tras la cual poco a poco se va acumulando un profundo pesar; «Dope», en cambio, arranca a tope y no afloja hasta el final. Y mientras que «I NEED U» maximiza su emotividad melancólica a través del estribillo y una melodía larga y compleja, «Dope» maximiza su atmósfera euforizante por medio de los dos caracteres de «jjeol-eo» y el ritmo.

Bienvenido, ¿es la primera vez que escuchas a BTS?

La letra de RM nada más empezar «Dope» se convirtió en una declaración cargada de significado. La frase no se incluyó como pronóstico del enorme éxito de *THE MOST BEAUTIFUL MOMENT IN LIFE PT.1*. En lugar de eso, «Dope» era una canción que explicaba la identidad del grupo a quienes acababan de descubrir a BTS gracias a *THE MOST BEAUTIFUL MOMENT IN LIFE PT.1*.

En ese sentido, «I NEED U» y «Dope» captan la esencia de BTS en aquella época. Luchar sin ser los favoritos: soportar todo lo imaginable, pero no perder nunca la voluntad de seguir. El espíritu del grupo quedó revelado con «I NEED U» y después, con «Dope», se descontroló. Fue algo que no se limitó al mundo de los puestos en las listas: lo notó toda la industria del K-pop.

Los grupos de *idols* coreanos celebran miniencuentros con los fans delante de la cadena después de rodar un programa de televisión. En ellos conocen a los fans que llevan desde primera hora esperando ante el plató. Se puede juzgar la escala y el entusiasmo del *fandom* de un grupo en función de esos miniencuentros: son los fans que han acudido a ver al grupo en persona. Por desgracia, si el grupo no es popular, el número de aficionados puede ser menor que el de los integrantes del grupo.

Aquel día,[28] BTS acudieron al miniencuentro con los fans todavía ataviados con el vestuario de «Dope», y el exterior de la emisora estaba tan lleno de ARMY que tuvieron que dejar de permitir que pasaran más personas por motivos de seguridad. Los fans de BTS ya no eran la «única fila» de la que había hablado Jimin.

La era del contenido autoproducido

Como pasa en todas las industrias, la de los *idols* tiene su propia manera de hacer las cosas por lo que respecta a ciertos papeles «estándar». Aunque no está escrito en ningún sitio de forma explícita que sean estándares de la industria de los *idols*, una vez que esa manera de hacer las cosas ha quedado establecida en varias empresas clave, pronto se convierte en la norma que toda la industria debe seguir para alcanzar el éxito.

Por ejemplo, en el caso de los grupos coreanos de *idols*, se daba por descontado que la canción principal sería bailable y que iría acompañada por una trabajada coreografía basada en el concepto del *kalgunmu*. SM Entertainment había desempeñado un papel decisivo en la consagración de esos estándares. Gracias a sus números de baile únicos, los grupos de *idols* de SM Entertainment estaban redefiniendo la música, y los consumidores de la industria musical dejaron de ser meros oyentes para convertirse en entregados y ardorosos fans. Además de eso, con BIGBANG y 2NE1, YG Entertainment había fusionado las tendencias internacionales de la época en el hiphop y el pop con la estructura de las melodías del K-pop. También utilizaban moda urbana y de alta costura —algo que pocos *idols*

---

28 El 5 de julio de 2015, día del programa de la SBS *Inkigayo*.

habían intentado antes— y, gracias a eso, su influencia fue más allá del *fandom*, hasta llegar a las masas y la propia industria de la moda.

Después de *THE MOST BEAUTIFUL MOMENT IN LIFE PT.1*, Big Hit Entertainment presentó un nuevo estándar, distinto de los que ofrecían SM Entertainment e YG Entertainment. Además de su concepto de álbumes seriados y del método de planificación de discos que daba cabida a múltiples interpretaciones dentro de una sola historia, también utilizaban ritmos que elevaban la energía de una canción, como la parte de «Dope» en la que dicen: «He estado trabajando toda la noche, cada día / Mientras tú estás de fiesta en el club», por ejemplo. Esos métodos los aplicarían más tarde otros grupos.

También parece que, al centrarse en las plataformas online más que en los canales de televisión ordinarios, estaban dando paso a una nueva generación. BTS llevaba usando YouTube de modo parecido a como lo hacen los youtubers de hoy en día desde antes de su debut. En este frente, a través de la plataforma de *streaming* en directo V Live, BTS perfeccionó su ecosistema único de actividades.

En agosto de 2015, tres meses después del lanzamiento de *THE MOST BEAUTIFUL MOMENT IN LIFE PT.1*, V Live, que ofrecía contenido diverso sobre *idols* coreanos directamente a los fans, estuvo probando una versión beta en Naver. En V Live, los artistas podían comunicarse al instante con los fans por medio de la emisión en vivo y online, que podían iniciar de manera espontánea o prefijar para una hora determinada, y responder a los comentarios de los fans en tiempo real. Fue el principio de la era del «contenido autoproducido».

Con el auge de V Live, tocaba a su fin la generación en la que los *idols* se envolvían de misterio fuera de los escenarios, restringiendo su contenido para ponerlo a disposición de los fans de poco en poco. Para cuando BTS debutó, la industria de los *idols* ya era un océano rojo entre océanos rojos. Con la llegada de V Live, el contenido autoproducido obra de los propios *idols* y sus representantes, los llamados *teasers*, se volvió mucho más importante. Lanzar *teasers* continuamente de esa manera significaba que, incluso cuando los *idols* no estaban trabajando en un álbum, los fans no podían irse a buscar a otra parte.

En el caso de BTS, que llevaban ofreciendo contenido diverso a través de su blog y canal de YouTube desde antes de debutar, la era del contenido autoproducido era como un «futuro antiguo». Su experiencia en la comunicación de noticias recientes a sus fans por medio de vlogs en YouTube facilitó una transición natural a la función de *streaming* de V Live, y la variedad de contenido autoproducido vino a ofrecer *teasers* continuos para los fans que seguían al grupo en su canal de V Live.

Run BTS!, el programa de variedades creado por BTS y Big Hit Entertainment en V Live, fue la pieza final de su nuevo ecosistema de actividades. Para los grupos de *idols*, las apariciones especiales en programas de variedades no solo permitían que los fans disfrutaran de ámbitos que iban más allá de la música, sino que también eran importantes para subrayar la personalidad única de cada miembro. Tanto antes como después del 2000, la primera generación coreana de grupos de chicos afianzó su popularidad por medio de ediciones especiales de los programas de variedades. Sin embargo, hasta *Run BTS!*, la producción de programas de variedades sobre *idols* permaneció en exclusiva dentro del dominio de las empresas de televisión. Los grupos de *idols* afiliados a grandes empresas de representación, nada más debutar, también daban a conocer su nombre con regularidad a través de los especiales de los programas de variedades. Sin embargo, las cadenas televisivas debían asimismo tener en cuenta sus índices de audiencia, y lo normal era presentar a ídolos populares.

Por medio de *Run BTS!*, Big Hit Entertainment trasladó los programas de variedades de *idols* al ámbito del contenido autoproducido. Lanzar su propio programa de variedades era una apuesta enorme para una compañía de tamaño modesto. Al final, sin embargo, no sería exagerado decir que *Run BTS!* tuvo más éxito no solo que *Rookie King: Channel Bangtan* y *American Hustle Life*, sino que todos los programas de variedades sobre *idols* de su época.

A diferencia de los especiales de los programas de *idols* de las empresas de televisión, *Run BTS!* podía seguir en el aire sin necesidad de que hubiera un final y, como lo había creado la compañía de representación que llevaba a BTS, los productores también conocían al dedillo el estado físico de los miembros. En adelante, después de ver los programas televisivos sobre listas de éxitos en los que aparecía BTS, ARMY podía ponerse luego la emisión en continuo de V Live en la que los miembros compartían sus reflexiones, y también podían echar un vistazo a las fotografías y vídeos de lo que había sucedido entre bastidores en YouTube y Twitter. En mitad de todo esto, podían ponerse programas de variedades como *Run BTS!* Cualquiera que se hubiese hecho ARMY a través de *THE MOST BEAUTIFUL MOMENT IN LIFE PT. 1* podía perfectamente pasarse la noche en vela viendo los *teasers* acumulados en el transcurso de los dos años anteriores.

Sin embargo, la era del contenido autoproducido no se quedó en transformar el modo de funcionamiento de los *idols*. Al empezar estos a compartir lo que pasaba entre bambalinas y más allá del escenario, además de hablar directamente con los fans, la definición misma de lo que era un *idol* empezó a cambiar. Mientras que en el pasado se había dado por sentado que un *idol* solo podía enseñar a sus fans su lado bueno, en la era del contenido autoproducido los *idols* empezaron a revelar otros aspectos de su situación, además de lo que realmente les pasaba por la cabeza. Hablaban de sus enfados con el público y la prensa generalistas y hasta de vez en cuando soltaban alguna crítica. Ahora, en la década de 2020, los *idols* hablan con mucha mayor franqueza sobre las dificultades y los problemas que experimentan y, de vez en cuando, si pasan por una mala racha física o psicológica, abandonan directamente su carrera artística. Así, los *idols* coreanos empezaron a adoptar una identidad propia, distinta de la de sus equivalentes en Japón y Estados Unidos.

Estas actividades mantenían a BTS más ocupados que nunca. Incluso mientras preparaban el álbum *THE MOST BEAUTIFUL MOMENT IN LIFE PT.2*, tenían que mantenerse activos en V Live y las redes sociales. ¿Cómo respondieron los miembros a ese aumento de la carga de trabajo? V lo explica a las claras:

————Yo me limitaba a seguir las decisiones del grupo. No daba la menor importancia a mis propias decisiones personales. Si estoy en contra de algo, pero todos los demás no, pensaré que los miembros tienen razón. Si los miembros decían: «Quiero hacer esto» o «Tenemos que hacer esto otro», por supuesto que lo acataba.

A la pregunta de cómo era eso posible, V responde:

————«Porque somos BTS», creo.

Se extiende un poco más:

————He apostado mi vida a este grupo. No puedo decidir algo basándome en mi opinión individual y punto. Por eso lo hago, y todos tenemos la actitud de «Hagámoslo» ante todas esas actividades diferentes. Y mi actitud es la de hacer lo mismo que los demás.

j-hope rememora cómo se sentía en aquella época:

————Creo que era una sensación de «Solo faltaría que perdiéramos ahora». Al pensar «Nos puede ir todavía mejor», hacíamos más. Una vez que hacíamos algo, hacíamos incluso más, no hacíamos menos.

Entre todo este ajetreo, a partir del 20 de mayo de 2015, el canal de YouTube de BTS lanzó su propio *mukbang* con Jin, «EAT JIN».* Este proyecto nos deja claro no solo la determinación que tenía BTS de intentar lo que hiciera falta, sino el impacto del cambio generacional. Jin, que llevaba compartiendo lo que cocinaba a través del blog oficial de BTS desde antes del debut del grupo, tras *THE MOST BEAUTIFUL MOMENT IN LIFE PT.2* empezó también a filmarse comiendo.

————En su momento, no había un verdadero modo de comunicarse con los fans y, como me gustaba comer, se me ocurrió que al menos debía colgar eso, y me puse a grabar. Quería que ARMY pudiera verme la cara, y así empezó todo.

Cuando Jin comenzó a filmar ese contenido, le preocupaba incomodar al resto de miembros, y por eso grababa el programa en el espacio más pequeño que podía, y haciendo el menor ruido posible. Sin embargo, el contenido obtuvo una buena respuesta de inmediato, y Jin pasó de YouTube al canal de BTS de V Live y empezó a emitir en directo. Así lo recuerda:

————Cuando pasé a V Live hubo un aumento de escala. Al principio, estaba yo solo y lo único que tenía que hacer era colocarme el móvil delante, comer y grabar, pero para V Live lo hacíamos en colaboración con gente de la compañía. No me gustaba nada ser una carga para los demás y por eso, personalmente, estaba preocupado, pero el equipo me dijo que no pasaba nada y que no me agobiara. Además, emitíamos en directo y creo que, al principio, no me salía muy bien. En aquella época, por si fuera poco, había la idea preconcebida de que necesitaba ponerme el maquillaje completo porque aquello contaba como una emisión más.

Sin embargo, en contraste con los temores de Jin, «EAT JIN» se convirtió en la producción propia de más éxito de BTS. Aun ahora, Jin conserva su imagen de buen cocinero, que se ha convertido en una de sus señas de identidad. Desde que era un aprendiz desconocido hasta la superestrella en la que se ha convertido a día de hoy, ha presentado una personalidad coherente compartiendo vídeos en los que cocina y come. Tal y como ha sucedido con BTS, la era del contenido autogenerado ha logrado que la relación emocional entre los *idols* y su *fandom* sea más estrecha y duradera.

La relación de BTS con ARMY, forjada gracias a internet, se convirtió en su camino a la salvación aunque no lo hubieran pretendido. Esta relación que habían construido con ARMY llegó a ser su mayor apoyo a lo largo de la serie de acontecimientos que siguieron a *THE MOST BEAUTIFUL MOMENT IN LIFE PT.1.*

El otro lado de *THE MOST BEAUTIFUL MOMENT IN LIFE*

En las entrevistas, SUGA siempre hablaba con voz queda y calmada. Incluso cuando charlaba de temporadas de una dureza inimaginable, lo hacía sin darles ninguna importancia. Hubo una ocasión, sin embargo, en la que SUGA alzó la voz por unos instantes.

Fue en un vídeo subido al canal oficial de YouTube de BTS el 19 de marzo de 2015. El centro de atención era SUGA, que cumplía años, y el vídeo capta cómo los miembros preparan regalos para hacérselos llegar a sus fans.* Mientras prepara polaroids de sí mismo y cartas manuscritas para varios fans escogidos por sorteo, SUGA sopesa qué debe escribirle a cada uno de esos elegidos, y los miembros envuelven los regalos con amor y mimo.

Cuando le preguntaron por qué se esmeraban tanto, SUGA respondió con gran convicción y voz estentórea:

————Creo que son el motivo de mi existencia, estas personas.

Prosigue:

————Al decir esto, otros pueden pensar: «Venga, no te pases», pero así es como me siento. Si eliminas a los fans de mi vida como *idol*, en realidad soy una persona patética. No soy nada. Siempre me siento muy culpable ante los fans … Responsabilidad, creo que tengo que actuar con responsabilidad. Me parece que esa es una de las fuerzas que me impulsa. Si no fuera por eso, no podría haber hecho este trabajo. Necesito aceptar esa responsabilidad, actuar y satisfacer a esas personas. Ha sido un factor esencial.

El motivo de SUGA para manifestarse así es el que sigue:

————En aquel entonces, el mundo que yo veía era, en una palabra, un infierno. No tenía muchas esperanzas, éramos un grupo de veinteañeros, con algún adolescente incluso entre nosotros… ¿Qué les causaba tanto rechazo como para hacernos aquello? ¿Por qué nos odiaban?

RM reconoció una vez, más tarde, en «ARMY Corner Store»,** que el periodo que va de 2015 a 2017 fue difícil para BTS. Aunque se hallaran en la verdadera senda del éxito, también eran objetivo continuo de ciberacoso a gran escala.

Nunca conoceremos con seguridad el motivo, pero tampoco es necesario. A lo mejor los comentarios cargados de odio que empezaron a aparecer en los artículos que anunciaban su debut habían sido un adelanto de lo que les esperaba. BTS se vieron sometidos a un lenguaje abusivo por ser de una empresa desconocida, y se los criticó en actos públicos por ser *idols* que se valían del hiphop. El primer ataque de ciberacoso a gran escala contra BTS fue porque habían «vendido demasiados discos». Cuando las canciones de *THE MOST BEAUTIFUL MOMENT IN LIFE PT.1* entraron mucho más arriba en las listas de éxitos de música digital que las de *DARK&WILD*, resultaba perfectamente razonable pronosticar que las ventas de álbumes físicos también aumentarían de forma drástica. El hecho de que grupos como BTS, que se centraban en su *fandom*, se estuvieran labrando un nombre en los rankings de música digital (que era lo que escuchaba la abrumadora mayoría del público, mientras que muchos menos compraban discos físicos) significaba que su base de fans también había aumentado rápidamente de tamaño.

Sin embargo, la respuesta a esos resultados no supuso ni sorpresa ni alegría, pero sí que surgieron *fake news* con la excusa de «sospecha». *THE MOST BEAUTIFUL MOMENT IN LIFE PT.1* se había vendido mucho más que *DARK&WILD* y había quien aseguraba que esto se debía a que los fans acumulaban múltiples copias. El hecho de que las ventas de discos hubiesen aumentado de repente en varios miles sirvió como fundamento para las sospechas.

En Corea, el volumen de discos que compraban directamente los consumidores se anunciaba a través del Hanteo Chart.[29] El Hanteo Chart refleja las ventas totales en tiempo real, pero las tiendas de discos notifican a Hanteo las cifras de los pedidos por adelantado y de las ventas que se realizan en sesiones de autógrafos para celebrar el lanzamiento de algún álbum y que, por lo general, suceden en fines de semana, y estas cifras se proporcionan todas juntas. Esto implica que las cifras de ventas del Hanteo Chart suban repentinamente y los fans digan que «[las ventas] se disparan».

En esa época, esto no era tan conocido como lo es ahora. Sin embargo, solo hay que hacer una consulta a Hanteo Chart para averiguarlo. De hecho, un ARMY hizo una consulta a Hanteo Chart y la respuesta fue que no se había producido ninguna acumulación de copias. Durante una consulta telefónica de ARMY, un empleado de Big Hit Entertainment también terminó echándose a llorar quejándose de que no era cierto.

Aunque en comparación con la venta de unas 16.700 copias durante la primera semana de *DARK&WILD*, *THE MOST BEAUTIFUL MOMENT IN LIFE PT.1* vendió casi el triple, unas 55.500, la diferencia era solamente de unas 38.000. Tres veces más puede parecer mucho, pero un incremento de 38.000 copias no supone un aluvión ni resulta tan difícil de creer.

Sin embargo, los ciberacosadores no lo veían así. No se creían que la popularidad de BTS pudiera haber aumentado de forma repentina. La razón de por qué no lo creían es imposible de saber. Aun así, esta sospecha, como si fuese del todo lógica, se terminó convirtiendo en odio y en ataques dirigidos contra BTS. Las declaraciones y actos de sus miembros

---

29 Hanteo recibe y muestra las cifras de ventas a partir de las tiendas de internet y físicas que están inscritas en él.

se tomaban completamente fuera de contexto y se distorsionaban hasta convertirlos en *fake news*, que se extendían por la comunidad de internet y por las redes sociales.

BTS era visto como el «malo» de la industria del K-pop, y los ataques contra el grupo continuaron. Cuando se publicó el álbum *WINGS* en octubre de 2016, por ejemplo, la etiqueta #BREAKWINGS (en español, «ROMPERALAS») se extendió por todas las redes sociales del extranjero. Aunque no tuvo demasiada influencia, sí que demuestra que durante esta época los ataques públicos contra BTS habían llegado al ámbito internacional. El uso de lenguaje violento por el simple hecho de que no gustara el aspecto físico de sus miembros se convirtió en una conducta «aceptada», casi en una moda, y se retuiteaban y compartían declaraciones y actos sacados de contexto a los que la gente respondía diciendo «Morid», como si tal cosa.

Tras el ciberacoso dirigido contra BTS, el ciberacoso de *idols* entre el *fandom* casi se convirtió en una institución. A las redes sociales y comunidades de internet se subían documentos redactados de manera sensacionalista y que eran después propagados por la gente que mostraba su conformidad con lo que en ellos se decía; sin concederles la oportunidad de poder confirmar su veracidad, se convertían en reales y se difundían. Como respuesta a esto, los *fandoms* de los *idols* en cuestión salían al paso y se valían de distintos medios para explicar o minimizar el daño.

Esta es la razón por la que el término «revisiones» tiene un uso generalizado en el seno de la comunidad *fandom* de los *idols* en Corea. Cuando un *idol* en particular empieza a hacerse famoso o protagoniza un *comeback*, los antifans realizan revisiones, es decir, que se sirven de distintas razones para criticarle o para fomentar una atmósfera en la que sea viable hacerlo. Si de verdad no hay manera de realizar estas revisiones, sacan a la luz cosas que ya habían quedado enterradas años atrás, haciendo lo que se conoce como «BUMP» (del inglés «Bring Up My Post» y que en español podría traducirse como «retoma mi publicación») para tratar de conseguir mala prensa. Estos actos provocan una situación en la que los *idols* no pueden hacer prácticamente nada fuera de lugar y el más mínimo error hace que la gente pueda criticarlos todo lo que deseen.

El ciberacoso de BTS presagió los cambios que aparecieron en la industria coreana de los *idols* con la llegada de las redes sociales, así como en la personalidad de los *fandoms*. El ciberacoso que se ejercía bien por un odio aleatorio hacia un *idol* o con la intención de realizar revisiones empezó a aparecer con mucha mayor frecuencia entre los consumidores de música *idol* que en el pasado.

Idols y fans

Esta «guerra» en torno a BTS tuvo un importante impacto no solamente sobre la misma banda, sino también sobre ARMY en calidad de *fandom*. En 2015, coincidiendo con el lanzamiento de *THE MOST BEAUTI-FUL MOMENT IN LIFE PT.1,* ARMY estaba creciendo de una forma considerable. No podía decirse que fuera un *fandom* pequeño, pero también resultaba difícil decir que fuera grande o que estuviese bien cohesionado. Como cabría esperarse de un grupo que acababa de empezar a aumentar su popularidad, su *fandom* estaba compuesto principalmente por adolescentes. Dicho de otro modo, carecían de la cantidad y la experiencia necesarios para enfrentarse a una guerra y ganar.

Uno de los efectos deseados del acoso a los *idols* era que los fans dejaran el *fandom*. No era fácil que los adolescentes, que están tan influenciados por la presión de su entorno, supieran sobrellevar que la comunidad de internet o incluso sus amigos criticaran a sus ídolos favoritos.

Aunque lo irónico es que lo que en BTS sufrieron entre 2015 y 2017 hizo que la relación entre el grupo y ARMY se convirtiera en algo muy especial. Cada vez que BTS se enfrentaba a un objetivo en particular, ARMY se lanzaba a ello de cabeza o incluso ofrecía una visión aún mayor. De dedicarse de lleno a ayudar a que BTS sobreviviera en la industria ARMY pasó a convertirlos en superestrellas internacionales y, en la actualidad, muchos de los miembros de ARMY están contribuyendo a la sociedad de distintas formas. Para BTS, ARMY no lo componían unos simples fans, sino unos poderosos seguidores, y eso les convirtió en una marca enorme. No está del todo claro de dónde procedía el carácter tan único de ARMY ni su potente vínculo con BTS. Quizá todo empezara con el deseo de los fans de que se reconociera su presencia en el mundo, al igual que la de BTS. Tras haber sido atacados de todas las formas imaginables, con el fin de demostrar que habían estado en lo cierto desde el principio, el *fandom* tuvo que empezar a aumentar su influencia en la industria del K-pop. Otra razón quizá fuera que, con tanto ciberacoso, los miembros del grupo y los fans fueron fortaleciendo poco a poco su relación a través de Twitter, YouTube, V Live y demás plataformas.

Cualquiera que fuera la causa, al final esta nueva relación con ARMY llegó a desempeñar un rol decisivo en los pasos que daba BTS. Lo que comenta j-hope confirma en qué consistía exactamente:

————Cuando oía «Sigo adelante con mi vida gracias a vosotros», pensaba: «Oh, supongo que le estoy dando fuerza a alguien». Y yo también recibo fuerza de ellos. Resulta bastante interesante que nos aportemos fuerza de un lado al otro. Y, de esa forma, es como si cada vez me viera más reacio a sentirme cansado o a pasarlo mal. Pensé: «Aunque solo fuera por esta gente, ya no puedo rendirme».

Habían pasado por todo lo imaginable hasta alcanzar el éxito, pero se vio reducido apenas una semana después del lanzamiento de su álbum y las críticas se fueron imponiendo a los gritos de alegría. De una forma indirecta, RM expresa cómo se sentía en aquella época:

———En aquel entonces, nos hicimos el test de personalidad MBTI. Por alguna razón, creo que yo no quería que mi resultado fuera que tenía una personalidad extrovertida. Creo que quería salir como una persona introvertida.

Todavía les resulta difícil a los famosos pronunciarse sobre el ciberacoso al que se ven sometidos. Incluso hacer una declaración podría dar lugar de una forma innecesaria a un problema mayor, un problema que hubiese surgido solamente en el seno de ciertos círculos y que, al final, pudiera suponer un impacto negativo en su imagen.

BTS tampoco respondió de una forma directa al ciberacoso. Su única opción fue continuar trabajando. A pesar del incesante flujo de *fake news* y ataques personales, BTS continuó con su labor. La letra de «Born Singer», lanzada poco después de su debut, «Noto que me empapa la sangre y el sudor que derramamos / Las lágrimas brotan tras nuestra actuación», llegó a adquirir un significado aún más extraordinario. Después de tanto esfuerzo y sudor, habían esperado tener una recompensa proporcionada, pero el único lugar donde podían sentirse cómodos era en el escenario con los fans.

Fue ahí donde tuvo su comienzo su historia con los fans, que se desarrollaría a lo largo de sus álbumes.

RUN

La producción del álbum *THE MOST BEAUTIFUL MOMENT IN LIFE PT.2* tuvo que realizarse en medio de toda la excitación y apoyo, así como de toda la negatividad dirigida hacia el grupo. RM cuenta que:

————2015 supuso toda una prueba para mí. Ya estuviéramos escribiendo una canción o grabando un vídeo musical, me sentía como «¡Ay, maldición!» y «¡Argh!». En aquella época no era consciente, pero hace poco he vuelto a ver los vídeos relacionados con «RUN» y todos los miembros, yo incluido, nos sentimos como protagonistas. Corríamos de una forma aleatoria con esa sensación de «¡Argh!», pero me he dado cuenta de que era algo natural … Aunque simplemente corríamos porque cuando estábamos grabando nos decían que corriéramos.

Tal y como recuerda RM, ya fuera de manera consciente o inconsciente, lo que los miembros del grupo sentían en aquella época ha quedado recogido en *THE MOST BEAUTIFUL MOMENT IN LIFE PT.2.*

Todavía no me lo creo
Es como si todo fuera un sueño
No trates de desaparecer
…
Quieres parar el tiempo
Después de que este momento pase
Y si se convierte en algo que nunca ha sucedido o si te pierdo
Tengo miedo, miedo, miedo

THE MOST BEAUTIFUL MOMENT IN LIFE PT.2

THE 4TH MINI ALBUM
30. 11. 2015

TRACK

01 INTRO : Never Mind
02 RUN
03 Butterfly
04 Whalien 52
05 Ma City

06 Silver Spoon
07 SKIT : One night in a strange city
08 Autumn Leaves
09 OUTRO : House Of Cards

VIDEO

 COMEBACK TRAILER :
Never Mind

 «RUN»
MV TEASER

 ALBUM PREVIEW

 «RUN»
MV

Como en la letra de «Butterfly» del álbum, todo parecía un sueño y los miembros del grupo temían que nada de lo que habían hecho hubiese ocurrido nunca de verdad. SUGA recuerda que:

———Nuestra canción «INTRO : Never Mind»** dice en su letra: «Si crees que vas a estrellarte, acelera aún más», ¿no? Yo me lesioné el hombro con mi moto, pero la seguí montando a veces, incluso después de aquello. Aun así, pensé: «¿Y si hubiese acelerado un poco más en el momento del accidente?» y de eso va [la letra]. Aunque ya no monto en mi moto y la tengo guardada en un almacén.

Esta letra de la canción de apertura de *THE MOST BEAUTIFUL MOMENT IN LIFE PT.2* cuenta la historia de SUGA, pero también hace referencia a la situación que atravesaba entonces BTS. En «Intro : The most beautiful moment in life» del álbum anterior, *THE MOST BEAUTIFUL MOMENT IN LIFE PT.1*, SUGA está solo en la cancha de baloncesto, y en «INTRO : Never Mind», está en una sala de conciertos, en medio del estruendo de las ovaciones. BTS había luchado mucho para lanzar cuatro álbumes y, con *THE MOST BEAUTIFUL MOMENT IN LIFE PT.1*, ya habían emprendido el camino hacia el éxito. Sin embargo, por mucho que hubiese aumentado el amor hacia ellos, también eran objetivo de una intensa hostilidad por parte de algunos, y tanto los antifans como ARMY estaban constantemente inmersos en ofensivas y defensivas, casi como en una guerra. Para que BTS consiguiera abrirse camino en medio de esta realidad, tenían que adoptar la actitud de «Si crees que vas a estrellarte, acelera aún más».

Por mucho que trate de llegar hasta ti no es más que un sueño vacío
Por mucho que corra como un loco sigo en el mismo sitio
…

¡Vamos a Correr Correr Correr otra vez! No pasa nada si caemos
¡Vamos a Correr Correr Correr otra vez! No pasa nada si salimos heridos

En «RUN»,* el tema principal de *THE MOST BEAUTIFUL MO-MENT IN LIFE PT.2*, aunque sienten miedo en ese momento de que no sea «más que un sueño vacío», gritan «¡Vamos a Correr Correr Correr otra vez!». «RUN» encierra, por tanto, su sensación de determinación de aquel momento. En la siguiente canción, «Butterfly», tienen miedo de que «Puedas salir volando o alejarte solo con un roce», pero, aun así, necesitan seguir abriéndose paso. Justo en la canción final «OUTRO : House Of Cards», BTS expresa su sensación de precariedad, de que el más ligero roce pueda provocar que todo se venga abajo. «RUN», mientras tanto, describe a una banda BTS que sigue corriendo hacia delante a pesar de todo.

El álbum *THE MOST BEAUTIFUL MOMENT IN LIFE PT.2* y, en especial, su tema principal «RUN» nacieron, por tanto, de un proceso aún más complicado que los anteriores álbumes *DARK&WILD* y *THE MOST BEAUTIFUL MOMENT IN LIFE PT.1*. Se había decidido con antelación qué pista se utilizaría para «RUN». El tema era tan bueno que Bang Si-Hyuk y los demás productores de Big Hit Entertainment dijeron: «¡Ese es!». Lo único que había que hacer era incluir un rap y una melodía sobre él.

También fue ese el problema. En un principio, se suponía que *THE*

MOST BEAUTIFUL MOMENT IN LIFE PT.2 saldría en septiembre. Sin embargo, el álbum se lanzó finalmente el último día del otoño de 2015, el 30 de noviembre.

La maldición del segundo álbum

El momento decisivo del estribillo de «RUN» se componía de dos breves melodías que se repetían: «¡Vamos a Correr Correr Correr otra vez! No puedo dejar de correr» y «Lo único que puedo hacer es correr». Esto puede parecerle sencillo al oyente en comparación con el complicado estribillo del tema principal de *THE MOST BEAUTIFUL MOMENT IN LIFE PT.1*, «I NEED U». Sin embargo, para el *topliner*[30] Bang Si-Hyuk, que escribió el estribillo de «RUN», esta era tanto una melodía increíblemente importante como una jugada arriesgada y decisiva. Es justo decir que esta breve melodía suponía el factor decisivo que haría que BTS se quedara donde estaba con *THE MOST BEAUTIFUL MOMENT IN LIFE PT.1* o que iniciara el camino hacia un futuro mejor.

Como tal, *THE MOST BEAUTIFUL MOMENT IN LIFE PT.1* fue prácticamente el álbum de graduación para BTS. Los artistas cuyos álbumes de debut han tenido una buena acogida, por lo general, son incapaces de obtener una respuesta similar en el siguiente. De ser posible, a ciertos factores que habían sido un éxito en la obra anterior se les incorporaba un nuevo estilo. Sin embargo, si esto fuera tan fácil, Bang Si-Hyuk, que ya había lanzado infinidad de éxitos antes de trabajar con BTS, no habría pasado más de dos meses calentándose la cabeza con esta breve melodía.

---

30 Un creativo que compone la melodía y la letra principal.

Quizá otra canción parecida a «I NEED U» habría recibido una respuesta razonable. Sin embargo, como tema principal, «I NEED U» destacó en la discografía de BTS de aquel momento y, con la repetición de ese mismo estilo, habría resultado difícil atrapar su energía dinámica tan característica. Por otro lado, un estilo como el de «Dope», de *THE MOST BEAUTIFUL MOMENT IN LIFE PT.1,* carece de la emoción profunda, oscura y triste de «I NEED U». En cualquier caso, en BTS corrían el peligro de limitar su potencial y fácilmente podrían haber terminado estancados donde estaban con *THE MOST BEAUTIFUL MOMENT IN LIFE PT.1.*

No se trataba solamente de los resultados del álbum. Para BTS, que había gritado «Si crees que vas a estrellarte, acelera aún más», su situación era una compleja mezcla de dificultad y expectación, tristeza y esperanza. En la melodía de «RUN» tenían que atrapar esta compleja emoción así como la voluntad de no dejar de perseverar.

Un estribillo capaz de satisfacer todos estos elementos tendría que ser algo más que una melodía «buena» sin más. El «RUN» que escuchamos ahora contiene bastantes melodías brillantes aparte del estribillo. Sin embargo, en 2015, no podían encontrar esa melodía perfecta para un BTS que acababa de terminar de trabajar en *THE MOST BEAUTI-FUL MOMENT IN LIFE PT.1.* Siguieron componiendo nuevas melodías que después desecharon y hasta hubo sugerencias de que se decantaran por otra canción principal completamente distinta.

Una melodía consiguió superar todos estos obstáculos y es la que forma el estribillo de «RUN». Al igual que en la letra «¡Vamos a Correr Correr Correr otra vez!» la melodía se centra únicamente en la sensación de correr, sin necesidad de que haya un compás rápido ni un enorme derroche de energía. Y luego, con el verso de «Lo único que puedo hacer es correr», la melodía eleva la emoción un poco más, contribuyendo aún más a esa imagen de estar corriendo hasta quedar sin aliento. De este modo quedaba representada la imagen de BTS: tenían que seguir corriendo, cualquiera que fuera la situación, sin importar lo que los demás dijeran.

Y, así, se terminó de componer el tema principal «RUN». En la primera mitad de *THE MOST BEAUTIFUL MOMENT IN LIFE PT.2*, mientras que «INTRO : Never Mind» habla de la actitud de BTS para cambiar las circunstancias, «RUN» trata de cómo se pone en práctica esa actitud y «Butterfly» de la angustia y tristeza interna de BTS que existía tanto en el mundo real como en sus vídeos musicales. El álbum se adentra cada vez más en el mundo interior de los miembros y con «Whalien 52»˙ BTS empieza a hablar de una forma más directa de cómo se sentían después de *THE MOST BEAUTIFUL MOMENT IN LIFE PT.1.*

En medio de este vasto océano
Una ballena solitaria habla en voz baja
Por mucho que grite, nadie la oye
Se siente tan sola que cierra la boca
…
Las palabras que fácilmente me lanzan levantan un muro entre medias
Incluso mi soledad parece falsa ante tus ojos
…
El mundo nunca sabrá
Lo triste que estoy
Mi dolor es como el agua y el aceite, no se pueden mezclar

En «Whalien 52» los miembros de BTS son «[una] ballena ... en medio de este vasto océano», y se sienten tan aislados de la gente que dicen: «Incluso mi soledad parece falsa ante tus ojos». El mundo no tiene ni idea de «lo triste que estoy» y su dolor es como «el agua y el aceite, no se pueden mezclar».

El grupo había alcanzado cierto éxito. Sin embargo, aparte de su relación con ARMY, se sentían en ciertos aspectos aún más solos que antes. Cuando los integrantes de BTS ahondaron en sí mismos y encontraron una definición de quiénes eran, pudieron cantar mirando al mundo exterior, como en «Ma City» y «Silver Spoon».

RM explica cómo se sentía mientras componía *THE MOST BEAUTIFUL MOMENT IN LIFE PT.2*:

———Estaban pasando muchas cosas que solapaban a otras como nuestra situación en aquel momento y creo que yo estaba tratando de esconderme. Dentro de mi cascarón.

Incluso después del lanzamiento de *THE MOST BEAUTIFUL MOMENT IN LIFE PT.2*, BTS estaba rodeado de todo tipo de problemas y, durante esa época, RM encontró el modo de reflexionar sobre sí mismo:

———Salía muchas veces yo solo. Y durante mucho tiempo estuve yendo a Ttukseom. Siempre que iba allí me sentía en calma y la razón por la que me sentía así era porque de noche la gente acudía allí en grupo, pero yo estaba solo. Nadie hablaba conmigo y, a mi alrededor, la gente se comía su pollo, hablaban de las clases, de sus citas ... Yo me sentaba aparte a beberme una cerveza a solas y me sentía reconfortado. «Existe en el mundo un sitio así. Hay un lugar donde me puedo sentir tranquilo». Al grupo le estaba yendo bien y, al mismo tiempo, a las cosas que yo había hecho de manera individual no se les prestaba atención y yo sentía una emoción intensa, como si, en cierto sentido, todo lo que había hecho hasta entonces no hubiera merecido la pena. Al mirar ahora atrás me pregunto cómo conseguí soportarlo.

Crecimiento

La preocupación que sentían tanto RM como los demás miembros de BTS fue, en realidad, lo que cohesionó la serie *THE MOST BEAUTIFUL MOMENT IN LIFE*. Si lo que habían sufrido mientras preparaban *THE MOST BEAUTIFUL MOMENT IN LIFE PT.1* era el sufrimiento cada vez mayor de unos jóvenes que estaban tratando de demostrar su valía, en *THE MOST BEAUTIFUL MOMENT IN LIFE PT.2* miraban de frente a un mundo que les observaba. En medio de este éxito y de las adversidades, los miembros de BTS podían tener nuevos pensamientos y experiencias.

Mientras preparaban «Ma City», de *THE MOST BEAUTIFUL MOMENT IN LIFE PT.2*, j-hope empezó a fijarse en la relación que existía entre él y la sociedad. En «Ma City» describe su ciudad natal, Gwangju, y escribe lo siguiente:

Todos marcan 062-518

«62» es el prefijo de Gwangju y con «518» se refiere al Movimiento

Democrático de Gwangju del 18 de mayo de 1980. Aunque todavía hay muchos en internet que denigran el Movimiento Democrático de Gwangju del 18 de mayo y fomentan el regionalismo, j-hope se enorgullece de su ciudad natal. Tras estudiar la historia de la ciudad donde nació, hace la siguiente reflexión:

———Yo no sabía mucho sobre regionalismos. Para empezar, ni siquiera sentía ningún tipo de regionalismo … Sin embargo, cuando llegué a Seúl, me di cuenta de que era algo que existía y lo sentí por primera vez. «¿Qué es esto? ¿Qué sensación es esta? ¿Por qué tengo que oír estas cosas sobre el lugar donde nací? ¿Por qué tengo que sentirme así?». Y, de ese modo, empecé a estudiar su historia. Sinceramente, todavía tengo lagunas en lo que respecta a ese asunto, pero en aquella época aprendí muchas cosas. Mientras estudiaba, pensaba en cómo podía expresar esto en mi trabajo. Pero era muy interesante. Era como si, de repente, sintiera por primera vez: «Vaya, así que esto es lo que se siente al contar mi historia y convertir mis emociones en música».

Esta introspección se convirtió para j-hope en una oportunidad de crecer como artista:

———Durante aquella época, la pregunta de «¿Quién soy yo? ¿Qué tipo de persona soy?» ocupaba más de la mitad de mi cerebro. Como la coreografía de «I NEED U» era tan distinta a los demás estilos que había hecho en el pasado, me preguntaba a menudo qué tipo de baile hacía antes. Así que comencé con «Hope on the Street».* Bailar

Yo me sentaba aparte a beberme
una cerveza a solas y me sentía
reconfortado.
«Existe en el mundo un sitio así.
Hay un lugar donde me puedo
sentir tranquilo».

—RM

en el estudio delante del espejo se convirtió de nuevo para mí en un rato de reflexión sobre mi vida.

«Hope on the Street» era una pieza destinada a YouTube, pensada también para retransmitir ocasionalmente en directo en V Live, y en ella se veía a j-hope ensayando su baile. Supuso para él la oportunidad de poder comunicarse con los fans a través del baile. Los miedos respecto a sí mismo dieron lugar a una nueva concepción de su trabajo y, así, se hizo posible otro tipo de experimento. Según cuenta j-hope:

————Para mí, desde *DARK&WILD* era como si … pudiera oír mi voz en el álbum. Y creo que fue entonces cuando sentí un fuerte deseo de mejorar rápidamente, de ganarme un sitio.

También para Jimin las preocupaciones y esfuerzos en torno a los acontecimientos que se desarrollaron tras *DARK&WILD* empezaron a dar sus frutos tras la serie *THE MOST BEAUTIFUL MOMENT IN LIFE*. Según cuenta:

————Aprendí qué partes de mí agradaban a los demás y también vi que les gustaba cuando yo expresaba algo de una forma en particular y con un lenguaje corporal determinado y, así, terminé también concentrándome en mantener esas cosas. Lo hago cuando canto y, a veces, veo incluso que el movimiento de mis dedos se vuelve más lento y, después, más rápido … Yo creo que cambié un montón en ese aspecto. Y he tenido que esforzarme mucho en intentar mantener la calma.

Mientras establecía una relación entre sí mismo y los demás y entre él y el mundo, V fue capaz de limar su forma de expresarse. Cuando actuaba en vídeos musicales y en el escenario como parte de la serie *THE MOST BEAUTIFUL MOMENT IN LIFE,* invocaba a Colin Firth:

————En aquella época, Colin Firth era mi modelo a seguir. Me gustaba mucho su rollo y yo quería transmitir esa misma sensación.

La forma en que V enfocaba su trabajo procedía de cómo se sentía con respecto a su relación con los demás miembros:

————Para mí, con solo una mirada puedo saber de inmediato que, con el tiempo, se van volviendo más increíbles. Si no tengo algo con lo que compararme, mi ritmo termina siendo más lento que el de los demás miembros. Por ejemplo, necesito algo específico, como un cantante que me guste mucho, y pienso «Quiero ser como ese cantante» o «Quiero actuar así en el escenario algún día» y es entonces cuando me lleno de energía. Si no tengo algo así, me muevo un poco más lento. Por eso, centro mi ambición en los demás miembros.

V añade una cosa más sobre sus compañeros:

————A menudo, me echaba a llorar porque me sentía culpable porque «no quiero ser una carga para BTS». Me preocupaba que, por mi culpa, apareciesen grietas en el pesado y firme muro de BTS. No quería quedar por detrás de estas personas tan perfectas.

Jin, el mayor, y Jung Kook, el más joven, estaban experimentando pequeños pero importantes cambios en su vida diaria. Jin, que valoraba mucho el equilibrio entre trabajo y vida, había empezado poco a poco a hacer cambios en su rutina tras cambiar de alojamiento por primera vez desde el debut en la primavera de 2015:

————Hasta entonces, no tenía tiempo para salir. Incluso en mi época de estudiante, mis amigos me preguntaban por qué no estaba involucrado en la vida universitaria y me decían que participara. Yo quería hacerlo (risas). Y así, poco a poco, empecé a salir más, me apunté a un *hagwon* de boxeo por las tardes y, después, en mitad de la noche, iba a hacer ejercicio…

Jung Kook habla sobre sus nuevos intereses:

—————Empezó a gustarme salir de compras. Hasta entonces, me limitaba a vestirme como me apetecía. «Vestiré con mi propio estilo», pensaba. Un tiempo después, quizá me harté también un poco de eso y además los otros miembros me pillaron yendo de compras (risas).

Esto formó también parte del proceso de buscar el modo de expresarse. Jung Kook añade:

—————Hasta entonces, me limitaba a hacer lo que me decían, en lo único que pensaba era en que tenía que hacerlo bien, sin importar lo que fuera, y no tenía valores propios. Después, empecé a pensar en lo que debería hacer y en cómo hacerlo, cómo se suponía que tenía que tomarme las cosas, qué impresión debía dar en el escenario cuando cantaba. Supongo que se le podría llamar «árbol de habilidades», como en los videojuegos. Es algo parecido. Una vez que consigues algo, se divide en dos ramas y, después, en más y va creciendo a partir de ahí. Yo sentía como que iba superando un nivel tras otro.

El árbol de habilidades de Jung Kook le llevó a zambullirse en la composición musical:

—————No sentía el menor miedo por aprender. La razón estaba en que los *hyungs* ya habían compuesto música antes mientras que, desde el principio, yo no sabía bien bailar, cantar o tocar ningún instrumento.

Y, por otro lado, está SUGA. Recuerda la música que componía en aquella época:

—————En mis canciones siempre aparecían historias sobre mis esperanzas y sueños. «Tomorrow», que la había compuesto antes, era igual. La mitad de mis canciones hablan sobre mis esperanzas y mis sueños. ¿Quién contará estas historias si no es la música? Y al contemplar ahora esa música, es como si esas palabras me hablaran a mí. Unos años después, al escuchar las canciones que compuse entonces, me siento reconfortado. Son como una carta que escribí a mi yo del futuro.

A partir de ahí, piensa en las muchas personas que escuchan la música de BTS:

————En aquella época, yo no estaba seguro del todo de por qué la gente escuchaba nuestra música. No podía saber si era porque las canciones estaban bien compuestas o porque la gente que las escuchaba entendía el mensaje que contenían y sentían una conexión con ellas. Pero creo que ahora sí lo entiendo.

El nombre: BTS

El álbum *THE MOST BEAUTIFUL MOMENT IN LIFE PT.2* consiguió el quinto puesto en el ranking de la Gaon Chart de 2015 tras vender 274.135 copias. En el sexto estaba *THE MOST BEAUTIFUL MOMENT IN LIFE PT.1*, y del primero al cuarto eran todos álbumes de EXO. Fue la primera vez en la década que una banda *idol* que no procedía de ninguna de las compañías *big three* ocupaba dos puestos en el top ten. Es más, estos fueron los resultados solo un mes después del lanzamiento y en 2016, *THE MOST BEAUTIFUL MOMENT IN LIFE PT.2* vendió 105.784 copias más y ocupó el número 21 en las listas de álbumes de ese año.

Sin embargo, el valor de la serie *THE MOST BEAUTIFUL MOMENT IN LIFE* no se puede explicar simplemente con la escalada de puestos de

BTS en las listas. A lo largo de todo su trabajo en la serie *THE MOST BEAUTIFUL MOMENT IN LIFE*, los miembros del grupo hablaban de lo que habían experimentado y de lo que aún seguían experimentando y, como consecuencia de ello, fueron creciendo poco a poco. Cada uno de ellos, en un momento entre la adolescencia y la vida adulta, desde el estudiante de instituto Jung Kook hasta el Jin de veintipocos años, sentía miedo, daba rodeos y experimentaba una mezcla entre alegría y pena antes de enfrentarse por fin cara a cara con el mundo exterior.

Con respecto a esto, fue durante la serie *THE MOST BEAUTIFUL MOMENT IN LIFE* cuando BTS y ARMY —y, en un sentido más amplio, la juventud de Corea— se «sincronizaron». Aunque sus vidas son muy distintas a las de sus fans y a las de la gente de su edad, los *idols* necesitan también sobrevivir en la sociedad y experimentan un indeseado periodo de agitación. La generación BTS no es tan grande como la población de sus padres. Además, tras la crisis en el FMI, la brecha entre ricos y pobres en Corea se volvió aún más pronunciada y la gente se vio empujada a adentrarse en una competitividad feroz en la que era muy común escuchar la expresión de «cada uno a lo suyo». Las grandes compañías de entretenimiento y las populares bandas de *idols* de la generación anterior ya habían consolidado su posición. BTS necesitaba hacerse también un hueco en ese entorno.

Para esta generación, aunque resulte agotador y agobiante, no puedes gritarle al mundo tus opiniones sobre cualquier cosa si quieres sobrevivir en sociedad. Por tanto, en esta generación, aunque puedes rebelarte, resulta difícil resistir. BTS recogió la imagen de estos jóvenes y la incluyó en el mundo de las bandas de *idols*: en él, definieron a su propia generación a través del hiphop.

Me llaman cuervo

Nuestra generación lo tuvo difícil

…

Sustituye las reglas, cámbialas cámbialas

Las cigüeñas las quieren quieren mantener

Oh no, no vas a BANG BANG

Esto no es normal

Esto no es normal

Esta letra de «Silver Spoon»,* que aparecía en *THE MOST BEAU-TIFUL MOMENT IN LIFE PT.2*, habla tanto de la propia generación de BTS como del mundo tal y como lo veían. La serie *THE MOST BEAUTIFUL MOMENT IN LIFE* era también la respuesta de BTS a ese mundo, esos BTS que parecían ser los «cuervos» o «impostores» de la industria del K-pop coreana. Aunque los demás los vieran como «cuervos», no pararon de correr a toda velocidad para tratar de saltar los muros que se elevaban ante ellos. En la serie *THE MOST BEAUTIFUL MOMENT IN LIFE*, BTS mantuvo la promesa de su nombre. Hablan de los prejuicios del mundo y de las dificultades que sufrían los jóvenes adolescentes y veinteañeros como si esquivaran ráfagas de disparos. Ese nombre, que había sido objeto de escarnio de individuos anónimos en los comienzos de BTS: tres años después de su debut, BTS fue capaz de demostrar lo que significaba ese nombre.

Cuando se le pregunta si la serie *THE MOST BEAUTIFUL MO-*

MENT IN LIFE había supuesto una oportunidad de poder organizar sus pensamientos y sentimientos, RM responde:

————Más que eso … Fue más una sensación como de «Ah, puedo respirar». Esto se debió a que habíamos conseguido un número uno (risas). Incluso en las entregas de premios musicales y cosas así, ¿cómo decirlo? Fue como si por fin hubiésemos sido «invitados». Antes de eso, cuando íbamos a ese tipo de sitios, nos sentíamos solos. Nos habían invitado pero, en realidad, no lo sentíamos así. Era porque nuestro equipo estaba muy lejos de allí y nosotros siete nos sentábamos juntos y yo pensaba «No tenemos a nadie a nuestro lado».

De hecho, la serie *THE MOST BEAUTIFUL MOMENT IN LIFE* ocupó solo el primero de los tres años complicados (tanto para BTS como para ARMY) entre 2015 y 2017 a los que RM se refiere. Aún les esperaban más problemas y sucesos inesperados. Sin embargo, tras la serie *THE MOST BEAUTIFUL MOMENT IN LIFE*, el mundo envió por fin una invitación a BTS y el grupo pudo entender cuál era su relación con ese mundo y crecer.

Fue también, más o menos, por aquella época cuando RM y los demás miembros empezaron a aclararse sus ideas con respecto a lo que se conoció como la polémica de la misoginia que se levantó contra ellos. Cuando BTS había alcanzado el éxito, recibieron críticas basadas en que parte de sus letras eran misóginas. RM, que había estado expuesto al hiphop desde muy joven, había llegado a ver los elementos misóginos como característicos de ese género. Cuando apareció por primera vez la controversia, él, SUGA y los demás miembros del grupo tuvieron que aprender el concepto de la misoginia y sus implicaciones.

————Puedo hablar de ello. Al recordarlo ahora, creo que fue algo por lo que teníamos que pasar.

Tras responder a si podía hablar de lo que pasó entonces, continúa:

————Respecto a este concepto y concienciación, he llegado a la conclusión de que, como una persona que vive en la década de 2020, es algo a lo que te tienes que enfrentar, al menos, una vez. Y, gracias a que a mí me criticaron previamente, pude reconocer antes el problema.

Además del considerable ciberacoso que habían sufrido, tenían también que pensar en los cambios que debían hacer en lo concerniente al problema de la misoginia. RM añade:

————Esto se debió a que había recibido comentarios y críticas muy claras sobre los raps que había compuesto, así como también por mis opiniones. El asesinato de la estación de Gangnam[31] ocurrió más o menos en aquella época y, por tanto, creo que desde la perspectiva de una mujer no había más remedio que ser más contundente. Un conocido mío dijo que si «0» es una situación de igualdad y «+10» es la mayor injusticia del mundo, los que sufren la injusticia no tienen más remedio que hacer hincapié no en el 0 sino en el «-10» para así alcanzar la igualdad. Esas palabras me llegaron muy hondo.

RM habla también del impacto positivo que esto tuvo en BTS.

————De no haber sido por aquello, no habríamos llegado tan lejos.

Más tarde, en julio de 2016, Big Hit Entertainment y BTS hicieron una declaración pública sobre su postura con respecto a la polémica de la misoginia: «Hemos aprendido que la creación musical no está libre de los prejuicios y las falacias sociales» y «Además, hemos sido conscientes de que quizá no sea lo mejor definir el valor de las mujeres y de su rol en la sociedad desde una perspectiva masculina». La formación con

---

31 Se refiere a un incidente en el que un hombre asesinó a una desconocida en unos baños junto a la estación Gangnam de Seúl el 17 de mayo de 2016.

respecto a la sensibilidad de género es ahora obligatoria para todos los artistas de HYBE antes de su debut.

De este modo, durante la serie *THE MOST BEAUTIFUL MOMENT IN LIFE*, tanto de forma individual como grupal y, por extensión, también en ARMY, en BTS estaban atravesando «un periodo de juventud». Estos acontecimientos no serían nada en comparación con lo que les esperaba en el futuro, pero habían recorrido un larguísimo camino desde su debut. Tras haber lanzado los dos álbumes de *THE MOST BEAUTIFUL MOMENT IN LIFE* llegaban por fin a un destino en el que podrían detenerse a descansar durante un tiempo.

Antes de salir hacia la siguiente estación, aún quedaba pendiente una cosa más para BTS.

Vamos a quemarlo todo[32]

FIRE!

Después de los miniálbumes *THE MOST BEAUTIFUL MOMENT IN LIFE PT.1* y *THE MOST BEAUTIFUL MOMENT IN LIFE PT.2*, el álbum especial *THE MOST BEAUTIFUL MOMENT IN LIFE : YOUNG FOREVER*, lanzado el 2 de mayo de 2016, supuso el capítulo final que llevó a los distintos significados de *THE MOST BEAUTIFUL MOMENT IN LIFE* a su perfecta conclusión. No solo era necesario poner el broche a este periodo en la vida de BTS que se había desarrollado en los dos álbumes anteriores, sino que, en lo concerniente a la

---

32 Parte de la letra del tema principal «Burning Up (FIRE)» del siguiente álbum de BTS, *THE MOST BEAUTIFUL MOMENT IN LIFE : YOUNG FOREVER.*

industria musical del mundo real, tenían que reflejar su crecimiento explosivo y alcanzar una cima con este álbum. En lugar de analizar las distintas situaciones en las que se había visto el grupo, tal y como habían hecho en «I NEED U» y «RUN», este fue un periodo en el que BTS podía mostrar su energía irrefrenable a través de sus canciones y su coreografía. Por fin podían alardear de esos «frenéticos» números de baile que aparecieron en canciones desde «Attack on Bangtan» hasta «Dope», pero esta vez con un tema principal.

Por suerte (y también por necesidad), en aquel momento, en Big Entertainment estaban listos para presentar todas estas cosas. El foco de la coreografía en el tema «Burning Up (FIRE)»* es un número de gran magnitud en la segunda mitad de la canción que realizan junto a otros bailarines de acompañamiento. Los bailarines aparecen de repente mientras los miembros del grupo están bailando y realizan una actuación explosiva que, en realidad, es como si lo «quemaran todo», tal y como dice la letra. En este momento, BTS permite que la gente sienta su única e irrefrenable energía.

Un número de baile como este exige una importante inversión de mano de obra, tiempo y capital. Implica tener que contratar para un tiempo determinado a docenas de bailarines que se muevan al compás de BTS, así como un espacio grande en el que ensayar. Aunque esto cambiaría dependiendo de las características del escenario, en el vídeo del ensayo** de este gran número de baile, V gira la cámara que le ha estado siguiendo hacia el lado opuesto del escenario, y se mueve con ella antes de unirse al resto de miembros y a los bailarines que ya están en él. Así de grande debía ser la sala de ensayos.

Big Hit Entertainment había proporcionado la financiación para realizar todo eso. Para Bang Si-Hyuk, *THE MOST BEAUTIFUL MOMENT IN LIFE : YOUNG FOREVER* suponía el comienzo: por fin podía expresar su visión. Gracias al éxito de BTS, la compañía había crecido económicamente y Bang Si-Hyuk podía poner en práctica lo que se había imaginado de una forma más parecida a su ideal. En este sentido, «Burning Up (FIRE)» no era otra cosa que toda una declaración. Al igual que los miembros de BTS, en Big Hit Entertainment no se quedaron sentados tranquilamente, sino que estaban decididos a «seguir avanzando con fuerza».

Y así, con el álbum *THE MOST BEAUTIFUL MOMENT IN LIFE : YOUNG FOREVER*, la serie *THE MOST BEAUTIFUL MOMENT IN LIFE*, que se había creado a partir de la energía de BTS y Big Hit Entertainment, quedaba completa y el grupo avanzaba ahora hacia el futuro. No se trataba del habitual álbum «reeditado», sino un epílogo que ponía el cierre a una época. Se ordenaron de otra forma varias canciones de *THE MOST BEAUTIFUL MOMENT IN LIFE PT.1* y *THE MOST BEAUTIFUL MOMENT IN LIFE PT.2* y se incluyeron otras nuevas como «Burning Up (FIRE)», «Save ME» y «EPILOGUE : Young Forever» que expresaban con claridad la historia y el mensaje de este álbum especial.

Después de la «School Trilogy», la más cuidada estructura de la serie de los dos álbumes de *THE MOST BEAUTIFUL MOMENT IN LIFE* quedó completada con *THE MOST BEAUTIFUL MOMENT IN LIFE : YOUNG FOREVER*. Esto fue posible porque BTS había conseguido suficiente éxito como para lanzar un álbum especial y porque

THE MOST BEAUTIFUL MOMENT IN LIFE : YOUNG FOREVER

THE 1ST SPECIAL ALBUM
2. 5. 2016

TRACK

CD 1

01 INTRO : The most beautiful moment in life
02 I NEED U
03 Hold Me Tight
04 Autumn Leaves
05 Butterfly prologue mix
06 RUN
07 Ma city
08 Silver Spoon
09 Dope
10 Burning Up (FIRE)
11 Save ME
12 EPILOGUE : Young Forever

CD 2

01 Converse High
02 Moving On
03 Whalien 52
04 Butterfly
05 House Of Cards (full length edition)
06 Love is not over (full length edition)
07 I NEED U urban mix
08 I NEED U remix
09 RUN ballad mix
10 RUN (alternative mix)
11 Butterfly (alternative mix)

VIDEO

 «EPILOGUE : Young Forever»
MV

 «Burning Up» (FIRE)
MV

 «Burning Up» (FIRE)
MV TEASER

 «Save ME»
MV

habían alcanzado el suficiente éxito como para que la compañía hiciera una importante inversión económica.

La promoción del lanzamiento de *THE MOST BEAUTIFUL MOMENT IN LIFE : YOUNG FOREVER* es un ejemplo particular de lo que se podía lograr cuando la ambición de Bang Si-Hyuk contaba con capital. Big Hit Entertainment lanzó el vídeo musical de «Burning Up (FIRE)» entre medias de los vídeos de «EPILOGUE : Young Forever»* y «Save ME».**

> *Siempre seremos jóvenes*
> *Aunque caigamos y nos hagamos daño*
> *Correré siempre hacia mi sueño*

Si «Burning Up (FIRE)» fue una demostración de la energía explosiva del grupo, «EPILOGUE : Young Forever» era una oda a la juventud: tanto para sí mismos, que habían superado la serie *THE MOST BEAUTIFUL MOMENT IN LIFE,* como también para ARMY, que habían estado a su lado durante todo el camino.

Aunque, por un lado, «Save ME» era una continuación de las historias de los personajes de la serie *THE MOST BEAUTIFUL MOMENT IN LIFE,* también era un mensaje de BTS al resto del mundo.

> *Gracias por dejarme ser quien soy*
> *Por permitirme volar*
> *Por darme alas*

Y, de este modo, compusieron tres nuevas canciones, grabaron vídeos musicales para ellas, ensayaron los números de baile para «Burning Up (FIRE)» y «Save ME», así como para los siguientes conciertos… Todo iba saliendo sin problemas. RM cuenta que:

———«Burning Up (FIRE)» fue la época en la que estábamos de verdad *«on fire»*.

RM explica de una forma sencilla las diferencias entre los dos álbumes anteriores de *THE MOST BEAUTIFUL MOMENT IN LIFE* y el de *THE MOST BEAUTIFUL MOMENT IN LIFE : YOUNG FOREVER*.

———Era como estar de vuelta en el lugar donde debíamos estar. Igual que cuando empecé en el hiphop después de escuchar «Without Me» de Eminem. Los siete miembros del grupo estamos locos. Y tenemos mucho talento. Podría desmayarme en el escenario de tanta emoción, de lo emocionante que era la canción. Y la grabación fue muy divertida. Es una sensación de «Esto sí es vida». Hasta entonces, yo decía: «En serio, me voy a morir, a morir, ¡Argh!». Así que me detuve y fue como si estuviese en medio de una fiesta.

Esta experiencia supuso para ellos un nuevo punto de inflexión. Para Jin, «Burning Up (FIRE)» fue la oportunidad de hacer un cambio importante en su actitud con respecto al trabajo:

———«Burning Up (FIRE)» es mi canción favorita de todos los tiempos. Antes vivía lleno de inseguridades, pero al igual que hacía en la coreografía de «Burning Up (FIRE)», empecé a lanzar besos al aire cuando vi a ARMY, y como lo estaba haciendo en la vida real y no en el escenario, les gustó mucho. Así que traté de pensar en otras cosas que les podrían gustar y terminé encontrando muchas, de modo que pude recuperar la confianza en mí mismo gracias a eso. Después, pasó a formar parte de mi carácter y terminé haciendo gestos casi sin pudor y con más frecuencia (risas).

Esta actitud de Jin terminó convirtiéndose en su propio y único rol, que no solo mostraría en el escenario, sino también cuando se encontraban con ARMY, en apariciones oficiales o en cualquier otro sitio. Más tarde, cuando BTS se fue expandiendo oficialmente por América, su cordialidad y sus buenos modales provocarían un ambiente alegre allá donde fuera.

No te esfuerces demasiado
No pasa nada por ser un fracasado

Si echamos un vistazo a la historia de BTS hasta la fecha, esta letra de «Burning Up (FIRE)» era también otra declaración. En el inicio de la canción no tienen más remedio que decir «No soy nadie», pero también se dicen a sí mismos que «no pasa nada si no te esfuerzas». Y así, se dejan llevar un poco y en el escenario se vuelven locos. Después, en lo que respecta a la industria de los *idols* coreana para la que trabajan, en BTS sí que «lo quemaron todo». Y luego, por fin, también lo hicieron en el Arena de Gimnasia Olímpica.[33]

---

33 En julio de 2018, se le cambió el nombre oficialmente por el de KSPO Dome tras la remodelación del gimnasio principal del Parque Olímpico de Seúl. Tiene capacidad para quince mil personas.

Un comienzo más

Cuando BTS debutó, las condiciones de RM para alcanzar el éxito eran sencillas:

———Para mí, cosas como la situación de la industria o los indicadores me entraban por un oído y me salían por el otro. Lo único que necesito es sentir que todo va bien. En aquella época, si éramos «número uno en Melon» me bastaba. Además, saber que «mis amigos conocen las canciones de nuestro grupo» lo era todo para nosotros.

Actuar en el Arena de Gimnasia Olímpica supuso otro hito que los artistas pudieron sentir en sus carnes. Hasta que el Gocheok Sky Dome abrió sus puertas a finales de 2015, el Arena de Gimnasia Olímpica había sido el mayor estadio cubierto de Corea. Incluso ahora, ser capaz de actuar en el Arena de Gimnasia Olímpica es una prueba del éxito de un artista y, por tanto, no resulta fácil. Dicho de una forma sencilla, el periodo de tiempo entre el debut de BTS y su primera actuación en el Arena de Gimnasia Olímpica fue más largo que el que pasó entre su actuación en el Arena de Gimnasia Olímpica y su primera gira mundial, durante la cual llenaron el Estadio Olímpico de Jamsil en Seúl con capacidad para cien mil personas.

El concierto de BTS 2016 BTS LIVE THE MOST BEAUTIFUL MOMENT IN LIFE ON STAGE : EPILOGUE,ˑ que se celebró en mayo de 2016 en el Arena de Gimnasia Olímpica coincidiendo con el lanzamiento del álbum *THE MOST BEAUTIFUL MOMENT IN LIFE : YOUNG FOREVER*, fue en este sentido como el «epílogo de los epílogos» de la serie *THE MOST BEAUTIFUL MOMENT IN LIFE*. Por fin se había hecho realidad el mayor logro que podrían haber imaginado. El clamor de «EPILOGUE : Young Forever» cantado con ARMY invadió el estadio y ninguno de los integrantes del grupo pudo contener las lágrimas en el escenario.

SUGA recuerda todavía aquella emoción:

————La actuación fue el Día de los Padres. Así que yo miré por el estadio, vi a mis padres y les hice una reverencia. Me eché a llorar. Prácticamente empecé a soltar gemidos.

Sin embargo, este elaborado epílogo suponía también para ellos asumir nuevas tareas. Una vez que se había hecho realidad todo lo que habían soñado, RM se dio cuenta de que se enfrentaba a un nuevo objetivo que ni siquiera se le había ocurrido antes:

————Cuando supimos que nuestro álbum se estaba vendiendo mucho, empecé a pensar más en «premios importantes» que en cifras como cientos de miles de discos.

En aquel momento, para los miembros del grupo, un gran premio anual quedaba más allá de los límites de su imaginación. Sin embargo, parecía que podía convertirse en realidad y que les esperaban cosas aún más importantes.

V explica lo que pensaba sobre el éxito de BTS a partir de ese momento:

————Mi objetivo había sido simplemente debutar pero, después de conseguirlo, cuando cualquiera me preguntaba cuál era mi objetivo, yo decía que era conseguir un número uno. Después, conseguimos un número uno y, si me preguntaban por mis objetivos, yo decía: «Mi meta es tener tres números uno». Una vez conseguidos, dije que quería el gran premio de alguna ceremonia. Y conseguimos el gran premio (risas). Cuando obtuvimos muchos premios como ese … se convirtió en algo absurdo. Porque solo habíamos dicho cosas que creíamos que no podríamos lograr jamás y, después, las conseguimos todas.

V hace un leve gesto de negación con la cabeza y dice:

————Me parece raro (risas).

CAPÍTULO 4

WINGS

YOU NEVER WALK ALONE

INSIDE
OUT

‖‖ ‖ ‖ ‖ ‖ ‖ ‖ ‖ ‖ ‖‖‖

DEL REVÉS

INSIDE OUT

Friends

El «incidente del dumpling» entre V y Jimin es una de las anécdotas más famosas de BTS, conocida prácticamente por cada uno de los miembros del *fandom*. V y Jimin han hecho incluso referencia a este incidente en su dueto «Friends» del álbum de larga duración *MAP OF THE SOUL : 7* con la letra «El incidente del dumpling es una comedia».

En realidad, la palabra «incidente» casi resulta demasiado seria. Tal y como han explicado V y Jimin a los fans en muchas ocasiones, no se ponían de acuerdo sobre cuándo comer unos dumplings mandu —V quería comerlos durante el ensayo de una coreografía y Jimin después del ensayo— y tuvieron una pequeña discusión que, al final, no hizo más que fortalecer su amistad. Sin embargo, en un contexto más amplio, este incidente gracioso y sin importancia ha supuesto algo más que un recuerdo divertido: ha sido una reflexión sobre su situación durante el año 2016.

V quería comer durante el ensayo porque había estado todo el día grabando la serie de televisión histórica *Hwarang: The Poet Warrior Youth* y no había tenido oportunidad de comer. Su papel en la serie fue una de las muchas y nuevas oportunidades que ofrecieron a BTS gracias al éxito arrollador de *THE MOST BEAUTIFUL MOMENT IN LIFE*. Estrenada el 19 de diciembre de 2016, *Hwarang* ocupó el horario nocturno de máxima audiencia de lunes y martes en KBS, el canal nacional de Corea del Sur, y en ella también aparecía la entonces estrella en ciernes Park Seojoon. Para V, BTS y todos los demás que participaban en la serie estaba claro que aparecer en ella aportaría a BTS aún más popularidad.

El problema era la agenda. Al contrario que muchas otras series de televisión coreanas, la producción de *Hwarang* se había terminado por completo antes de su estreno, pues se comenzó a rodar en marzo de

2016 y terminó a primeros de septiembre del mismo año. Esto coincidía casi con total precisión con los preparativos de BTS para su segundo álbum de larga duración, *WINGS*. No era raro que los miembros de bandas de K-pop tuvieran que compaginar compromisos independientes con otros con su equipo, pero, entre 2015 y 2016, BTS había alcanzado un nuevo hito en su popularidad, y no solo en Corea.

Para tener una idea de su ascenso meteórico, el lanzamiento del álbum *THE MOST BEAUTIFUL MOMENT IN LIFE PT.2* en noviembre de 2015 coincidió con la gira de THE MOST BEAUTIFUL MOMENT IN LIFE ON STAGE, que llevó a la banda a tres ciudades de Corea y Japón. Después, la gira THE MOST BEAUTIFUL MOMENT IN LIFE ON STAGE : EPILOGUE, que siguió al lanzamiento del álbum *THE MOST BEAUTIFUL MOMENT IN LIFE : YOUNG FOREVER,* llevó al grupo a siete lugares distintos de Asia desde mayo hasta mediados de agosto de 2016, con apenas una semana entre cada concierto para ir al siguiente destino. En comparación con el año anterior, su agenda estaba abarrotada.

V recuerda esta época:

———Yo estaba haciendo tanto la gira como el rodaje de *Hwarang*, así que en cada breve regreso a Corea tenía que ir corriendo al rodaje. Se suponía que la vuelta a casa sería un pequeño descanso para nosotros, pero yo tenía que ir a rodar la serie. Cuando los demás me preguntaban: «Eh, ¿estás bien?» yo respondía: «Tengo que hacer esto», y me iba al rodaje. Y cuando la gente de la serie me preguntaba: «¿De verdad puedes hacer esto mientras estás con la gira?», yo decía: «Estoy bien», y seguía grabando … y, después, volvía a la gira.

Tener que cumplir doblemente con la gira y el rodaje de *Hwarang* fue terrible para V. Se vio al borde de su límite físico, pero aún más desafiante era el hecho de que tuviera que compaginar dos tipos de trabajo completamente distintos. En el escenario como *idol*, era libre de expresarse tal cual era y contaba con el apoyo del público para alardear cada vez de una nueva faceta de sí mismo. Sin embargo, rodar una serie de televisión implicaba que tuviera que hacer múltiples tomas casi idénticas de la misma secuencia con sus compañeros de rodaje, una tras otra. Según explica V:

————Como actor, reproducir la misma interpretación es muy importante. Tengo que hacer exactamente la misma interpretación que la que acabo de grabar. Y yo pensaba: «¿Qué hago? Esto está mal». Si me movía con demasiada precisión, podría parecer artificial. A la hora de interpretar, yo soy de los que siempre experimentan y dicen: «¿Cómo puedo hacerlo de una forma nueva?», así que esa parte de tener que actuar para la pantalla me resultaba realmente difícil.

Otra carga psicológica era la sensación de responsabilidad de V como representante de BTS.

————En una ocasión, hice una mala toma. Los *hyungs* con los que estaba actuando me enseñaban mucho, pero no supe hacerlo. Pensé que había estropeado por completo una escena en la que tenía que mostrar emoción. Y me preocupaba que, por culpa de eso, alguien pudiera decir: «La interpretación de Bangtan es malísima». Era la primera vez que un miembro de BTS participaba en una serie y, si lo hacía mal, la gente podría mirarnos con desprecio. Así que me decía a mí mismo: «Lo haré lo mejor que pueda», pero, cuando me salió mal aquella toma, nadie dijo nada malo, aunque yo ya lo sentía así dentro de mi cabeza. Me deprimí mucho.

Ninguna estrella se acostumbra jamás al análisis que hacen incontables fans de cada segundo de su vida para encontrar algo que criticar. Y, como se ha mencionado antes, el aumento de popularidad de BTS coincidió con un aumento del ciberacoso. Sin embargo, V no dejó que su angustia se le notara.

————Estoy seguro de que los demás miembros del grupo se sentían muy frustrados. Me decían que hablara con ellos si las cosas se ponían mal, pero no les dije nada. Yo soy así, no se me da bien hablar de esas cosas. Nunca consigo atreverme.

Este es el trasfondo que había durante el «incidente del dumpling». V añade:

————Yo estaba haciendo malabares entre el rodaje de *Hwarang* y la gira, y aquel día terminé el rodaje y tenía que volver directamente a los preparativos del álbum … pero tenía mucha hambre. No me había dado tiempo a comer. Así que le pedí al representante que trajeran unos dumplings y me puse a comérmelos durante el ensayo de la coreografía. Pero Jimin no sabía cuál era mi situación, así que dijo que debería comérmelos después del ensayo, y tuvimos una pelea. Los *hyungs* nos dijeron que lo habláramos entre nosotros, así que salimos a hablar, pero solo lo hacíamos desde nuestras propias perspectivas, así que nos limitamos a repetir lo mismo una y otra vez.

La discusión terminó varios días después tomando unas copas. V lo recuerda así:

————Jimin me dijo: «No hay nada que pueda hacer por ti ahora mismo, pero quiero que te animes. Sé que lo estás pasando mal por algo y, cuando ocurre eso, me gustaría que hablaras más de ello. En serio, quiero darte fuerzas». Eso fortaleció nuestra amistad.

V define así su relación con Jimin:

————Al principio, él y yo nos peleábamos mucho … pero, después, como discutíamos tanto, terminó siendo «una persona sin la que no puedo vivir» (risas). Sientes un verdadero vacío cuando alguien con quien estabas acostumbrado a discutir no está.

La profunda amistad que V terminó teniendo con sus compañeros fue su fuente de fortaleza cuando estuvo trabajando en la serie de televisión y el siguiente lanzamiento de *WINGS*.

———En aquella época, lo que me daba fuerzas para seguir adelante era sinceramente el hecho de que la gente que estaba en ambos lados era impresionante. Sobreviví a la gira porque quería a cada miembro del grupo, a todos, a un nivel personal, y sobreviví a *Hwarang* porque me encantaba la gente con la que trabajaba. Me enseñaron hasta el más mínimo detalle y cuidaron de mí. Antes de entrar en la producción de *Hwarang*, yo estaba preocupado porque nunca antes había sido actor, pero como no sabía nada sobre interpretación, ellos dieron un paso adelante y me enseñaron muchísimo sobre todos los pormenores y se portaron realmente bien conmigo.

V da las gracias a la gente que le rodea. Y añade:

———Cuando estaba tremendamente deprimido, los integrantes de BTS y los *hyungs* con los que rodaba la serie fueron mi fuente de energía. Bebíamos juntos y hablábamos mucho. Yo estaba pasándolo muy mal y ellos se acercaron a decirme que querían darme fuerzas. Así que conseguí poner orden en mi mente y pude salir de aquel estado mental.

Nueva ola

Las dificultades de V fueron un presagio de los días previos al lanzamiento de *WINGS*. BTS había conseguido por fin su éxito soñado, adentrándose en un mundo completamente nuevo. En ese nuevo entorno, los miembros de la banda se enfrentaban a problemas más profundos y complicados de los que habían tenido antes.

El álbum de larga duración *WINGS* se lanzó el 10 de octubre de 2016. A los miembros de la banda se les saltaron las lágrimas al ver ocupados los quince mil asientos del Arena de Gimnasia Olímpica ese mes de mayo; menos de un año después, en la gira de dos días de la 2017 BTS LIVE TRILOGY EPISODE III : THE WINGS TOUR* en el Gocheok Sky Dome se vendieron las veinticinco mil entradas que ocupaban el estadio, incluidas las localidades de pie. En ese año, BTS tendría un concierto de tres días en el mismo lugar.

Mientras tanto, las cuentas oficiales de BTS en Twitter y YouTube registraron un considerable aumento de comentarios en inglés y en otros idiomas no asiáticos. El número de integrantes de ARMY creció en todo el mundo y el ciberacoso de BTS se intensificó de manera proporcional.

Todo esto estaba siendo completamente inaudito, no solo para BTS, sino para toda la industria K-pop. En diciembre de 2015, *THE MOST BEAUTIFUL MOMENT IN LIFE PT.2* ocupó el puesto 171 de la lista Billboard 200 estadounidense. El siguiente álbum, *THE MOST BEAU-TIFUL MOMENT IN LIFE : YOUNG FOREVER* llegó al puesto 107 en mayo del año posterior. De primeras, no se trataba de unos puestos altos. Pero el hecho de que los dos álbumes consecutivos entraran en la Billboard 200 nada más salir y que el último alcanzara un puesto notablemente superior fue de una gran importancia para BTS.

¿Cuál fue la causa de este repentino aumento de popularidad? La gente empezó a publicar comentarios en inglés en varios canales de YouTube en los que solicitaban contenido de BTS y no solo en los canales de reacción de los vídeos de K-pop que habían empezado a aumentar en aquella época. BTS se estaba convirtiendo en toda una sensación y cualquier contenido que hablara de ellos se difundía rápidamente en las redes sociales. Incluso antes de la atención de los medios más importantes, antes también de la aparición en la Billboard 200, estaba sucediendo algo inaudito.

Igual que V tuvo que compaginar la producción del álbum, la preparación de la gira y el rodaje de *Hwarang*, el éxito repentino lanzó a BTS a un mundo completamente nuevo. Con el éxito, vieron la oportunidad de cambiar de vida y, en su nuevo mundo, los miembros de la banda tenían que aceptar o rechazar los cambios a la vez que se replanteaban quiénes eran.

El texto al final de «Burning Up (FIRE)», el tema principal de *THE MOST BEAUTIFUL MOMENT IN LIFE : YOUNG FOREVER*, sería un presagio tanto de *WINGS* como de lo que les esperaba.

BOY MEETS WHAT (en español, «chico conoce qué»)

Disco conceptual

————Sinceramente, al principio, tenía miedo.

«Intro : Boy Meets Evil»,* la primera pista de *WINGS* (que se convirtió en un tráiler del *comeback*), fue una fuente de presión para j-hope y no solo porque RM y SUGA fueran los únicos que habían hecho anteriormente temas de apertura. Según cuenta j-hope:

————Cuando tuve el boceto de la coreografía, pensé: «Yo puedo hacer esto», pero, cuando la ensayé de verdad, no fue ese el caso. Me preguntaba si podría posponerlo. En aquel momento, yo vivía prácticamente en el estudio de los ensayos. Grabé y supervisé el tráiler más de cien veces y, como había cosas que no sabía hacer, acudí en persona a un experto para que me enseñara. También me hice daño en la muñeca. Estuve a punto de volverme loco.

El «What» de «Boy Meets What» era «Evil» («el mal», en español), que para BTS simbolizaba la confusión y la angustia de encontrarse ante algo completamente nuevo, como el repentino encargo del tema introductorio a j-hope. El tráiler del *comeback* para «Intro : Boy Meets Evil» empieza con RM recitando una frase de *Demian* y, al contrario que los tráileres de *comeback* de la serie *THE MOST BEAUTIFUL MOMENT IN LIFE*, se trataba de un tráiler de imagen real donde aparecía un miembro de BTS en persona.

En el vídeo, j-hope no va vestido con ropa de hiphop ni urbana, sino con un sencillo conjunto de camisa blanca y vaqueros negros ajustados, mientras hace una mezcla de danza contemporánea con su estilo propio. La dificultad de incorporar un estilo completamente nuevo a su forma de moverse no era más que una parte de su metamorfosis. j-hope lo explica con una sonrisa:

————Ese era, en realidad, el «mal» contra el que tuve que luchar (risas). La presión de hacerlo bien era muy grande y yo me dediqué por entero a la coreografía para esta canción. Y había partes que sabía hacer, otras en las que no era suficientemente bueno y otras que me resultaban imposibles. Como fuera, tenía que enfrentarme a ellas de una en una.

Manchas de sangre provocadas por la cruel realidad
No podía imaginar
Que la codicia se convertiría en una llamada para entrar en el infierno
…
Muy malo, pero muy dulce
Es muy dulce es muy dulce

«Intro : Boy Meets Evil» supuso un alejamiento de otras canciones en más de un sentido. Desde antes del debut de la serie *THE MOST BEAUTIFUL MOMENT IN LIFE,* BTS había expresado directamente la personalidad de sus integrantes en sus letras. Pero en el espacio de ese año hasta que llegó *WINGS* consiguieron adentrarse en el mundo de la literatura abstracta y el simbolismo.

V describe su interpretación en el vídeo de la canción «Blood Sweat & Tears»:

————En los vídeos previos de «I NEED U» y «RUN» tenía que mantener una caracterización coherente. Pero «Blood Sweat & Tears» es distinta. Es un personaje completamente diferente. Así que quería hacer una interpretación en la que, cuando la gente lo viera a «él», no supieran con seguridad si era bueno o malvado. Hacerlo malvado del todo habría sido demasiado evidente. Sin embargo, esta persona parece malvada pero tiene una breve y peculiar sonrisa … Yo creo que eso daba a la gente la sensación de que estaba «dando una pista».

El cambio desde la franqueza de la serie *THE MOST BEAUTIFUL MOMENT IN LIFE* a la nueva forma de interpretación en el vídeo de «Blood Sweat & Tears» no solo se aplicó en esa única canción, sino en todo el álbum de *WINGS.* Las nuevas canciones estaban llenas de ex-

WINGS

THE 2ND FULL-LENGTH ALBUM
10. 10. 2016

TRACK

01 Intro : Boy Meets Evil	06 First Love	11 BTS Cypher 4
02 Blood Sweat & Tears	07 Reflection	12 Am I Wrong
03 Begin	08 MAMA	13 21st Century Girl
04 Lie	09 Awake	14 2! 3!
05 Stigma	10 Lost	15 Interlude : Wings

VIDEO

 Short Film 1
«Begin»

 Short Film 5
«Reflection»

 «Blood Sweat & Tears»
MV TEASER

 Short Film 2
«Lie»

 Short Film 6
«MAMA»

 «Blood Sweat & Tears»
MV

 Short Film 3
«Stigma»

 Short Film 7
«Awake»

 Short Film 4
«First Love»

 COMEBACK TRAILER :
Boy Meets Evil

presiones ambiguas sin un significado claro y la cita de *Demian* en el tráiler del *comeback* y en el material gráfico del vídeo de «Blood Sweat & Tears» casi parecían ser indicios que apuntaban a un mensaje secreto. El material gráfico que aparecía en «Blood Sweat & Tears» persuadía al público para que, poco a poco, hiciera su interpretación personal del vídeo, igual que pasa con las obras que se exponen en una galería de arte.

Desde un punto de vista empresarial, estos cambios supusieron un paso atrevido. Algunos pensaban que la invocación al análisis y la interpretación personal podría suponer una barrera demasiado alta para quienes escuchaban por primera vez a BTS. Nadie se había esperado que el sudor derramado durante los ensayos de «Dope» regresara como un acto de venganza en «Blood Sweat & Tears», esta vez bajo un prisma completamente nuevo.

Sin embargo, *WINGS* suponía un paso necesario para BTS en aquel momento. Habían entrado en una nueva etapa en su carrera y nadie podía proporcionarles todas las respuestas. *WINGS* reflejaba el avance de BTS mientras sus integrantes crecían en un nivel personal, avanzaban en sus carreras y entraban en la vida adulta; un álbum conceptual plagado de historias de la madurez de sus miembros, con todo el sufrimiento y las tentaciones que venían con ellas. Tal y como recuerda j-hope:

————Cuando lo pienso, no sé cómo todos conseguimos acostumbrarnos. En todos los aspectos, el concepto era muy distinto del álbum anterior. Había cierta sensación de incomodidad y yo tuve que pensar en cómo expresar esto de una forma que se ajustara a mi estilo. Pero lo irónico es que esa fue la razón por la que disfruté aún más de mi trabajo. No me concedí ningún rato de descanso. Es como que … con cada álbum surgían cosas nuevas a las que tenía que enfrentarme y que tenía que superar. «Vaya.

Hay muchas cosas que yo no sabía. Tantas que tengo que aprender». «Y voy a tener que seguir haciéndolo en el futuro».

Estas reflexiones no fueron más que algunos de los valiosos frutos que proporcionaba *WINGS*. Mientras todo el mundo dedicaba su atención a BTS, sus integrantes estaban utilizando este nuevo álbum, con todas sus inusuales oportunidades de experimentación, como una lente para examinarse a sí mismos.

Siete dramas, un *medley*

Las siete pistas en solitario de *WINGS* eran el corazón latente del álbum, cada una de ellas como un paso fundamental en el camino de cada integrante. Jung Kook, que cumplió diecinueve años durante la producción de *WINGS*, recordaba su primera reunión con los demás miembros de BTS en su canción en solitario «Begin».˙

> *Un yo de quince años sin nada*
> *El mundo era muy grande y yo muy pequeño*

Jung Kook recuerda esa época:
———Mi «yo» de aquel entonces era muy joven. Había muchas cosas que no conocía, así que sentía una emoción muy específica. Me preguntaba: «¿Está bien sentirse así?».

Con cada álbum surgían cosas nuevas
a las que tenía que enfrentarme y que
tenía que superar. «Vaya. Hay muchas
cosas que yo no sabía. Tantas que
tengo que aprender». «Y voy a tener
que seguir haciéndolo en el futuro».

—j-hope

Ya no me puedo imaginar
A ese yo, yo sin olor y vacío
Rezo

Te quiero, hermano, gracias a todos, chicos
Ahora tengo sentimientos, me he convertido de verdad en mí

La letra continuaba y mostraba cómo Jung Kook había quedado transformado gracias a los demás miembros. Y añade:

———Por supuesto, tenía emociones aun siendo joven. Pero no sabía bien lo que eran y, a medida que crecía, empecé a aprender más … así que creo que pude dar rienda suelta a mis emociones, literalmente.

«Begin» empezaba con lo que Jung Kook sentía por los demás miembros y por Bang Si-Hyuk a lo largo de los años. Durante la producción, Jung Kook recordaba su relación y se dio cuenta de que había crecido. Continúa:

———Al estar con los *hyungs*, empecé a aprender poco a poco. Como … a estar en el escenario, qué significa aferrarse a algo que quieres, ese tipo de cosas. Creo que maduré mucho, en muchos aspectos. Los miembros de la banda no me enseñaron cosas específicas, pero puedo verlos en el modo en que hablo y actúo. Les observaba componiendo música, también sus pequeños gestos y el modo en que hacían sus entrevistas y fui consciente y aprendí cosas. Los pensamientos de SUGA, las palabras de RM, los actos de Jimin, el estilo único de V, la alegría de Jin, el optimismo de j-hope … Cosas así fueron entrando en mí de una en una.

Desde la perspectiva de un álbum conceptual, «Begin» tenía más importancia aún en el contexto de *WINGS*. Mientras que «Intro : Boy

Meets Evil» era la puerta de entrada al álbum y «Blood Sweat & Tears» expresaba el tono y la sensación que dominaba en el álbum, «Begin» señalaba las canciones en solitario que venían después, en las que cada integrante ofrecía su propia versión de los temas de *WINGS*. Después de que cada uno de los miembros se enfrentara a la nueva etapa de su carrera y se reconciliara con ella era cuando el álbum continuaba con las canciones en conjunto «Lost» (de los vocalistas) y «BTS Cypher 4» (de los raperos), a las que después seguía «Am I Wrong», que volvía a juntar a todos los miembros.

Todo el álbum de *WINGS* era un viaje en el que BTS cambiaba en un sentido grupal, individual y como unidades bajo un concepto singular, así como un *medley* contagioso que incluía siete dramas narrativos de cada uno de los siete miembros. Mientras «Begin» llevaba hasta «Blood Sweat & Tears», que conducía a su vez hasta las siete canciones en solitario, las historias de sus miembros y la música que componían formaban un flujo cohesionado que apuntalaba los mensajes de todas las canciones.

«Begin» iba seguido del solo de Jimin, «Lie», cuyo paisaje sonoro contenía la oscuridad de las tres canciones previas y mantenía un tono coherente con el álbum. Sin embargo, Jimin se enfrentó a un desafío completamente diferente a lo que j-hope había hecho en «Intro : Boy Meets Evil».

> *Despiértame de este infierno*
> *No puedo liberarme de este dolor*
> *Sálvame de este castigo*

La letra desesperante y angustiosa de «Lie» supuso la primera vez que Jimin expresaba sus más profundas emociones en palabras. Según explica:

———Mantuve reuniones con Bang Si-Hyuk para hablar sobre la dirección que debía tomar el contenido y acabé contándole cosas que tenía guardadas en mi corazón. Después, Bang Si-Hyuk me propuso la palabra «lie» («mentira», en español), cosas que yo sentía cuando era más joven, un niño que actuaba como si lo supiera todo … y continuamos hablando hasta que apareció la letra.

No fue una tarea nada fácil para Jimin utilizar su agitación interior para su primera canción en solitario. Recuerda que:

———Cuando salió esta canción, sinceramente … yo no quería cantarla. Porque trata de una emoción muy profunda. En aquel momento, yo pensaba más en el estilo pop y la música convencional, así que le di a Pdogg una canción en la que mi voz brilla con toda claridad. Esa canción es completamente distinta a la de «Lie» (risas).

Pero Jimin explica también que esa fue la razón por la que fue capaz de perfeccionar «Lie».

———Pero esa es precisamente la razón por la que «Lie» pudo salir a la luz. Solo podía cantar esa canción porque fui aquel niño difícil del pasado que no entendía del todo aquellas emociones.

«Lie» representaba varios desafíos desde múltiples frentes. No solo tuvo Jimin que poner en primera línea unos sentimientos que tenía ocultos, sino que también tuvo que presentar públicamente su propia música y letra por vez primera y descubrir un método de expresión completamente nuevo. Según recuerda:

———La producción requirió muchísimo tiempo. Solo la grabación duró más de dos semanas. Yo lo grababa todo, lo desechaba y volvía a empezar, cambiando la tonalidad … y así seguí, y tardé muchísimo tiempo.

Sin embargo, a pesar de las dificultades, aceptar «Lie» le permitió a Jimin descubrir dentro de él un nuevo potencial.

————Hablamos juntos de la letra y, al principio, a mí no me gustaba, pero luego … eso no quiere decir necesariamente que llegara a gustarme, pero a medida que ensayaba la canción y me aprendía la coreografía, sentí algo curioso. Me enamoré de su encanto y disfruté interpretándola.

La interpretación de «Lie» salió a la luz tras el anuncio de *WINGS* y mostraba una faceta completamente nueva de Jimin. Incorporaba con contundencia elementos de danza contemporánea de su época en el instituto y los movimientos de Jimin reflejaban el contenido de la letra y se unieron para expresar un tono cohesionado, apoyándose más aún en unas convincentes expresiones faciales. Apenas dos años antes, Jimin había realizado una actuación pasional en la que se rasgaba la camisa en el escenario de los premios MAMA de 2014. Con «Lie» utilizaba ahora el baile para expresar las emociones de una persona que estaba aplastada por la oscuridad que había en su corazón.

El estilo vocal que desarrolló Jimin en el proceso de la expresión de esas complicadas emociones terminó influyendo enseguida en el resto de los integrantes de BTS. Al exponer su fina y frágil voz bajo el foco y añadir una capa de oscuridad, Jimin creó una voz única y nueva con un encanto excéntrico que usó para dar un potente efecto a la primera parte

A medida que ensayaba la canción y
me aprendía la coreografía, sentí algo
curioso. Me enamoré de su encanto y
disfruté interpretándola.

—Jimin

de «Blood Sweat & Tears», de modo que dejaba claro al instante el tono de la canción. Según explica:

————La grabación de «Lie» fue tan dura que recuerdo que tuve que aprenderme «Blood Sweat & Tears» entre las sesiones de grabación de «Lie», antes de grabar «Blood Sweat & Tears».

Jimin resume después lo que aprendió durante aquel proceso:

————Pero, cuando pasó el tiempo, no disfrutaba cantando solo con ese tipo de voz. Incluso me angustiaba un poco: ¿es esto todo lo que voy a poder mostrar?

Los desafíos que, al principio, le habían turbado, poco a poco fueron haciéndole más ambicioso y decidido a enfrentarse a ellos.

V hizo frente a otro tipo de obstáculos distintos a los de sus compañeros de BTS. El simple hecho de publicar un solo resultaba para él un desafío, pues ya estaba cumpliendo con la doble tarea del rodaje de *Hwarang* y el álbum nuevo. La presión de una canción en solitario resultaba inmensa, tal y como V recuerda:

————La responsabilidad era mucho más fuerte de lo que me esperaba. Pensaba que si no me gustaba esta canción se me notaría en el escenario. Así que me esforcé muchísimo por que me gustara «Stigma». Durante la producción, escuché la canción con más atención aún y me preparé. Como tenía esa fuerte sensación de que yo no era lo bastante bueno, tuve que esforzarme aún más. Sobre todo, para conseguir que la canción brillara cuando la cantara en vivo en el escenario.

Los esfuerzos de V por que le gustara «Stigma»⋅ tuvieron su recompensa.

La canción mostraba el tipo de voces de jazz que a él le habían encantado desde la infancia, permitiéndole lucir una voz más profunda y potente de la que normalmente usaba en las canciones en grupo. Esta técnica sirvió para dar unidad al álbum bajo una temática dominante, y la melodía libre de la canción conducía de una forma orgánica a la siguiente («First Love», de SUGA). El falsete que V utilizó en el estribillo hizo que toda la canción penetrara en las mentes de los que la escuchaban añadiendo una faceta más a la diversidad que había en *WINGS* con su lánguida influencia jazzística. Según explica V:

───────El falsete fue, en realidad, improvisado. Se suponía que la canción
       estaba terminada sin el falsete, pero, por más que la escuchaba,
       me resultaba aburrida … La compañía dijo que la última toma
       había sido buena también, pero no parecía tener color por sí sola,
       así que, durante la grabación, pregunté: «Se me ha ocurrido hacer
       una improvisación, ¿puedo probar a cantarla?». Y probé y las
       reacciones fueron positivas, así que entró en la versión final. Me
       alegré de haberme mantenido firme en ese punto, al menos (risas).

A lo largo de la producción de «Stigma», V aprendió a expresar mejor su propia voz y sus preferencias musicales en sus canciones, lo que más tarde terminaría convirtiéndose en un estilo personal y único que se dispararía en el escenario con trabajos como «Intro : Singularity» y «Blue & Grey». Al igual que hizo con «Stigma», V seguiría poniéndose metas en su trabajo y dejando que su ambición le impulsara hacia delante. Añade:

───────Yo… creo que sigo sintiendo mucha ansia por el escenario. La de
       «ansia» no es una bonita palabra desde cierta perspectiva pero,
       para un artista, sentir ansia por el escenario es lo mejor que existe.
       Esa ansia es lo que me empuja a componer música.

Mientras V aprendía a definirse como artista, SUGA se enfrentaba al problema contrario: tener que encargarse de su relación amor-odio con la música. Según recuerda:

———Cuando trabajaba en «First Love»* estaba a la vez con mi primer *mixtape*. Así que, en mi *mixtape*, «First Love» y «So Far Away» (Feat. SURAN)** son dos canciones que van juntas. Pero, sinceramente, lo que pensaba cuando estaba trabajando en ellas era: «Ah, no quiero componer música» (risas). «Al fin y al cabo, no me gusta la música. Me desagrada». Hacía esto porque la música era lo único que conocía, pero lo que de verdad pensaba era que no quería dedicarme a esto.

La preocupación de SUGA tenía una relación directa con el motivo por el que *WINGS* fue tan fundamental para BTS: la búsqueda de una dirección tras el éxito de la serie *THE MOST BEAUTIFUL MOMENT IN LIFE*. SUGA continúa explicándolo:

———El agotamiento emocional era demasiado. En un momento dado, mis emociones caían en picado hasta lo más hondo y, después, de repente, se elevaban disparadas como locas … Yo creía que no me afectaba demasiado la presión pero, ahora que lo pienso, todo aquello pasó por culpa de la presión. En cualquier caso, había conseguido un gran éxito y tenía que seguir haciéndolo bien. Esos son los pensamientos a los que me enfrentaba en aquella época. Porque estaba convencido de que, si tropezaba, me caería de verdad.

La obra maestra de SUGA, la serie *THE MOST BEAUTIFUL MO-MENT IN LIFE*, había sido un enorme éxito. Su primer *mixtape, Agust D*,[34•] publicado dos meses antes de *WINGS*, en agosto de 2016, supuso para él una oportunidad de enfrentarse a las emociones que se habían amontonado en su interior desde que se había embarcado en su carrera musical.

En aquel momento, SUGA quizá había logrado ya todo lo que había soñado como *trainee*. Pero la música, como la vida, era un viaje sin fin. Con «First Love» había tenido ocasión de reflexionar sobre lo que le había hecho emprender el camino de la música: el piano que solía tocar de niño. Al recordar su pasado, evocó la música y todo lo que le dio fuerza a lo largo de los años.

Me agarraba a mi hombro destrozado diciendo:
«No puedo seguir haciendo esto»
Cada vez que intentaba rendirme tú estabas a mi lado y decías:
«Eh, tío, puedes hacerlo. Sin duda»

Aunque consiguió un éxito increíble, su triunfo quedaba eclipsado por el miedo. SUGA decidió enfrentarse a ese miedo exponiendo la

---

34 En aquella época, los *mixtapes* de los miembros de BTS se lanzaban principalmente en el servicio global de música en *streaming* SoundCloud. Algunos de estos *mixtapes* de SoundCloud están ahora disponibles en internet como álbumes en solitario en distintas plataformas de música.

música que le había moldeado, lo cual le permitió poner en palabras lo que sentía por la música.

————Aquel fue el momento en que empecé a considerar la música como «trabajo». Antes, decía que la música era importante para mí, y también lo pensaba. Pero ¿cómo podía abordarla con desinterés? Fue entonces cuando empecé a considerarla de una forma consciente como trabajo. De verdad que creía que odiaba la música. Durante un tiempo, no escuchaba mucha. Pero, al mismo tiempo, tampoco quería que mi espectro musical se estrechara, así que escuchaba un montón de cosas a la vez…

SUGA hace una pausa en este momento y, después, continúa:

————Pero, hace poco, conocí a una gente y empezamos a hablar y me di cuenta de que no les hablaba de otra cosa que no fuera música (risas). Conocí a alguien mucho mayor que yo, alguien que se dedica a la música, y me dijo que le hablaba como si de verdad amara la música.

Una de las consideraciones más complejas de SUGA cuando compuso «First Love» fue la posición de su canción en el álbum. Quería asegurarse de que su canción contenía el tono melancólico y oscuro de las anteriores, pero también que cambiara la corriente del álbum. Su solución fue empezar de una forma oscura, con una tranquila melodía con el teclado por debajo de un rap tranquilo, casi como una narración, y lentamente ir añadiendo instrumentos de cuerda, como el violín y el chelo, hasta llegar a un final explosivo.

El intento de SUGA de aceptar la música como un trabajo fue también su forma particular de perfeccionar su destreza. Durante este proceso, aprendió a expresarse de formas más profundas y diversas.

Mientras que «First Love» mostraba el sonido más dramático del álbum, la siguiente canción, «Reflection»,˙ de RM, fue la contribución más serena y reflexiva en *WINGS*. Situada en la mitad de las quince pistas del álbum, la dirección creativa de RM resultó ser un momento de contemplación muy necesario tanto para él como para BTS en su conjunto. RM habla de lo oportuno que fue el álbum:

———Debido a todo el discurso que se había iniciado a finales de 2015, ese fue el momento en que mi confusión alcanzó su punto álgido.

RM se refiere al hecho de que a la vez que aumentaba la popularidad de BTS, también lo hacía el discurso negativo y el consiguiente ciberacoso. Esta fue la razón por la que a RM, durante un tiempo, le gustaban tanto los días nublados, especialmente si llovía.

———Me sentía bien cuando llovía. Me encantaba poder estar con la gente pero, como el paraguas me tapaba la cara, no me podían ver. Creo que en aquella época deseaba de verdad tener la sensación de que «también formo parte de este mundo».

«Reflection» empezaba con sonido ambiente de una calle bulliciosa, y la voz de RM era un faro solitario y claro en medio del paisaje sonoro. Tenía el efecto de estar rodeado de gente pero aislado.

———Es como estar con ellos, pero solo, y pensando: «¿Qué es esto?». Está claro que nos está yendo bien y que estoy haciendo algo, pero es como estar escarbando el suelo yo solo … Era muy paradójico. Pero estar con los demás miembros de la banda me hacía reír. Así que podía dejar de lado esos pensamientos y reírme con ellos.

La gente parece más feliz en la oscuridad que a la luz del día
Todos saben dónde tienen que estar
Yo soy el único que camina sin rumbo
Pero me siento más cómodo simplemente mezclándome con la gente
Ttukseom absorbe la noche, me entrega un mundo completamente
distinto

La letra de «Reflection» sintetizaba los sentimientos encontrados de RM. Y a pesar de la confusión entre la soledad y la búsqueda de pertenencia a un lugar, siempre podía acudir a su amistad con los demás miembros de la banda en busca de apoyo. Al enfrentarse cara a cara a sus emociones y hurgar en sus pensamientos, RM llegó a entenderse a sí mismo y a volcar su identidad en su música.

«Reflection» fue la primera de una serie de piezas contemplativas. Su primer *mixtape*, *RM*,* publicado en marzo de 2015, fue seguido por el segundo, *mono.*,** que estaba lleno de canciones que suponían un potente contraste con el *mixtape* anterior. Según recuerda RM:

————La mayoría de las canciones de *mono.* salieron entre 2016 y principios de 2017. Las pulí y las publiqué después. Así que, cuando lancé *mono.* en octubre de 2018, incluso pensé: «¿De verdad voy a publicar esto ahora?». Pero, a pesar de eso, pensé: «Tengo que enfrentarme a la persona que era entonces, no puedo huir de mi antiguo yo».

Al igual que otros miembros que habían recorrido su propio camino, RM también aprendió más de sí mismo durante esos tiempos turbulentos.

————Al recordarlo ... en cierto sentido fue entonces cuando llegué a descubrirme como profesional de pleno derecho. Por primera vez, esta silueta de persona adulta con una carrera propia empezaba a emerger.

Y resulta que, en cierto momento, RM empezó a sentir desagrado por los días lluviosos y dejó de ir a Ttukseom.

Visto en el contexto de la serie de canciones en solitario, desde «Begin» de Jung Kook hasta «Reflection» de RM —es decir, una serie de canciones que empiezan con un recuerdo del viaje personal hacia la contemplación propia con el yo actual— la canción en solitario de j-hope, «MAMA»,* suena completamente distinta que si se escucha por sí sola.

Viaje en el tiempo a aquel año 2006
Loco por bailar, mamá tenía que apretarse el cinturón

Al igual que los demás solos de *WINGS*, «MAMA» era un recuerdo de cuando j-hope bailaba con su madre y de su relación con ella, y contaba la historia de su viaje. Pero dentro del contexto de *WINGS* en su conjunto, «MAMA» también hablaba de las raíces de una persona que ha llegado a la madurez. Según j-hope explica:

————En aquella época, tanto la compañía como yo pensamos que era de eso de lo que tenía que hablar ahora. Fue un momento en que era necesario de verdad.

La decisión de j-hope de hablar sobre su madre estaba relacionada con las circunstancias de BTS en aquel momento. Continúa:

————Este equipo que se llama BTS comenzaba a recibir cierta atención internacional, así que empecé a buscar una de las razones
por las que había llegado hasta aquí. Había aguantado gracias a
mi familia y, dentro de ella, mi madre me ayudó mucho, así que
quise hablar de ella. Era algo que solo podía expresar en aquel
momento, que solo el yo de aquel momento podría expresar.

Las reflexiones de j-hope sobre su familia y su papel en su punto de
partida, al conectarlas con su papel como integrante de BTS, reflejaba
el viaje de BTS en su conjunto. Pero al mismo tiempo, «MAMA» era un
punto de inflexión en *WINGS*, haciendo que el álbum pasara de los
miedos y preocupaciones de los miembros del grupo a un tono más
optimista y alegre. Al pasar de la oscuridad y confusión de «Intro : Boy
Meets Evil» a la animada evocación de «MAMA», j-hope introdujo un
rayo de esperanza en el tono melancólico del álbum. En la 2017 BTS
LIVE TRILOGY EPISODE III : THE WINGS TOUR, que tuvo lugar
después del lanzamiento de *WINGS*, «MAMA» supuso una inyección
de alegre energía que señalaba una transición hacia un ritmo más animado. j-hope lo explica así:

————Quería hacer que pareciera como un musical. Es una historia
sobre mi madre y, respecto a la actuación, quería que fuera pura
y dejar que el baile expresara la música. Tenía que hacer alarde de
ello en los conciertos en vivo, así que, cuando compuse la canción, había un aspecto en el que pensé mucho en la actuación.

Mientras las canciones en solitario permitían que cada miembro de
BTS explorara en profundidad su perspectiva personal, también desem-
peñaban un papel importante como piezas de un conjunto mayor. La

canción en solitario de Jin, «Awake»,· era la pista que con más claridad mostraba qué función quería tener como parte de ese conjunto y como mensaje personal.

Como una especie de epílogo de las siete canciones en solitario, «Awake» empezaba con un preludio tranquilo de orquesta que aunaba el ritmo de las distintas canciones en solitario que habían sonado antes. La letra «Solo estoy caminando y caminando en la oscuridad» era un resumen de los obstáculos que cada miembro había tenido que afrontar y superar en sus canciones en solitario durante la producción de *WINGS*.

Al mismo tiempo, «Awake» constituía un prólogo personal para Jin que anunciaba una nueva etapa en su vida. Al igual que con los demás miembros, la producción del álbum se solapó con sus problemas personales.

———La canción «Awake» encaja a la perfección con mi situación de aquel momento. Sinceramente, estaba un poco deprimido por entonces. Era una época en la que me preguntaba: «¿De verdad puedo hacer que esto salga bien?». Todas las demás preocupaciones que había sentido antes desaparecieron, así que en aquel momento me angustiaban otras nuevas.

No creo en eso
Solo intento aguantar
Lo único
Que puedo hacer es esto

Jin confiesa:

————Tenía que hacerlo un poco mejor, pero no tenía la capacidad. Aun así, quería hacer algo … Así era en aquel momento. Al mirar a los demás miembros sentía envidia. Sabían componer melodías y también escribir la letra.

Las preocupaciones de Jin se debían en parte a sus propias circunstancias. Él no había compuesto todavía su propia música y, de repente, empezar a hacerlo no resultaba una tarea fácil.

————Hasta ese momento, yo no había visto de verdad a los demás miembros de la banda componer música. Es embarazoso hacerlo delante de los otros, ya sabes. Cuando quieres grabar mientras hay un ritmo sonando tienes que sonar con fuerza también … Los demás miembros del grupo suelen decir que no saben crear nada si intentan hacerlo delante de los demás.

«Awake» representa las circunstancias radicalmente diferentes a las que BTS se enfrentaba tras la serie *THE MOST BEAUTIFUL MOMENT IN LIFE,* y las angustias igual de diferentes que sufrían. Al alcanzar cierto éxito comercial, las preocupaciones de Jin pasaron a su propio rol como creativo dentro del equipo. Justo entonces, la situación mejoró enseguida:

————Fue entonces cuando compuse música por primera vez. Estaba en una sala vacía, además, así que decidí intentarlo.

Jin empezó poniéndole melodía a un compás.

————No sé cómo lo harán otros, pero a mí me dijeron que empezara escuchando un compás y, después, cantando la melodía que quisiera ponerle, así que seguí ese consejo.

Fue este proceso lo que dio lugar a «Awake». Jin lo recuerda así:

————Toda la segunda planta del edificio Cheonggu había sido reconvertida en estudios de composición y yo me senté con la mirada perdida en mi habitación y con el ritmo que había recibido sonando de fondo mientras tarareaba a la vez … Ese día teníamos planes de salir a comer y esta melodía que surgió diez minutos antes de que nos fuéramos hizo que pensara: «¿Eh? Pues esto no suena mal». Así que la grabé en mi teléfono y se la reproduje después a RM y a un *hyung* que era compositor y los dos me dijeron que estaba bien.

Aunque Jin estaba lleno de inquietudes al principio, la reacción positiva le dio confianza. Y recuerda que:

————El *hyung* compositor sugirió una melodía distinta para el estribillo, pero se trataba de mi primera canción en solitario y yo me iba sintiendo más seguro, así que convencí a mucha gente, empezando por Pdogg, y terminé utilizando mi melodía. Les convencí diciéndoles que «Sería increíble para mí si pudiera cantar la melodía que yo había compuesto» y «si no es una melodía tremendamente horrible, quiero usarla de verdad».

Una vez que tuvo una melodía definitiva de «Awake», Jin se dispuso a experimentar. Fue este proceso tan incierto lo que le llevó a la letra, sus profundas reflexiones de aquel momento.

————Estaba componiendo la letra basándome en lo que había salido de las conversaciones sobre el tema de mi canción en solitario con Bang Si-Hyuk y, después, pedí ayuda a RM. Le enseñé lo que había escrito y dijo: «Yo quiero letras que sean así, que no traten de dar rodeos».

Gracias a su trabajo en la canción en solitario, Jin llegó por fin a un punto en el que se sentía realmente «despierto», como el título de la canción. Tenía los ojos bien abiertos.

————Estuve ensayando yo solo una o dos horas al día en el estudio para poder cantar «Awake». Después, la canté mientras estábamos de gira y la canción mejoró mucho.

Por fin, en la 2017 BTS LIVE TRILOGY EPISODE III : THE WINGS TOUR, Jin cantó su solo en directo para sus fervientes fans y se sintió abrumado por una emoción completamente nueva.

————El primer día del concierto, fue increíble cuando canté «Awake». Era la primera vez que cantaba una melodía mía y también mi primera canción en solitario. Fue como subir al escenario y que yo lo hubiese preparado todo. Fue entonces cuando entendí cómo se sentían los demás miembros del grupo. Qué buena sensación es cantar lo que tú mismo has creado delante del público.

Las experiencias de Jin reflejaban también el viaje de BTS en conjunto a lo largo de la producción de *WINGS*. Cada integrante de la banda se enfrentaba a sus propias batallas y, de paso, aprendían más sobre sí mismos. Estos versos de *Demian* resumen bien esta época de su carrera:

El pájaro rompe el cascarón del huevo.
El huevo es el mundo.
El que nace tiene antes que destruir un mundo.

Otro nivel

A Bang Si-Hyuk le gustaba la expresión «otro nivel», que usaba para hablar de BTS con sus amigos antes del debut de la banda, para describir las increíbles actuaciones de BTS y la futura dirección del grupo.

Era la primera vez que cantaba una
melodía mía y también mi primera
canción en solitario. Fue como subir
al escenario y que yo lo hubiese
preparado todo. Fue entonces
cuando entendí cómo se sentían los
demás miembros del grupo. Qué
buena sensación es cantar lo que
tú mismo has creado delante del
público.

—Jin

Aunque no estaba claro cómo podía predecir que esta nueva banda *idol* de una diminuta compañía de representación de artistas iba a alcanzar otro nivel, ese éxito explosivo fue probablemente más allá de lo que Bang se había esperado en un principio, pues la increíble proyección de BTS durante los años que siguieron a su debut solo la podía haber predicho un verdadero profeta. Pero lo que sí estaba claro era que Bang se esperaba que *WINGS* llevara a BTS a otro nivel, porque de lo contrario no se podría explicar lo que hizo justo antes del lanzamiento del álbum.

Cuando los miembros de BTS comenzaron la preparación de *WINGS*, Big Hit Entertainment también empezó a trabajar en el *WINGS Concept Book*, una publicación que narraría el proceso de elaboración del álbum. Publicado en junio de 2017, este libro contenía reflexiones sinceras y auténticas sobre las emociones de los integrantes de la banda mientras se preparaban para el álbum, así como un registro de todo el proceso de producción, desde las primeras fases de planificación hasta el concierto en Seúl de la 2017 BTS LIVE TRILOGY EPISODE III : THE WINGS TOUR. El libro contenía incluso fotografías de la ropa que llevaban los miembros del grupo.

Suponía esto una apuesta arriesgada para lo que era habitual en la industria del K-pop, sobre todo porque el álbum *WINGS* ni siquiera se había publicado cuando empezó a prepararse el libro. Para una empresa de espectáculos sería más rentable limitarse a bloquear unos cuantos días de la agenda de los artistas para hacer un libro de fotos normal. No había ninguna razón para que una compañía planeara la publicación de un libro grande y grueso (hasta con estuche) que reflejara medio año de la agenda de una banda de K-pop desde la producción del álbum hasta la gira.

Lo mismo se puede decir de la serie documental para YouTube de *Burn the Stage,* que se planificó a la vez que el *WINGS Concept Book* y se subió a YouTube al año siguiente.[35] Big Hit Entertainment siguió de cerca la gira internacional de BTS, capturando con la cámara cada aspecto de su trabajo. Con el documental no se hizo intento alguno de ocultar cómo los componentes de la banda caían agotados o se enfrascaban en discusiones entre ellos por sus actuaciones. Esto suponía otro alejamiento más de las normas de la industria del K-pop, donde la química de los miembros de los grupos, es decir, su cercanía en este contexto, se consideraba un elemento fundamental del éxito tanto por parte de los fans como de las compañías de representación. ¿Por qué invertir tiempo y dinero en mostrar a los artistas pasando dificultades y discutiendo entre sí?

Pero resultó que había un método tras la supuesta locura de Big Hit. Al lanzamiento del álbum *WINGS* le siguió la publicación del *WINGS Concept Book*, que coincidió con la producción de la serie documental y la película. Fue entonces cuando el nombre de BTS adquirió un significado adicional además del de «Bulletproof Boy Scouts»: «Beyond The Scene» (en español, «más allá de la escena»). Esta nueva identidad de la marca tanto para BTS como para ARMY se desveló el 5 de julio

---

35 *Burn The Stage* se lanzó en YouTube en marzo de 2018 como una serie documental de ocho episodios que más tarde se compilaría en *Burn The Stage: the Movie* (una película que incluía material que antes no se había mostrado) y que se estrenó simultáneamente en más de setenta países en noviembre de ese mismo año. A la serie *Burn The Stage* le siguió una serie documental y una película similares que mostraban las giras de BTS y otras importantes actividades musicales, incluidos *Bring The Soul* (2019), *Break The Silence* (2020) y *BTS Monuments: Beyond The Star* (2023).

de 2017,* e hizo que el nombre del grupo resultara más fácil de recordar tanto para los fans coreanos como para los internacionales, ampliando las dimensiones que podía llegar a cubrir la banda.

Era este el futuro que Big Hit Entertainment tenía en mente para BTS: un éxito internacional que cualquier persona del planeta pudiera reconocer. Unos artistas cuyo trabajo merecía el esfuerzo de registrarlo en libros grandes y gruesos que se vendieran en estuches.

La popularidad de BTS se disparó tras la serie *THE MOST BEAUTIFUL MOMENT IN LIFE*. Pero los apasionados ataques y respuestas en Twitter y YouTube no condujeron necesariamente a un éxito tangible. Los *idols* coreanos ya se habían forjado un lugar en el ámbito internacional que continuó expandiéndose en YouTube. Pero estos éxitos se limitaban principalmente al mercado asiático, con incursiones del K-pop en otras plazas que, en general, no lograrían obtener una atención masiva.

Sin embargo, Big Hit Entertainment actuó como si supieran que esos Bulletproof Boy Scouts serían convocados a premios internacionales de música con el nombre de BTS.

«Blood Sweat & Tears»** fue clara evidencia del presagio de la compañía, pues contenía elementos que resultaban atractivos tanto para los que ya eran fans de BTS como para públicos completamente nuevos. Al igual que «Dope» en *THE MOST BEAUTIFUL MOMENT IN LIFE PT.1*, «Blood Sweat & Tears» empezaba con el momento culminante de la canción para captar la atención del oyente desde el principio y hacía uso de la moda internacional del ritmo moombahton.

Sin embargo, las voces marcaban un fuerte contraste: los miembros de la banda mantenían la delicadeza del solo inicial de Jimin a lo largo de la canción, con sus voces resaltadas por una elegante mezcla y reverberación que daba al tema un tono más oscuro. El ritmo parecía provocar entusiasmo, pero los intérpretes en el escenario parecían temblar con la tentación. «Blood Sweat & Tears» ofrecía algo distinto a cada tipo de oyente, desde el ARMY de siempre fascinado por la oscuridad y el dinamismo propios de BTS hasta los oyentes sudamericanos que jamás habían oído hablar de BTS.

Cuando se dio cuenta de que todos estos factores quedaban condensados en la palabra «tentación», Bang Si-Hyuk pensó en todo lo que había dentro de «Blood Sweat & Tears». Igual que BTS lograba el éxito y entraba en un mundo nuevo, un joven que entraba en la vida adulta se enfrentaba a infinitas opciones nuevas, muchas de las cuales suponían tentaciones que le alejarían de sus objetivos. La plasmación de la confusión entre el sufrimiento y el placer y darle la forma de tentación era la pieza definitiva del puzle que completaba «Blood Sweat & Tears».

Mientras «Dope» mostraba a los miembros de la banda en constante movimiento, exhibiendo ejercicios exagerados sin tiempo para respirar, «Blood Sweat & Tears» los mantenía casi clavados por completo en el suelo, centrando toda su interpretación en sus rostros, pasándose las manos por el cuerpo y haciendo gestos que casi parecían de asfixia. La razón que había detrás de este tipo de interpretación quizá no quedara clara para aquellos que no hubiesen estado expuestos a las otras canciones del álbum ni a la habitual narrativa de los álbumes de BTS, pero la vibración de la interpretación quedaría del todo clara incluso para el público nuevo. Esta interpretación tenía que ver con el atractivo sexual.

Con la unión de muchos elementos complejos, «Blood Sweat &

Tears» suponía una mezcla instintiva de multitud de mensajes. No cabía duda de que el atractivo sexual era lo que predominaba en la interpretación, pero, en descarada contradicción con las modas de la industria del K-pop, los integrantes de BTS no constituían la tentación, sino que eran los que la recibían. Y cuando los fans quisieran indagar en estos significados ocultos de uno en uno, analizando la letra y el simbolismo que escondía el vídeo, ya no tenían por qué escribir «방탄소년단», «Bangtan Boys» ni «Bulletproof Boy Scouts» en sus buscadores. Ahora era tan sencillo como escribir «BTS».

Los fans coreanos no eran ya los únicos que escribían «BTS» en sus motores de búsqueda. *WINGS* registró 751.301 pedidos netos en 2016, y llegó a lo más alto de la Gaon Chart ese año triplicando las cifras de *THE MOST BEAUTIFUL MOMENT IN LIFE PT.2,* que ya había tenido un rendimiento notablemente superior a su predecesora. *WINGS* alcanzó también el puesto veintiséis en la Billboard 200, un logro sin precedentes entre los artistas coreanos, y fue el único álbum de una banda coreana que se mantuvo en el ranking dos semanas seguidas.

Pero ni siquiera estos datos tan increíbles explicaban del todo lo que ocurrió tras el lanzamiento de *WINGS*. La 2017 BTS LIVE TRILOGY EPISODE III : THE WINGS TOUR, que arrancaría unos cuatro meses más tarde, llevó a BTS a doce destinos de todo el mundo y supuso una auténtica gira mundial. Mientras que la anterior gira, 2016 BTS LIVE THE MOST BEAUTIFUL MOMENT IN LIFE ON STAGE : EPILOGUE, se limitó exclusivamente a Asia, la de 2017 incluyó también conciertos en Chile, Brasil, Australia y nada menos que tres ciudades de Estados Unidos.

Si contamos desde las primeras fechas de las dos giras, este cambio había ocurrido en cuestión de seis meses. BTS había actuado con anterioridad en estos países con la 2015 BTS LIVE TRILOGY EPISODE II:

THE RED BULLET, pero los escenarios de entonces habían sido relativamente pequeños, con apenas unas miles de localidades. Los escenarios de 2017 eran enormes en comparación y BTS actuó en un estadio de primera clase en Estados Unidos, un país donde no contaban con dispositivo promocional. Cuando la banda aterrizó en Estados Unidos para la gira, se convirtieron en un fenómeno. La revista *Billboard* cubrió el concierto de Newark y declaró lo siguiente:

> *Con su leal Army jaleándoles desde el principio hasta el final, los siete miembros de la* boy band *arrancaron la parte estadounidense de la 2017 BTS Live Trilogy Episode III : The Wings Tour con un concierto de casi tres horas de duración donde incluyeron los éxitos más escandalosos del grupo y las canciones introspectivas de su exitosísimo álbum* Wings.

Todo apuntaba al inicio de una nueva era. Ni siquiera con *WINGS* había producido BTS canciones en inglés ni se habían promocionado mucho en las Américas, y tampoco contaban con el respaldo de influyentes medios de comunicación internacionales que llevaran su nombre a través de las barreras del idioma, como sí pasaba con populares artistas de Estados Unidos y Reino Unido.

A pesar de esto, cada vez más gente empezó a conocer a BTS y a buscar a la banda en Twitter y YouTube. En enero de 2017, dos meses antes de la parada de la gira en Chile, la cadena pública chilena TVN mostró al ARMY local que guardaba cola durante la noche para comprar las entradas para el concierto. El ARMY de cada país parecía imitar a sus homólogos coreanos, volviéndose locos por BTS y creciendo en número de una forma exponencial.

Lo único que queremos es amor

Resulta irónico que este aumento de popularidad no afectara especialmente a BTS; o para ser más exactos, no permitieron que les afectara. Según j-hope, en BTS ya eran conscientes del interés internacional que despertaban después de *WINGS*.

————Los resultados que recibimos fueron, en fin, algo distintos. Estas reacciones de los medios extranjeros eran un poco … como de otro mundo.

Pero por mucho que cambiara el mundo, el de ellos permanecía inalterable. Jung Kook lo explica así:

————Bueno…, en cuanto a mí, yo seguía haciendo lo mismo de siempre. Y tenía que seguir mejorando y trabajando duro para seguir lanzando un álbum tras otro, así que, sinceramente, no percibía nuestra popularidad como algo real. Pero, luego, nuestros resultados siguieron mejorando cada vez más y pudimos ver las cifras y cómo íbamos batiendo nuestros anteriores récords uno tras otro, por lo que empecé a sentirme un poco aturdido. Era fascinante. Pensaba simplemente: «Supongo que lo estoy haciendo bien». No quería obsesionarme con las cifras, solo seguir haciendo lo mismo de siempre.

V tiene también una opinión parecida:

————Tardé mucho en darme cuenta de lo populares que nos habíamos vuelto. Yo era feliz simplemente pasándomelo bien con los demás miembros del grupo.

Según Jimin, esta actitud tenía su origen en una vibra propia de BTS que habían desarrollado juntos.

————Podré parecer engreído, pero no dedicaba mucho tiempo a pensar en lo populares que éramos. En una ocasión en la que me preguntaron por nuestra popularidad, contesté: «En este momento, sería una descortesía hacia nuestros fans decir que no sabemos lo populares que somos».[36] Pero antes de eso nunca hicimos nuestro trabajo pensando: «¡Oye, que nos hemos hecho más populares!». Nuestro mundo se limitaba solamente a nuestro equipo y nuestro público. Y así sigue siendo. Por tanto, podíamos ver cómo nuestros escenarios eran cada vez más grandes, pero no teníamos una sensación real de que nuestra popularidad aumentara.

Lo irónico es que el rápido crecimiento de su popularidad tuvo un efecto de serenidad en SUGA. Según explica:

————Intentamos no fijarnos en las reacciones a nuestro trabajo. En aquella época, aún más. Creo que yo tenía una gran preocupación de: «¿Y si me vuelvo un engreído y empiezo a holgazanear?».

Teniendo en cuenta todo lo que se habían esforzado hasta el lanzamiento de *WINGS*, la actitud de SUGA era inevitable. Las letras de las canciones por separado y las grupales tras la colección de canciones en solitario de *WINGS* hablaban por sí mismas:

Es muy duro, no sé si este es el camino
Estoy muy confundido, no me dejes solo nunca
—«Perdido»*

———————
36 Rueda de prensa por el lanzamiento del álbum *LOVE YOURSELF* 承 *'Her'* el 18 de septiembre de 2017.

Lo que estoy diciendo aquí, amor
Tonterías para algunos, amor
Cambia tu patrón de criticar a otros, amor
—«BTS Cypher 4»*

Por todos sitios, DEMONIOS SÍ
Online y offline DEMONIOS SÍ
—«Am I Wrong»**

————Había gente que nos abucheaba cuando subíamos al escenario. Así que teníamos la idea de que todavía había muchos que sentían hostilidad hacia nosotros.

Estas palabras de SUGA se aplicaban a distintas etapas, incluida la de los MAMA de 2016, uno de los premios musicales más importantes de Corea. Dos semanas antes, el 19 de noviembre, habían concedido a BTS uno de los tres premios más importantes de los MMA (Melon Music Awards), el premio al álbum del año: el primer premio importante que ganaba el grupo.*** En los MAMA, ganarían el premio del Artista del Año. Pero incluso en su rol protagonista como los claros ganadores del año, siguieron siendo objeto de muestras de odio. Algunos usuarios de redes sociales organizaban ataques de ciberacoso los días en los que BTS tenían concierto o recibían algún premio.

Jimin cuenta cómo se sintió en la actuación en los premios MAMA:

————Hicimos nuestra actuación con mucho orgullo por poder mostrar lo que nos habíamos esforzado. Creo que había mucha gente viéndonos, así que pensábamos: «¡Fíjate en esto!».

La verdad es que BTS necesitaba hacer una actuación que atrapara al público de los MAMA. Dos años antes, en su primera actuación en esos premios, estaban agotados, desesperados, furiosos y decididos a enfrentarse a las miradas gélidas de todos los que no pertenecieran a ARMY. Pero ya no necesitaban seguir haciéndolo. Ahora nadie los miraba por encima del hombro. Habían pasado de tener que compartir actuación con Block B a contar con once minutos para ellos solos.

Sin embargo, esto también quería decir que tenían que demostrar su coraje: que merecían el título de Artista del Año, conseguido con el apoyo del ARMY de todo el mundo. Tenían que silenciar a quienes seguían menospreciándoles con una actuación que fuera más allá de un simple «bien». Tenían que lucir algo espectacular. BTS hizo realidad ese objetivo. Su actuación* llamó la atención desde el principio y nadie podía apartar los ojos de ellos. Jung Kook colgaba del aire. Antes de que el público pudiera asimilar su sorpresa, se le ofreció un potente número de baile en solitario a cargo de j-hope, que desapareció en la oscuridad y fue seguido por Jimin, que bailó a solas con los ojos tapados con un trapo rojo. Después, volvió a aparecer j-hope bailando en paralelo en la otra mitad del escenario. Cuando terminó la canción, los siete miembros entraron juntos bajo los focos para cantar «Blood Sweat & Tears». Durante la actuación** después de la canción, V se tiró al suelo y se levantó la camisa para mostrar su espalda, revelando dos heridas abiertas de un par de alas que le faltaban.

Con la recreación de escenas etéreas del vídeo de «Blood Sweat & Tears» en el escenario, BTS fue la sensación de los MAMA, dejaron al público embelesado. Pero «Blood Sweat & Tears» era solo la pieza central de un bloque de once minutos plagado de potentes y fascinantes imágenes y sonidos. Los números introductorios de j-hope y Jimin en «Intro : Boy Meets Evil» empezaron con un par de movimientos en solitario que se ensamblaron en un baile dramático y la tensión de la actuación continuó sin pausa hasta entrar en «Blood Sweat & Tears» antes de estallar en un derroche de energía con una multitud de bailarines de apoyo en «FIRE». Jimin lo recuerda así:

————En cierto sentido, el número de baile de ese momento se correspondía perfectamente con mis puntos fuertes. Tanto en la dirección como en la química de la canción. Así que tuve la fuerte sensación de que me estaba esforzando de verdad por expresar la autenticidad de la canción. Y expresar eso fue una sensación increíble para mí también como artista.

La sensación de satisfacción de Jimin era también la de todos los miembros de BTS. Las miradas de todo el mundo estaban puestas en ellos mientras sus evocadoras imágenes, su impecable composición narrativa y su cautivadora interpretación hacían historia en los MAMA. Habían mostrado por igual tanto a los integrantes de ARMY como a los que no lo eran que tenían lo necesario como para ocuparse de una ceremonia tan enorme como la de los MAMA.

V dice lo siguiente sobre su primer premio importante de 2016:

————Fue como un milagro. Sinceramente, el simple hecho de estar nominados era increíble. Pero, cuando recibimos el premio, mi sensación personal fue: «Sabía que Bangtan ganaría. Da igual lo que digan los demás. Bangtan va a ganar».

Y BTS se aseguró la victoria en los MAMA de ese año: no solo llevándose el gran premio, sino demostrándose a sí mismos que eran merecedores de él.

————A lo largo de este camino, siempre he pensado: «Algún día vamos a recibir un premio». Yo entré en este grupo llamado BTS y tenía fe en que este equipo ganaría, que si estaba con estas personas yo lograría el éxito.

La inquebrantable confianza de V en los demás miembros del grupo fue lo que permitió que BTS se abriera paso entre la oleada de odio.

————Al igual que para los demás miembros, Big Hit fue mi primera compañía y debuté con ella. Yo ni siquiera había oído hablar de cómo eran los otros equipos y las otras compañías. Así que, cuando miraba a los demás miembros del grupo, era como … si se me fuera el miedo. Por ejemplo, eran el tipo de personas de las que podía presumir en clase y decir: «Este es mi *hyung*». Desde el principio, estas personas eran para mí unas celebridades.

Juntos, eran invencibles. Había una sensación de solidaridad que mantenía unidos no solo a los siete integrantes de BTS, sino a BTS con ARMY. En este contexto, *WINGS* fue la expresión musical de sus vínculos cada vez más fuertes. Las canciones en solitario permitieron que cada uno confesara sus más profundos temores; las canciones por separado y grupales desde «Lost» hasta «21st Century Girl» eran los mensajes de unidad del grupo hacia el mundo; y «2! 3!»* era su mensaje hacia ARMY.

Como mensaje oficial dirigido a ARMY, «2! 3!» empezaba con la letra:

Fue como un milagro. Sinceramente,
el simple hecho de estar nominados
era increíble. Pero, cuando recibimos
el premio, mi sensación personal fue:
«Sabía que Bangtan ganaría. Da igual
lo que digan los demás. Bangtan va a
ganar».

—V

«Caminemos solo por caminos de flores / No puedo deciros esto». Aunque al principio estaban solos y desconectados, en BTS cantarían juntos al mundo expresando su dolor y llegarían a las personas que quisieran escuchar su música. Pero, aunque sabían todo lo que los fans hacían por ellos, BTS no podía prometer que todo iba a salir bien siempre. A pesar de ello, la canción terminaba con una nota optimista con la letra: «Borrad todos los recuerdos tristes, / cogeos unos a otros de la mano y sonreíd».

WINGS era un compendio del viaje de BTS hasta este momento en que subían al escenario y formaban una comunidad con ARMY. Como decía la letra de «2! 3!», ya no luchaban solos: avanzaban juntos.

Para que tengamos días mejores
Porque estamos juntos

Esto marcó el momento en que BTS y ARMY quedaron entrelazados de una forma indisoluble. Fueron más allá de la tradicional conexión entre artista y *fandom*, convirtiéndose en una entidad muy unida que desafiaba todo lo establecido anteriormente.

Fue por estas razones por lo que el viaje de dos años de duración desde la serie *THE MOST BEAUTIFUL MOMENT IN LIFE* hasta *WINGS* se redujo a una sola palabra: amor. Cuando BTS ganó su primer premio importante, la principal emoción que invadió a j-hope no fue la de satisfacción ni triunfo. Según explica:

————Fue entonces cuando nuestra sensación de ser amados llegó a su culmen. Aquel premio nos hizo sentir algo como: «Hemos pasado por mucho» y «Hemos trabajado muy duro».

Jung Kook, que, al igual que los demás integrantes de BTS, se echó a llorar cuando ganaron el premio MAMA al Artista del Año, miraba a sus compañeros y a los fans del público.

————«Madre mía, hemos sufrido mucho». Todo lo que habíamos hecho hasta ese momento apareció ante mis ojos. Eso fue lo primero que me vino a la mente, porque los otros miembros del grupo estaban a mi lado, y ARMY nos aclamaba desde sus asientos y todo eso nos estaba llegando a la misma vez.

SUGA dice que entendió exactamente lo que para él significaba el amor de los fans:

————Ahora, me pongo a ver las reacciones de los fans de vez en cuando. La verdad es que lo hago muchas veces (risas). Para aumentar mi autoestima. Porque tengo la sensación de que necesito saber que me quieren.

BTS anhelaba el éxito. Pero, cuando ese éxito se hizo por fin realidad, lo que empezaron a desear entonces, aunque resulte irónico, era amor. Es decir, el amor de ARMY.

En 2016, Jimin celebró su cumpleaños en el plató de un programa musical pregrabado. El ARMY que estaba presente le cantó «Cumpleaños feliz» y Jimin empezó a sentir cariño por su cumpleaños por primera vez en su vida.* Cuando le piden que lo explique, responde:

————Antes, mi cumpleaños no era más que algo agradable por lo que me felicitaban, nada más. Como una excusa para ver a mis amigos otra vez o recibir un poco de atención (risas). Eso era lo que me gustaba. Por lo demás, no le daba mucha importancia. Pero entonces, delante de mis ojos, estaban esas personas a las que yo quería, personas por las que deseaba esforzarme, pero eran ellos los que me celebraban a mí. Ese sentimiento … es difícil expresarlo con palabras.

Y a los amigos

Tras los éxitos de 2016, marcados por las palabras clave «victoria» y «amor», BTS empezó el nuevo año poniéndose bajo el foco otra vez, en esta ocasión bajo un prisma completamente inesperado: los medios de comunicación informaron de que, en enero de 2017, BTS había donado cien millones de wones surcoreanos a 4/16 Sewol Families for Truth and a Safer Society, una organización compuesta por familiares de las víctimas del hundimiento del ferry Sewol de 2014.

Debido a este acto benéfico, la gente empezó a interpretar «Spring Day», del álbum especial de febrero de 2017 *YOU NEVER WALK ALONE* (un *spin-off* de *WINGS*), como una referencia a la tragedia de 2014. La letra comienza con las palabras «Te echo de menos», y el vídeo musical presenta montañas de ropa, que fueron tomadas como símbolo de las 304 personas muertas y desaparecidas del ferry volcado, una interpretación alimentada aún más por el hecho de que la mayoría de las víctimas eran estudiantes de instituto en viaje escolar. El programa de investigación televisivo *Unanswered Questions* del canal SBS incluso emitió la canción en el episodio de abril de 2017 dedicado al tercer aniversario del hundimiento.

YOU NEVER WALK ALONE

THE 2ND SPECIAL ALBUM
13. 2. 2017

TRACK

01 Intro : Boy Meets Evil
02 Blood Sweat & Tears
03 Begin
04 Lie
05 Stigma
06 First Love
07 Reflection
08 MAMA
09 Awake

10 Lost
11 BTS Cypher 4
12 Am I Wrong
13 21st Century Girl
14 2! 3!
15 Spring Day
16 Not Today
17 Outro : Wings
18 A Supplementary Story : You Never Walk Alone

VIDEO

 «Spring Day»
MV TEASER

 «Spring Day»
MV

 «Not Today»
MV TEASER

 «Not Today»
MV

BTS nunca dio una explicación oficial del significado de «Spring Day», salvo unos breves comentarios que hicieron en una rueda de prensa al principio de la 2017 BTS LIVE TRILOGY EPISODE III : THE WINGS TOUR, en los que afirmaban que les gustaría que fueran los oyentes quienes la interpretaran.

Según RM, «Spring Day» empezó como un mensaje a unos amigos:

——————Cuando escribí la letra de esa canción, recuerdo que intenté escribir de verdad a mis amigos. Amigos como los que ya no están a mi lado, a los que veo de vez en cuando pero se encuentran tan lejos que, aunque estemos bajo el mismo cielo, de alguna manera se hallan en otro lugar.

SUGA, el otro letrista de «Spring Day», es más concreto:

——————Estaba muy dolido con un amigo.

Añade:

——————Porque no podíamos quedar aunque tenía muchas ganas de verlo.

Más tarde, SUGA citaría la letra de «Spring Day» en «Dear My Friend» (Feat. Kim Jong-wan de NELL),* parte de su *mixtape D-2* de mayo de 2020, dando a entender que las dos canciones hablaban de la misma persona. Según él, era «una persona a la que quería mucho». Pero ocurrieron varias cosas entre ellos, se distanciaron y ya no volvieron a coincidir. En un momento dado, cuando la añoranza llegó a ser demasiado fuerte, incluso se puso en contacto con conocidos para reencontrarse con esa persona. Por desgracia, el reencuentro no llegó a producirse.

——————Cuando pasaba por una mala racha, ese amigo era el único en quien podía apoyarme … Cuando era *trainee*, hablábamos mucho: «¿Crees que puedo debutar de verdad?», y empezábamos a sollozar, y luego nos hacíamos propósitos del tipo: «¡Vamos a conquistar el mundo entero!». Pero ahora me pregunto cómo le irá … Por eso estaba tan dolido.

SUGA había sufrido mucho antes de «Spring Day», pero ese sufrimiento era lo que lo había llevado tan lejos. Por desgracia, esa persona ya no estaba a su lado. Para él, «Spring Day» era una forma de asimilar las emociones que seguían bullendo en su corazón después de todos aquellos años. El tema resultante se convirtió en una fuente de consuelo para él.

————Por aquel entonces, no recordaba la última vez que me había animado escuchando música … había pasado mucho tiempo. Así que, en aquel momento, no lo sabía. Pero ahora sí lo sé.

Tú lo sabes todo
Eres mi mejor amigo
La mañana volverá
Ninguna oscuridad ni estación dura eternamente

SUGA no fue ni mucho menos el único que se sintió reconfortado por «Spring Day». El accidente del Sewol había dejado una huella indeleble en Corea, donde la primavera había dejado de ser una mera época de calor y renovación. Abril, en particular, seguía siendo «el mes más cruel» para quienes habían quedado traumatizados por el naufragio. RM lo explica:

————Cuando estudiaba literatura, aprendí que muchos escritores hablan de la primavera como una estación cruel. Por ejemplo, en *La tierra baldía* el poeta T. S. Eliot dice que abril es el mes más cruel. Al conocer obras como esa, pensé: «¿Por qué nunca se me ocurrió la idea de que la primavera fuera cruel?». Pero, por otra parte, también se puede pensar en la primavera como algo que ocurre al final del invierno. Y «Spring Day» habla del sentimiento de echar de menos a alguien … Por eso creo que a la gente le gusta esta canción.

De hecho, «Spring Day» se convirtió en un símbolo de la estación para los coreanos. Incluso ahora, sigue en la lista Melon Top 100, y vuelve a subir en la clasificación cada primavera, prueba más que fehaciente de su popularidad imperecedera. Las esperanzas que RM sembró en la canción florecieron de una forma maravillosa:

————Quería hacer una canción que fuera perenne en Corea.

El recuerdo que tiene RM del proceso de producción transmite una sensación de destino, o de suerte, a todos los aspectos de «Spring Day». Cuenta:

————Incluso ahora, es una experiencia sin precedentes, pero, cuando escribí la melodía por primera vez, lo supe: «¡Esto es!». Los músicos experimentados dicen que algunas canciones surgen de la nada en solo cinco minutos y, para mí, «Spring Day» fue exactamente así.

El periodo desde la donación a las familias de las víctimas del Sewol hasta el lanzamiento de *YOU NEVER WALK ALONE* fue un punto de inflexión en la carrera de BTS. «Spring Day» no hacía referencias directas al desastre del ferry, pero era —y sigue siendo— una canción universal de consuelo y solidaridad para los afectados por accidentes similares. Al mismo tiempo, la donación fue una muestra de voluntad por parte de BTS de contribuir como miembros de la sociedad.

«Not Today»,˙ otro tema nuevo de *YOU NEVER WALK ALONE*,

enviaba un mensaje tranquilizador a «*all the underdogs in the world*» (todos los desamparados del mundo).

> *Hasta el día de la victoria (¡lucha!)*
> *No te arrodilles No te rindas*

Desde la serie *THE MOST BEAUTIFUL MOMENT IN LIFE* hasta *WINGS* y *YOU NEVER WALK ALONE*, BTS cantaba a aquellas personas que antes estaban más desconectadas de la sociedad y ahora se unían en solidaridad a través de la comunidad. Era un viaje de crecimiento, en el que un adolescente aprendía a mirar más allá de sí mismo y hacia la vida de los demás. Y así, BTS siguió encontrando aún más formas de contribuir al mundo.

Parte de sus actos surgieron del deseo de devolver a ARMY su amor y apoyo, de demostrar a sus mayores fans que BTS ya era capaz de tomar la iniciativa. Ya no se limitaban a caminar juntos, ahora eran precursores y forjaban un camino nuevo y más significativo hacia delante. BTS pasaría de contar sus propias historias a escuchar otras voces, buscando activamente causas importantes que defender.

RM habla de cómo BTS empezó a percibir el mundo en esa época:

———Ya fuera por la gente que escuchaba nuestra música o por mí, me reprendía a mí mismo para «tener algo que decir sobre el mundo que me rodeaba». Al fin y al cabo, había empezado con Nas y Eminem. En cierto sentido, podría decirse que estamos en una posición inestable e hipócrita, pero, a pesar de todo, siempre habrá algo que decir…

Cuando se abrieron camino para salir del cascarón, encontraron un mundo en apariencia interminable lleno de cosas que hacer, incluso después de haberlos nombrado Artista del Año.

CAPÍTULO 5

LOVE YOURSELF 承 'Her'

LOVE YOURSELF 轉 'Tear'

LOVE YOURSELF 結 'Answer'

A FLIGHT
THAT NEVER LANDS

UN VUELO QUE
NO ATERRIZA NUNCA

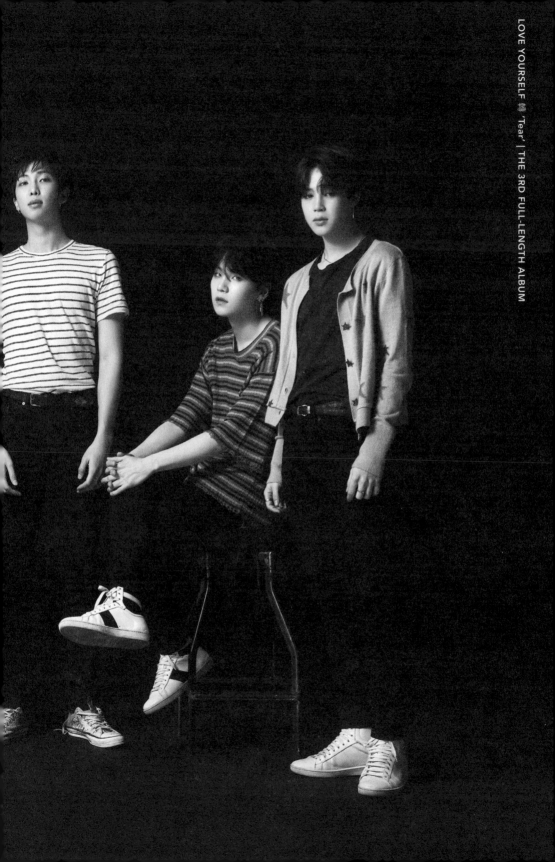

LOVE YOURSELF 轉 'Tear' | THE 3RD FULL-LENGTH ALBUM

LOVE YOURSELF 結 'Answer' | REPACKAGE ALBUM

IIII I | I | A FLIGHT THAT NEVER LANDS | I | I III

20 de mayo de 2018

El 20 de mayo de 2018 (fecha local), BTS subió al escenario de los premios Billboard Music Awards (BBMA), celebrados en el MGM Grand Garden Arena de Las Vegas. Estaban a punto de interpretar por primera vez la canción «FAKE LOVE» del nuevo álbum *LOVE YOURSELF* 轉 *'Tear'*, que se había publicado unos días antes.

Los BBMA significaban mucho para BTS: habían asistido por primera vez el año anterior, donde recibieron el premio al Mejor Artista Social,* y por fin también actuarían allí por primera vez.** Les otorgaron el premio al Mejor Artista Social por segundo año consecutivo, y *LOVE YOURSELF* 轉 *'Tear'* se convirtió en su primer álbum número uno en la lista Billboard 200.

Sin embargo, durante este periodo de enorme éxito, BTS estaba viviendo también su crisis más grave hasta la fecha. Esto no se supo hasta siete meses después de los BBMA de 2018, en los premios MAMA del 14 de diciembre.

Aquel día, BTS recibió el premio al Artista del Año por tercer año consecutivo y, en mitad del discurso de aceptación, j-hope dijo con los ojos llorosos:

> *Creo..., creo que habría llorado tanto si hubiéramos ganado como si no. Este año. Como hemos vivido muchas cosas, como hemos recibido tantísimo cariño de todos vosotros, quería de-*

volvéroslo a toda costa, de verdad ... Muchas gracias, de cora-
zón. Ahora mismo, estando todos juntos aquí, quiero deciros a
los miembros: «Muchísimas gracias».

Jin, que ya se había puesto a llorar al escuchar los discursos de los
demás integrantes, dijo con voz temblorosa:

Eh, en serio..., este año... Me hace recordar cómo em-
pezó. Al principio de este año, lo pasamos muy mal desde
el punto de vista emocional. Discutimos entre nosotros y
nos planteamos romper, pero al final conseguimos ponernos
de acuerdo y acabamos obteniendo unos resultados muy
buenos... Creo que es un verdadero alivio... Doy las gra-
cias a todos los miembros por habernos puesto de acuerdo y
quiero expresar mi agradecimiento también a ARMY por
querernos siempre.

«Romper». Esta es la última palabra que ahora se relacionaría con
BTS, y a principios de 2018 la cosa no era muy distinta. Antes de *LOVE*
YOURSELF 轉 *'Tear'*, *LOVE YOURSELF* 承 *'Her'*, lanzado en septiembre de 2017, había sido su primer álbum en vender más de un
millón de copias, y también había alcanzado el número siete en la lista
Billboard 200, el puesto más alto de BTS hasta el momento. Sin embargo, mientras el grupo en sí subía como la espuma, esos mismos héroes de la historia se hundían en el fondo del mar, y no había final a la
vista. SUGA resume el ambiente que reinaba entonces en el grupo:

————Todos queríamos decir: «Dejémoslo», pero ninguno se atrevía a
hacerlo.

Bohemian Rhapsody

A finales de 2018, después de que BTS superara su crisis de ruptura, RM vio *Bohemian Rhapsody* (2018), que cuenta la historia del legendario grupo de rock británico Queen. RM dice que mientras veía la película le vinieron a la mente muchas de las cosas que había vivido BTS:

————En una pelea con los demás miembros, Freddie Mercury dice que el ciclo repetitivo de «álbum, gira, álbum, gira» es agotador. Entonces, Brian May hace un comentario al respecto. Al ver esa escena, me vinieron a la cabeza muchas cosas.

En esta escena, se muestra a Freddie Mercury acorralado psicológicamente. Estaba agotado: con la enorme popularidad que había alcanzado Queen, tenían la agenda a tope, la prensa husmeaba en su vida personal y, en consecuencia, se veían bombardeados por todo tipo de malentendidos y críticas. Cuando Freddie Mercury dice que ya no quiere una vida que sea una repetición de álbumes y giras, Brian May le responde:

Eso es lo que hacen las bandas. Álbum, gira, álbum, gira.

Al igual que Queen, BTS no pudo escapar de «lo que hacen las bandas». Retrocediendo un poco en el tiempo, entre el lanzamiento del álbum *YOU NEVER WALK ALONE* en febrero de 2017 y *LOVE YOURSELF* 承 *'Her'* en septiembre del mismo año, BTS había ofrecido treinta y dos conciertos en diez países y regiones distintas como parte de la 2017 BTS LIVE TRILOGY EPISODE III : THE WINGS TOUR.

Más tarde, menos de un mes después del lanzamiento de *LOVE YOURSELF* 承 *'Her'*, BTS dio los cinco conciertos que les quedaban en Japón, Taiwán y Macao. El espectáculo en el Kyocera Dome Osaka de Japón fue su primera actuación en un estadio desde que debutaron.

Aunque esto se tratará más adelante, unas dos semanas después, el 19 de noviembre (fecha local), BTS se convirtieron en los primeros artistas coreanos en actuar en solitario en los American Music Awards (AMA),ᐧ uno de los tres premios musicales más importantes de Estados Unidos. La ceremonia tuvo lugar en el Microsoft Theater de Los Ángeles, donde BTS también actuó. A continuación, aparecieron en los principales programas de entrevistas de las «Tres Grandes» cadenas de televisión estadounidenses, NBC, CBS y ABC, uno detrás de otro.[37]ᐧᐧ

Tras regresar a Corea, BTS se preparó para actuar en varias ceremonias de entrega de premios, como los MAMA y los MMA. También celebraron tres conciertos como parte de la 2017 BTS LIVE TRILOGY EPISODE III : THE WINGS TOUR, que pondría punto final al viaje de su anterior gira mundial. Estrenaron 2018 habiendo superado todos los preparativos y compromisos para cada uno de los programas musicales especiales y ceremonias de entrega de premios de fin de año de las emisoras coreanas, e inmediatamente tuvieron que ponerse a trabajar en su nuevo álbum de estudio *LOVE YOURSELF* 轉 *'Tear'*.

Cuando le preguntan cómo se sentía en aquel momento, Jin levanta un poco la voz y explica la presión y el agotamiento que sentían:

---

37 Los chicos de BTS aparecieron en *The Ellen Degeneres Show*, de la NBC, *The Late Late Show with James Corden*, de la CBS, y *Jimmy Kimmel Live*, de la ABC, entre otros, donde concedieron entrevistas o actuaron.

———Casi no teníamos días libres. Así que, en aquel momento, me pregunté si era bueno que una persona viviera la vida con semejante agotamiento.

La producción y la promoción del álbum, y luego las giras, las innumerables ceremonias de entrega de premios y las actuaciones, la producción de otro álbum más… Al igual que le ocurría a Queen en *Bohemian Rhapsody*, este calendario tan reiterado les pasaba cada vez más factura psicológica a los miembros de BTS. Sin embargo, y para ser exactos, BTS estaba experimentando un sufrimiento distinto del que expresaba Queen en la película. Esto se debía a que BTS se encontraba en una situación en la que ninguna banda de rock británica o grupo coreano de *idols* se había visto antes.

Como ya se ha comentado, los grupos de *idols* coreanos habían cobrado popularidad en el mercado de la música occidental incluso antes que BTS. Los vídeos musicales de K-pop ya eran populares en YouTube. No obstante, que se les invitara a los BBMA y ganaran, o que llegaran a los diez primeros puestos de la Billboard 200 con un álbum en coreano eran logros de otro nivel. BTS ya gozaba de una popularidad inigualable en el mercado asiático y también estaba creciendo vertiginosamente en Occidente, incluido Estados Unidos.

Mientras estaban de gira, Jin se llevaba su PC allá donde se alojaran y jugaba. Dice:

———Con los videojuegos, no me da la sensación de estar jugando, sino que más bien lo hago para charlar. Necesito entretenerme con algo para poder dormir. Cuando salimos al extranjero, no hay mucho que hacer.

Debido al interés por BTS, no les era nada fácil salir del hotel. Jin continúa:

————Cuando terminaba un concierto, comía algo y luego me conectaba al juego y chateaba con mis amigos, y poco más. Básicamente, nos pasábamos la mayor parte del tiempo en el hotel.

Cuando volvieron a Corea después de la gira, su vida cotidiana tomó un nuevo impulso. V reflexiona:

————Era estresante. Antes, podía ir tranquilamente donde quisiera y hacer con calma lo que me apeteciera. Pero a partir de ese momento, a la vez que empezaba a sentir: «Anda, parece que nos hemos vuelto más famosos», empecé a pensar: «Imagino que este tipo de vida privada no será fácil a partir de ahora».

Lo que sentía V no era por el interés de ARMY por BTS. Ningún artista coreano había tenido tanto éxito en el extranjero y ellos habían despertado un interés enorme. Y no se trataba solo de la industria de los *idols*: BTS se estaba convirtiendo en un auténtico tema de conversación en toda la industria de la música popular coreana y también en el público general.

Como explica SUGA, era como intentar resolver un problema que no tenía respuesta:

————Si los libros de historia son el solucionario del presente, entonces nuestros *sunbaes* que hicieron música antes que nosotros son el nuestro, ¿no? Sin embargo, en nuestro caso hemos tenido que enfrentarnos a algo más.

Tras el debut de BTS, SUGA tenía unos objetivos bastante ambiciosos como artista. Así reflexiona:

————Ya en 2016, pensaba en actuar alguna vez en el Arena de Gimnasia Olímpica, ganar un gran premio y, económicamente, comprarme una casa y el coche que quisiera… Si pudiera tener esas cuatro cosas, habría conseguido todos los objetivos de mi vida.

La mayoría de los artistas tienen sueños similares. De hecho, SUGA formaba parte de la pequeña minoría que recibió el gran premio en una ceremonia de entrega de premios musicales en Corea, y que llegó a actuar en el Arena de Gimnasia Olímpica de Seúl. Sin embargo, a partir de 2017, la realidad de SUGA empezó a superar todo lo que había soñado:

———Por poner un ejemplo, fue como si, de repente, me convirtiera en el protagonista de una novela de artes marciales y me enfrentase a un oponente muy fuerte. Y entonces me dijera: «Bueno, ¿qué se le va a hacer?», le golpeara y, sin saber cómo, consiguiera vencerle de un solo golpe. Así me sentía. «Anda, pero ¿desde cuándo soy tan fuerte? Esto no era lo que pretendía».

SUGA resume así su forma de pensar en aquel momento:

———¿Quieres decir que podemos conseguir aún más de lo que estamos consiguiendo ahora…?

Miedos y dudas

La ansiedad que SUGA sentía en aquel momento queda patente en «Skit : Hesitation & Fear» (pista oculta), que se encuentra únicamente en la versión en CD del álbum *LOVE YOURSELF* 承 *'Her'*. Esta pista es una grabación de voz de los integrantes de BTS cuando vuelven a ver el vídeo del anuncio del Mejor Artista Social de los BBMA de 2017 mientras se preparan para *LOVE YOURSELF* 承 *'Her'*.

Al ver su nombre proclamado una vez más, los chicos de BTS hablan de lo felices que se habían sentido y no tardan en sincerarse sobre cómo les había sentado este éxito tan inesperado. RM expresa sus preocupaciones preguntándose: «¿Cuánto más tenemos que subir?», «¿Y cuánto tendremos que bajar si eso pasa?», mientras SUGA dice: «Bueno, cuando caigamos, pues… En aquel momento me preocupaba que la caída fuera más rápida que el ascenso».

Negocio mundial (bang, bang) en el corazón
Número 1 favorito para el casting (plas, plas) todo vendido

Arriba está parte de la letra de la canción «MIC Drop»ˀ de *LOVE YOURSELF* 承 *'Her'*. La canción aparece inmediatamente después de «Skit : Billboard Music Awards Speech», una grabación del discurso de aceptación del premio al Mejor Artista Social de los BBMA de 2017 en la que se mantiene el ruido de fondo tal cual. Como muestra «MIC Drop», los chicos de BTS se sentían orgullosos por este nuevo nivel de éxito que estaban viviendo.

Sin embargo, como se menciona en «Skit : Hesitation & Fear» (pista oculta) —que podría llamarse el epílogo de su victoria—, con la gran gloria llega la ansiedad. Nada más debutar, los componentes de BTS recibieron una lluvia de comentarios maliciosos en internet, e incluso se les insultó a la cara en apariciones públicas. Aunque se había disparado su popularidad, los estaban «machacando». Los elogios y el interés con los que de repente un día se vieron colmados los confundió tanto como los complació.

SUGA recuerda cómo se sentía entonces:

———Aparte de los que nos querían y nos apoyaban, todos los demás nos parecían enemigos. Estábamos muy preocupados por las crí-

LOVE YOURSELF 承 'Her'

THE 5TH MINI ALBUM
18. 9. 2017

TRACK

01 Intro : Serendipity
02 DNA
03 Best Of Me
04 Dimple
05 Pied Piper
06 Skit : Billboard Music Awards Speech

07 MIC Drop
08 Go Go
09 Outro : Her
10 Skit : Hesitation & Fear (Hidden Track)
11 Sea (Hidden Track)

VIDEO

 COMEBACK TRAILER :
Serendipity

 «DNA»
MV TEASER 1

 «DNA»
MV TEASER 2

 «DNA»
MV

 «MIC Drop» (Steve Aoki Remix)
MV TEASER

 «MIC Drop» (Steve Aoki Remix)
MV

ticas que recibiríamos si nos salíamos de la línea aunque solo
fuera un centímetro.

Las palabras de SUGA nos muestran claramente los «miedos y dudas» que sentía BTS en aquel momento. Tras el lanzamiento de *LOVE
YOURSELF* 承 *'Her'*, alcanzar el número uno de la Billboard 200 dejó
de ser un objetivo poco realista. Sin embargo, cuando lo consiguieron,
el hecho de que nadie pudiera predecir lo que les depararía el futuro los
llenó inevitablemente de miedo.

En aquel momento, BTS había estado haciendo todo lo posible por
responder al amor que ARMY les había brindado hasta entonces. El 1
de noviembre de 2017, BTS comenzó la iniciativa social «LOVE MY-
SELF» («Me quiero»)[38*] en colaboración con UNICEF. Esta campaña,
que sigue vigente en la actualidad, se decidió después de que BTS se
diera cuenta de que su influencia era tan grande como el amor que les
proporcionaba ARMY.

Su apoyo a los niños y jóvenes, sobre todo a los que se ven expuestos
a la violencia, también encajaba con el mensaje de BTS, que desde su
debut había madurado y reflexionado sobre la realidad a la que se en-
frentan los adolescentes. Por eso no solo donaron una parte de los beneficios de todos sus álbumes, sino que también impulsaron esta campaña

---

38 Campaña de apoyo al proyecto global *#ENDviolence*, creado por UNICEF en 2013, cuyo objetivo es crear un mundo seguro y sin violencia contra niños y jóvenes. Los donativos recaudados
a través de la campaña «LOVE MYSELF» se destinaron a ayudar a niños y jóvenes víctimas de la
violencia y se utilizaron también para pedir la revisión sistemática de la prevención de la violencia
a escala regional.

de forma activa. Con sus actividades promocionales, esperaban concienciar sobre los problemas que sufren los niños y los jóvenes.

Sin embargo, fue durante sus preparativos para esta campaña, a partir de principios de 2017, cuando invitaron a BTS a los BBMA por primera vez. Además, todos los récords que habían batido con *WINGS* por ser «los primeros artistas coreanos de la historia en [acabad la frase]» los volvieron a superar (y por un margen enorme) con *LOVE YOURSELF* 承 *'Her'*. La popularidad de BTS, que podría describirse fácilmente como «fuera de control», no solo dio a cada uno de sus actos una influencia enorme, sino que con cada acto vino también una enorme responsabilidad. Incluso la campaña «LOVE MYSELF», que había comenzado solo con las mejores intenciones, se convirtió en otra razón más por la que necesitaban asumir la responsabilidad social de sus actos y sus palabras.

SUGA dice que sintió mucha presión por el enorme interés que suscitaba BTS, así como por los excesivos significados que se les asignaban:

————Entonces era igual, pero, incluso ahora, los nombres que se nos atribuyen son una gran carga. Etiquetas como «buena influencia» y las respuestas a todo el impacto económico que tenemos … Al fin y al cabo, no sabíamos que llegaríamos tan alto y somos conscientes de que podemos caer también sin pretenderlo. Fue durante aquella época cuando me sentí más preocupado y desconcertado.

Luego, SUGA añade:

————Era como interpretar un baile perfectamente sincronizado delante de la gente.

Al principio de la campaña «LOVE MYSELF», Jimin también se preguntó qué huella dejaría en el mundo:

————Creo que podría llamarse «el poder de cambiar los corazones».

Una vez fui a buscar a RM para preguntarle qué opinaba él de toda esta campaña. De repente, me entró mucha curiosidad y por eso fui a hablar con él. Hacemos donaciones sabiendo que es algo bueno, pero pensé que lo más importante era la mentalidad y actitud que había detrás.

La conversación que Jimin mantuvo con RM reafirmó lo que ya pensaba sobre el trabajo que hacían:

———RM me dijo: «Si con el dinero que he donado, o con mis canciones, puedo mejorar la vida de una sola persona; no de unas pocas, no, sino de una sola, entonces quiero seguir haciendo este trabajo». Después de oírlo, creo que empecé a ver las cosas de una forma muy distinta. Yo siempre había querido actuar para la gente, y si para estas personas abrirme su corazón les hace felices y lo que hacemos nosotros les hace sentir esa emoción de: «Hoy me lo he pasado bien» y «Gracias a esto, me he puesto de buen humor», pues hagámoslo.

Como dice Jimin, para BTS, el intercambio emocional con ARMY y con quienes escuchan su música fue una gran fuerza motriz que les permitió seguir trabajando en la serie de álbumes *LOVE YOURSELF*.

En este sentido, *LOVE YOURSELF* 承 *'Her'* y el álbum posterior *LOVE YOURSELF* 轉 *'Tear'* fueron como el «exterior» y el «interior»; la «luz» que les guía y la «oscuridad» que les infunde temor. «Pied Piper» en *LOVE YOURSELF* 承 *'Her'* representa lo que los fans de BTS —en otras palabras, las personas que viven como ARMY— pueden estar experimentando, y hace saber a los fans que los integrantes del grupo saben bien cómo se sienten. El tema principal «DNA» describe el encuentro de BTS con ARMY como los «mandamientos de la religión» y la «providencia del universo».

j-hope reflexiona sobre cómo se sentía en aquel momento:

—En realidad, no quería que supieran que estábamos atravesando un momento difícil emocionalmente. Solo quería presentarles una buena imagen, solo cosas buenas; no quería enseñarles una sombra.

Tal y como quería j-hope, con *LOVE YOURSELF* 承 *'Her'*, BTS hizo todo lo posible por ofrecer una imagen divertida y positiva ante ARMY. Junto a las dificultades que estaban experimentando, también se habían embarcado en una nueva época de gloria, que superaba incluso los días de esplendor anteriores. ARMY estaba más que preparado para disfrutar de *LOVE YOURSELF* 承 *'Her'*, el primer álbum de la historia de BTS centrado por completo en una atmósfera de luz, de luminosidad.

j-hope cuenta cómo pudieron seguir trabajando en el disco, a pesar de que los problemas del grupo eran cada vez más graves:

—No sé … Era como si tuviéramos un sentido de la vocación un pelín escaso (risas.) No éramos personas que viviéramos la vida pensando en tantas cosas, la verdad. De hecho, si hubiéramos pensado mucho, habría sido más difícil, y como éramos siete chicos muy sencillos, quizá eso fue lo que lo facilitó todo. Lo interesante es que, en aquella época, aunque lo estuviéramos pasando mal, teníamos una mentalidad muy profesional. Es curioso, ¿sabes? Aunque tuviéramos dificultades y dijéramos: «¡Qué fastidio!», también decíamos: «Vale, no pasa nada. Tenemos que hacer esto, no hay vuelta de hoja».

j-hope continúa:

—Incluso en una situación en la que lo normal sería que al menos uno de nosotros no acudiera, todos íbamos a todos los ensayos y a todas las grabaciones. Hubo momentos en los que no teníamos muy buena pinta, pero hicimos lo que teníamos que hacer.

Es difícil precisar con exactitud cómo, fuera cual fuera la situación,

BTS conseguía hacer su trabajo sin dejar de profesar su gran amor a ARMY y de demostrar lo dignos de confianza que eran. Puede que se debiera a que BTS y ARMY siempre lo habían vivido todo juntos, quizá fuera por la naturaleza innata de los miembros o porque se comunicaban y les contaban sus emociones a sus fans de una forma natural desde el principio.

Sin embargo, lo que está claro es que la fuerza de voluntad que les permitió ensayar y crear canciones y actuaciones pasara lo que pasara llevó a la serie *LOVE YOURSELF* a otro nivel.

La dicha del amor

A pesar de todo lo que estaban viviendo los miembros de BTS, la serie *LOVE YOURSELF* significaba algo importante para ellos.

Su popularidad —que se había disparado a lo largo de 2015 y hasta principios de 2017— hizo realidad todo lo que BTS y Big Hit Entertainment habían deseado. En pocas palabras, el productor musical de Big Hit Entertainment, Pdogg, pudo comprar el mismo equipo que utilizaban los ingenieros de sonido en Estados Unidos a la hora de producir la serie *LOVE YOURSELF* e instalarlo en su propio estudio. Con estos cimientos, BTS no solo logró marcar la dirección que quería para el sonido general del álbum, sino también diseñar una imagen concreta para cada canción.

Aunque «DNA»,ˈ el sencillo principal de *LOVE YOURSELF* 承 'Her', es una canción de música *dance* acompañada de una intensa coreografía, describe el amor entre el narrador y su contraparte como una relación cósmica. El sonido de «DNA» se alinea con esto y mantiene la intensidad del ritmo al tiempo que crea una sensación de espacio mediante la reverberación. A continuación, las proporciones que ocupan cada uno de los sonidos se reducen, y una serie de ruidos llenan ese espacio, se mueven y se extienden en todas direcciones, creando una dimensión que casi parece expresar el misterio del cosmos.

Podría decirse que esta dirección sonora es la que cuenta, a través de la música, las historias que fluyen por el álbum en su conjunto, casi como la banda sonora original de una película. Mientras que en «Intro : The most beautiful moment in life» de *THE MOST BEAUTIFUL MOMENT IN LIFE PT.1* e «INTRO : Never Mind» de *THE MOST BEAUTIFUL MOMENT IN LIFE PT.2* toman sonidos directamente del ambiente espacial —el balón de baloncesto que rebota en una cancha, un estadio lleno de fans que gritan—, en la serie *LOVE YOUR-SELF*, BTS consiguió expresar un concepto más abstracto del espacio a través del sonido deseado.

La primera canción de *LOVE YOURSELF* 承 *'Her'*, «Intro : Serendipity»,˙ y la de *LOVE YOURSELF* 轉 *'Tear'*, «Intro : Singularity»,˙˙ presentan unas imágenes opuestas del amor y ambos sonidos crean unos ambientes espaciales totalmente distintos.

Es Jimin quien canta «Intro : Serendipity» y expresa su amor por alguien como la «providencia del universo», refiriéndose a sí mismo como «tu flor»: aquí, unos sonidos tan radiantes y ligeros como la letra se disponen por todo el espacio, y el ritmo lento hace que parezca que Jimin está bailando dentro de un lecho de flores.

«Intro : Singularity», por otro lado, es una canción sobre el dolor del amor y se articula en torno a un ritmo bajo y denso, que crea una sensación de espacio oscuro y angosto. V, que es quien canta, transmite dos polos opuestos de emoción y crea una atmósfera casi unipersonal.

Además de su capacidad tecnológica, que les permitía llevar a cabo todo lo que querían, la popularidad de BTS en Estados Unidos —que había empezado a crecer con la serie *THE MOST BEAUTIFUL MOMENT IN LIFE* y había seguido hasta los BBMA de 2017— les abrió la puerta a colaborar con una mayor variedad de artistas. En «Best Of Me» de *LOVE YOURSELF* 承 *'Her'*, BTS colaboró con Andrew Taggart de The Chainsmokers, que había ocupado el número uno de la Billboard Hot 100 durante doce semanas consecutivas con «Closer» . (Feat. Halsey), mientras que Steve Aoki, que también había remezclado «MIC Drop», produjo «The Truth Untold» (Feat. Steve Aoki) de *LOVE YOURSELF* 承 *'Her'*.

La popularidad de BTS en Estados Unidos les permitió colaborar con artistas que marcaban las tendencias de la música pop estadounidense, y BTS aprovechó esta oportunidad para incluir una mayor variedad de sonidos mediante métodos más complejos en sus álbumes. BTS, que había creado música *idol* coreana con un sonido hiphop, ahora captaba también las tendencias contemporáneas del sonido de la música pop estadounidense. Aunque es una mezcla de sonidos de varios géneros, «DNA» es al mismo tiempo un pop optimista que roza el género *easy listening*. Otro hito que demostró que BTS había alcanzado una nueva cota.

La forma especial de trabajar de BTS les permitió terminar *LOVE YOURSELF* 承 *'Her'* y *LOVE YOURSELF* 轉 *'Tear'* sin importar su situación. Por ejemplo, en la coreografía de «DNA»,˙ de un modo parecido a lo que hace el sonido, no solo hay movimientos a izquierda y derecha por el escenario, sino que, en el momento en que desciende el ritmo, por ejemplo, se produce una retirada repentina hacia atrás, lo que crea un movimiento tridimensional. La coreografía consigue esa sensación de tridimensionalidad no solo gracias a la amplitud del escenario, sino por el movimiento continuo en todas direcciones. Se trata de un nuevo estilo de actuación, diferente del de «Burning Up (FIRE)», con bailarines a gran escala, y también del de «Spring Day», que fusionaba elementos de danza moderna con una rutina de baile típica de un grupo de *idols*.

Como era de esperar, la coreografía era difícil, y aunque los problemas dentro de BTS iban aflorando poco a poco, el grupo seguía ofreciendo el mejor producto final posible. j-hope comenta las cualidades de BTS durante aquel tiempo:

———Cuando debutamos fue cuando más ensayamos. Practicando paso a paso, todos aprendimos lo que teníamos que reajustar y lo que teníamos que hacer. En la época de *LOVE YOURSELF* solo podíamos ensayar el tiempo en el que podíamos concentrarnos plenamente. ¿Unas tres o cuatro horas? Si era un poco más, practicábamos solo durante cinco o seis. Así era nuestro trabajo en equipo.

Los componentes, que habían superado una oleada de preocupaciones personales tras el éxito de *WINGS*, demostraron la mejora de sus capacidades en *LOVE YOURSELF* 承 *'Her'* a través de diversos métodos.

Tras la canción «Lie» de *WINGS*, Jimin siguió demostrando su presencia como artista en solitario en «Intro : Serendipity».* Jimin dice:

————Primero, incluso a la hora de decidir la tonalidad, lo estuve hablando con Slow Rabbit, con quien trabajé en la canción, durante unos dos días. Le preguntaba: «¿La subimos un poco o la bajamos?». No parábamos de plantearnos cómo conseguir que la canción pareciera más ligera y desenfadada.

Además, durante sus actuaciones de «Intro : Serendipity» en los conciertos, Jimin también recurrió a los elementos de danza moderna que había aprendido.

RM, por su parte, había sabido captar un tema general para las letras de las canciones del álbum *LOVE YOURSELF* 承 *'Her'*. Recuerda:

————A modo de comparación, pensé en este álbum como ese momento en que conoces a alguien y superas los límites de la fantasía. En ese sentido, es un tema familiar dentro de la música popular y cuenta una historia de enamoramiento, que de hecho podría considerarse sagrada, y fue algo muy bonito de hacer. Fue como pintar un lienzo de rosa y hacerle un dibujo encima. De hecho, cuando estábamos preparando el álbum, también fuimos a los BBMA por primera vez y fue una gozada.

Por supuesto, al igual que en todos los álbumes anteriores de BTS, trabajar en este no fue un camino de rosas. Con modestia, a Jimin también le preocupaba cómo sacaría adelante la letra de «Intro : Serendipity». Jimin sonríe y dice:

————No entendía lo de «*I'm your calico cat*» ni «*You're my penicillium*», así que le pregunté a RM: «Imagina que tuvieras una novia y te llamara "moho", ¿a ti te haría gracia?» (risas). Pero luego me enteré de que habían descubierto por casualidad que del hongo *Penicillium* se obtenía la penicilina y pensé que la letra encajaba bien. Y entonces ya sentí que podía cantarla a gusto y de corazón.

Después de «Intro : Serendipity», a la siguiente canción, «DNA», le aguardaba un problema bastante difícil, como cabría esperar de una canción principal. En cuanto se les ocurrió el sonido de «DNA» —en el que un silbido y una guitarra acústica infunden una atmósfera fresca y estimulante, junto a un ritmo *trap* y elementos de música electrónica—, sabían que sería imposible dar con nada que fuera mejor. Era la atmósfera vibrante de BTS, que por fin cantaban sobre la alegría del amor, y aun así habían mantenido viva su fuerza inconfundible. Sin embargo, encontrar una melodía que encajara con este fantástico arreglo fue increíblemente difícil. Jimin recuerda:

————¿«DNA»? Recuerdo que fue muy divertido. Estábamos en plena preparación del álbum y Bang Si-Hyuk escribió la melodía, pero era malísima (risas).

Jimin continúa, y, por alguna razón, parece estar disfrutando más de lo habitual:

————Cuando la escuché, pensé: «Uy, no, esto no mola nada». Teníamos que decírselo a Bang Si-Hyuk, ¿no? Fui el primero en decir sin rodeos: «No me gusta». En ese momento, nos estábamos preparando para grabar un vídeo, me estaban repasando el pelo y el maquillaje, y nos encontrábamos todos juntos en la sala de ensayo, cuando oímos la melodía. Empezamos a decir: «¿Qué es esto? Qué malo», «No me lo puedo creer», «Tenemos que decirle que no podemos usarlo» (risas). Así que RM se lo dijo a la compañía, me programaron una grabación y allá que fui.

Bang Si-Hyuk, tras ser informado de lo que pensaban los integrantes, entró en el estudio mientras Jimin estaba a mitad de la grabación.

————Me mira y me pregunta: «¿A ti tampoco te gusta?». Para ser sincero, fue muy estresante (risas). Fue entonces cuando lo supe: «Nuestro líder RM no lo tiene nada fácil».

Sin embargo, parece que Jimin no se amilanó lo más mínimo:

————Cuando Bang Si-Hyuk me preguntó, entré en pánico, pero ¿qué iba a hacer? Contesté que no y me dijo que podía irme. Que no hacía falta que grabara nada y que me fuera a casa.

Ese «no» cambió muchas cosas. Bang Si-Hyuk reescribió la melodía de «DNA» y esta es la versión que escuchamos hoy. Inmediatamente después del lanzamiento de la canción, BTS entró en la Billboard Hot 100 de singles por primera vez en su historia —fueron los segundos artistas coreanos en conseguirlo— en el número 85. El vídeo musical de «DNA» alcanzó los cien millones de visitas en solo veinticuatro días, todo un récord en la historia del K-pop.

No solo fue un episodio interesante, sino que la forma en que los miembros expresaron sus opiniones sobre «DNA» también pone de manifiesto cómo había cambiado BTS. Bang Si-Hyuk era su productor, pero al mismo tiempo era su maestro, alguien que les había brindado la idea del grupo y les había instruido en todo lo que sabían sobre música y baile. Los integrantes, sin embargo, tenían ahora unas opiniones muy claras sobre las canciones que había creado Bang Si-Hyuk. Habían superado todos los problemas que conlleva el éxito y, en cierto punto, sus habilidades, así como su postura ante el trabajo, se habían desarrollado de una forma espectacular.

Empezando por «Intro : Serendipity», y siguiendo con «DNA»,

«Best Of Me» y «Dimple», las cuatro primeras canciones de *LOVE YOURSELF* 承 *'Her'* capturan las mariposas y la dicha del amor, así como una confesión apasionada, algo que BTS no había hecho antes. Estas canciones capturan la alegría del amor bajo un mismo tema, y cada una describe un momento y una emoción diferentes. Mientras que «DNA» retrata las mariposas y el deleite —que hasta pueden parecer nervios— de un amor por alguien que crees que es tu destino, «Best Of Me» habla del amor apasionado incondicional y «Dimple» contiene todo tipo de elogios para la persona que amas.

Los chicos de BTS estaban preparados para expresar todas estas emociones de amor. El proceso de grabación, tal y como lo describe Jimin, insinúa cómo *LOVE YOURSELF* 承 *'Her'* se convirtió en el álbum que supuso de verdad el despegue de su éxito en todo el mundo:

————Todas las canciones del álbum son alegres, pero cada una tiene que ser alegre de una manera distinta, ¿no? Lo sentía siempre que grabábamos y descubrí que las letras me ayudaban mucho. También utilizaba mucho la imaginación mientras cantaba … Y no hay duda de que suena mucho mejor si sonríes cuando cantas. Cuando sonríes, parece que estás emocionado al cantar, y por eso ajustamos la cantidad de sonrisas cuando grabábamos cada canción. «Para este tema, deberíamos sonreír solo la mitad del tiempo» o «Para esta canción, deberíamos sonreír mucho cuando cantamos», cosas así. Lo que más nos ayudó en cada ocasión fue la letra. RM escribió muchas de las letras del álbum y hay algunas muy bonitas.

Todas las condiciones estaban dispuestas ya y los integrantes estaban preparados para dar lo mejor de sí mismos. Esto era fruto de su actitud: presentarse siempre en la sala de ensayo, al margen de las emociones que sintieran en el momento.

Sin embargo, mientras trabajaban en *LOVE YOURSELF* 承 *'Her'*, los problemas que les habían estado agobiando psicológicamente carcomían a BTS. Como ya se ha comentado antes, SUGA se había visto desbordado por el tremendo interés que suscitaba el grupo. Por un lado, seguían llegando los ataques, mientras que por otro había quienes les apoyaban a capa y espada. Las personas que lo rodeaban —incluidos los demás miembros y ARMY— eran las únicas en las que SUGA podía confiar. Dice:

———Pensé mucho más en las personas. Descubrí lo taimados y crueles que pueden llegar a ser algunos. Así que, a partir de entonces, dejé de prestar atención a las respuestas que recibíamos en internet. Me esforcé por recobrar la tranquilidad. Aunque saliera algo bueno sobre BTS en las noticias, me abstenía de mirarlo a propósito. No quería dejarme llevar por eso.

En «Outro : Her»,˙ SUGA capta exactamente cómo se sentía en aquel momento:

Puede que yo sea tu verdad y tu mentira
Puede que yo sea tu amor y tu odio
Puede que yo sea tu némesis y tu amigo
Tu cielo y tu infierno, tu orgullo y tu deshonra
…

Me esfuerzo por ser mejor para ti
Espero que nunca conozcas esta faceta de mí

——Lo que quería decir con el disco *LOVE YOURSELF* 承 *'Her'* en su conjunto se resume exactamente en la letra que escribí para esta canción. El amor de una persona puede ser el odio de otra, y el oficio de *idol* puede ser motivo de orgullo para una persona y de humillación para otra. No soy perfecto, pero me esfuerzo por ti. Sin embargo, no puedes saber el esfuerzo que estoy haciendo. Hablo de cosas así en la canción, ¿sabes? No quiero revelar el trasfondo de mis emociones, me esfuerzo al máximo y preferiría que no supieras que, muy en el fondo, sufro así … Incluso podría decirse que todo lo demás que escribí en el álbum fue para decir esto mismo.

En el momento de trabajar en la serie *LOVE YOURSELF*, BTS había incurrido en una cruel paradoja. Como dice SUGA, aunque los chicos de BTS no eran perfectos, hacían lo que podían por la gente que les quería. Quizá se habrían sentido culpables si no hubieran puesto todo su empeño. El grupo —que había debutado estando prácticamente al borde del precipicio de la industria de los *idols*— estaba llegando a lo más alto gracias a ARMY. Los chicos de BTS estaban ahora en condiciones de devolver el amor que habían recibido.

Sin embargo, este éxito —tan incomprensible que parecía que el mundo entero les estaba gastando una broma— les complicaba concentrarse plenamente en devolver este amor que les habían brindado.

Los AMA de noviembre de 2017 fueron el momento en que la presión psicológica y la confusión se intensificaron e hicieron mella en SUGA. Los componentes de BTS fueron los primeros artistas coreanos en hacer una actuación exclusiva en los AMA y los únicos de Asia que actuaron aquel año. Antes de subir al escenario para interpretar «DNA» de *LOVE YOURSELF* 承 *'Her'*, SUGA era un manojo de nervios:

————Creo que nunca había estado tan nervioso antes de una actuación. Estaba blanco como el papel y me temblaban muchísimo las manos.

Para SUGA, que empezaba a vislumbrar un futuro para el que no tenía hoja de ruta alguna, la entrega de los premios AMA fue el momento en que empezó a materializarse la ansiedad:

————Lo más duro era la brecha entre lo ideal y lo real. Normalmente, lo ideal está muy muy arriba y, en la mayoría de los casos, sufres porque la realidad no puede seguirle el ritmo. Pero para nosotros era lo contrario. De algún modo, lo ideal superaba con creces lo real.

Y consiguieron las entradas

Los AMA se convirtieron en otro punto de inflexión para BTS. Unos dos meses antes, e inmediatamente después del lanzamiento, *LOVE YOURSELF* 承 *'Her'* había alcanzado el número uno en las listas de iTunes de setenta y tres países y zonas. Pronto, Twitter y YouTube se convirtieron nada más y nada menos que en el feudo de BTS, y el grupo estaba causando sensación en una infinidad de países.

Por otra parte, los récords que habían batido —incluida su primera vez en los BBMA en mayo de 2017 y su número siete en la Billboard 200 con *LOVE YOURSELF* 承 *'Her'*— revelaban que también estaban causando sensación dentro del mayor mercado musical del mundo: Estados Unidos. Ahora, con su interpretación de «DNA» en los AMA, los chicos de BTS le estaban demostrando a Estados Unidos de qué pasta estaban hechos.

Al reflexionar sobre la situación en aquel momento, RM lo resume con una sencilla analogía:

————Conseguimos las entradas.

Sin embargo, en el momento de los AMA, BTS no tenía ni idea de lo que ocurriría en ese lugar para el que habían conseguido «entradas». Jimin dice:

————La verdad es que no sé gran cosa sobre las ceremonias de premios como los BBMA (risas), así que, cuando fuimos a los BBMA por primera vez, pregunté a los *hyungs* qué tipo de ceremonia era y de qué magnitud estábamos hablando.

Jung Kook tampoco estaba muy familiarizado con las ceremonias de premios musicales de Estados Unidos:

————Sabía que era algo extraordinario y era consciente de que teníamos que estar muy agradecidos porque era un gran honor … Lo que sentí a nivel personal fue algo muy simple. Cuando el personal nos informó de antemano sobre algunos asuntos, me limité a decir: «Me parece bien», y poco más. En la ceremonia de entrega de los premios, los fans que vinieron a animarnos me infundieron muchísima confianza, fue genial. Solo teníamos que hacer un buen trabajo y bajar del escenario después.

Para Jung Kook, donde más sintió la presión fue fuera del escenario de la ceremonia de entrega de premios:

————Las entrevistas fueron complicadas. Mi nivel de inglés no es bueno, así que me costaba entender las conversaciones. RM fue el que más tuvo que hablar, y a mí me supo mal, quería ayudar de alguna manera, pero no podía.

Inmediatamente después de su aparición en los AMA, *LOVE YOUR-SELF* 承 *'Her'* volvió a entrar en la Billboard 200 en el número 198.

Unos días después de los AMA, la remezcla de Steve Aoki de «MIC Drop» (Steve Aoki Remix)* entró en la Billboard Hot 100 en el número 28, y permaneció en la lista diez semanas seguidas.

En cuanto consiguieron el pase para entrar en el mercado estadounidense, BTS empezó a expandirse en Estados Unidos con una fuerza asombrosa. Al mismo tiempo, a sus componentes les llovía el trabajo con una intensidad igual de increíble y, encima, en otro idioma.

Caos y miedo

——————Para ser sincero, nunca había sentido tanta presión al subir al escenario como en los AMA. Siempre andaba nervioso, también te digo. Pero las entrevistas y los programas de entrevistas me costaban muchísimo.

Aquí, j-hope echa la vista atrás a cuando empezaron a ser activos de verdad en Estados Unidos. Reflexiona:

——————Si se me diera mejor el inglés y pudiera expresar mis pensamientos y actitudes con propiedad, habría disfrutado más. Eso me frenó mucho. A pesar de todo, la cosa tampoco fue tan mal, porque creía que actuar en aquel escenario, aun con los nervios y la ansiedad, era algo tan importante que tenía que aceptarlo todo en su conjunto. Había momentos en los que pensaba: «¡Venga, sí, voy a intentarlo!». Pero las cosas que iban más allá del escenario eran harina de otro costal. Por ejemplo, cuando me hacían preguntas como: «¿Qué se siente al tener tantos fans que te quieren?», si lo expresaba en coreano, podría transmitir lo que sentía de corazón, pero en otro idioma la cosa cambia … En momentos como ese eres consciente de que el programa tiene que fluir y tienes que hacer algunos comentarios básicos, y tratar de familiarizarme y memorizar todo aquello me sobrepasaba.

Estas situaciones se fueron sucediendo y j-hope se percató de que había algo que se estaba volviendo cada vez más difícil:

———Cuando no tengo suficiente espacio mental, me agobio. Las tertulias, la alfombra roja y las entrevistas interminables … Sentía que todo eso empezaba a quemarme.

No se trataba solo de la presión de una agenda apretada en un entorno desconocido. Al verse obligado repetidamente a hacer algo, pero incapaz de contribuir, j-hope se encerró en sí mismo:

———Es frustrante. Me exijo hacer al menos algo, lo que sea, pero no puedo. Siento la necesidad de estudiar inglés, pero, al verme incapaz de hacerlo bien en la práctica, pienso: «¿En serio? Alucino con que no sea capaz de más», y me lo reprocho. Si me falta algo encima del escenario, puedo resolverlo ensayando, pero en el caso del inglés las cosas no funcionan así. Cada vez, en la habitación del hotel, pensaba: «Pues vaya, parece que no valgo para más».

Una de las razones por las que BTS podía seguir adelante en cualquier momento de crisis era que, al final, la victoria o la derrota se decidían siempre en el escenario. Por desfavorable que fuera su situación, e incluso cuando parecía que todo el mundo les odiaba, les bastaba con preparar una buena canción y una gran actuación, y luego darlo todo en el escenario.

Sin embargo, tras su actuación en los AMA, sus actividades en Estados Unidos los sumieron en la locura. Como a todos los integrantes, menos a RM, les costaba conceder entrevistas en inglés, no les resultaba nada fácil expresar sus opiniones con franqueza. También fue complicado transmitir su estilo único de entrevista, en el que hablan entre ellos, lo que permite que su trabajo en equipo se perciba con naturalidad. Así pues, las entrevistas se convirtieron en una carga aún mayor para RM.

j-hope elogia el papel de RM en aquel momento:

————Si no hubiera sido por RM, habríamos estado en un buen apuro (risas). Creo que habría sido muy difícil que nos hiciéramos tan populares en Estados Unidos. La contribución de RM es enorme.

Para RM, la primera vez que tuvo que conceder una entrevista en inglés en Estados Unidos fue como verse de repente en un campo de batalla. Lo recuerda así:

————Era nuestra primera vez en los BBMA y nos dicen que nos van a entrevistar en directo durante una hora entera. Así, sin comerlo ni beberlo. Que nos van a entrevistar once presentadores de Estados Unidos. Y dentro de diez minutos. Estuve al borde del colapso. Además, todos los entrevistadores tenían acentos diferentes y me costaba entender lo que decían … Aun así, lo conseguí.

Al recordar aquella época, esboza una sonrisa enigmática y dice:

————Después de conseguirlo, caí en la cuenta: «Sí, nos hemos metido en un berenjenal. Ya no hay vuelta atrás».

El nivel de inglés no era el único problema. Como es natural, era la primera vez que un grupo de *idols* coreanos se volvía tan popular en Estados Unidos, y los medios de comunicación estadounidenses no solo preguntaban al grupo sobre BTS, sino sobre la industria de los *idols* y el sector de la música popular coreana en su conjunto.

Al responder, RM tuvo que afinar bien el mensaje para que fuera breve y no diera pie a malentendidos. Si el mensaje no se entendía bien, podrían surgir preguntas que causaran problemas tanto a Corea como a Estados Unidos.

————Hasta finales de 2018, me parecía muy estresante. No siempre me salían las respuestas como si nada. Así pues, aprendí inglés como una cuestión de «supervivencia». Cuando salen temas técnicos, todavía me resulta difícil. Y, en el caso de las preguntas delicadas, me daba la sensación de que evitar la respuesta no causaba una buena impresión. De este modo, tenía que responder con tacto, sin provocar ni causar malentendidos, y tuve que hacerlo en inglés. La verdad … hubo algunos momentos peliagudos.

Todos y cada uno de los momentos en los que RM tenía que hablar en inglés ante los medios de comunicación eran de vital importancia, y necesitaba echar mano de la sensatez para superar esos instantes tan decisivos.

Ahora que ha pasado algún tiempo, RM resume así lo que le preocupaba entonces:

————Como siempre pensé que, en el caso de las entrevistas, tenía que ser yo quien se adelantara y abriera la puerta, por decirlo así, sentía que iba ejecutando tareas a medida que llegaban, y todo eso era abrumador. No había margen para pensar en cosas como:

«Uy … esto se me hace grande», «¿Dónde estamos ahora?», «Vale, echemos un vistacito alrededor». Me decía: «No sé dónde estoy, pero tengo que hacerlo rápido», «Tengo mucho que hacer». Al día siguiente, tenía que dar entrevistas en la alfombra roja ante veinte medios de comunicación, pero no podía pensar en si era difícil o no. Tenía que aprenderme una expresión más y clavar la entrevista … Al final, todo se me pasó volando mientras me decía: «Por intentarlo que no quede».

«REAL» LOVE

El 13 de abril de 2018, Jimin grabó un vlog. En el vídeo,· subido a YouTube casi un año después, el 26 de febrero de 2019, Jimin se sincera sobre el agobio que sentía. Había llegado a plantearse cuáles eran «sus sueños y su felicidad», y unos meses antes, a principios de 2018, todos los integrantes, no solo él, estaban agotados tanto física como mentalmente. Cuando se le pregunta por aquella época, Jimin reconoce:

———Me sentí así durante un tiempo, en el paso de 2017 a 2018. Pero creo que los demás miembros no eran conscientes en aquel momento.

Jimin continúa:

———Una vez, me puse de mal humor sin motivo alguno … En el hotel, había una habitación de tres metros cuadrados, entré allí

Después de conseguirlo, caí
en la cuenta: «Sí, nos hemos
metido en un berenjenal.
Ya no hay vuelta atrás».

—RM

solo y ya no quise salir. No sé qué me pasó por la cabeza al hacer eso, la verdad; no sé por qué me puse así, pero fue como si me hubiera deprimido de repente. Y luego empecé a preguntarme: «¿Por qué estoy arriesgando así mi vida?», y eso me tranquilizó un pelín. Creo que me atrincheré en aquella habitación.

Jimin no sabe exactamente por qué lo engulleron aquellas preocupaciones. Sin embargo, lo que está claro es que esas emociones tan complejas se habían ido gestando durante mucho tiempo. Jimin reflexiona:

————Hasta entonces, estábamos muy ocupados. Todos los días trabajábamos y, al ver que seguíamos con ese ritmazo, digamos que me entraron las dudas. Era como si … hubiéramos empezado a sentir las cosas que habíamos perdido al convertirnos en cantantes, en famosos. A menudo pensaba: «¿La felicidad es esto?», y sobre todo al sentir las miradas de la gente, no solo las de ARMY, esos sentimientos se volvían aún más intensos.

«G.C.F. in Tokyo (Jung Kook & Jimin)»,[39]* publicado en YouTube el 8 de noviembre de 2017, es un testimonio que dejaron Jung Kook y Jimin de la época que les resultó mentalmente más dura:

————En la residencia, nosotros éramos los últimos en irnos a la cama. Nos gustaba charlar y pasar el rato. Jung Kook y yo teníamos

39 «G.C.F.», acrónimo de «Golden Closet Film», es una serie de vídeos filmados y editados por el propio Jung Kook. Grabada en forma de videoblog, esa serie lleva bastante producción y se subió al canal de YouTube de BANGTANTV entre 2017 y 2019.

muchas cosas en común. Un día dijimos: «¿Qué? ¿Nos vamos de viaje?». «¿Te gustaría ir a Japón?». Y allá que fuimos.

Cuando anunciaron por primera vez los planes de su viaje, Bang Si-Hyuk y los demás integrantes de BTS se mostraron preocupados en un principio. BTS ya eran estrellas internacionales. Como era natural, los demás se preocupaban por su seguridad. Al final, un empleado de Big Hit Entertainment en Japón les echó una mano y, tomando todas las medidas de seguridad necesarias, se fueron de viaje. Jung Kook recuerda aquellos días:

———Cuando llegamos a Japón, un empleado de la empresa nos esperaba en el aeropuerto. Ya había pedido un taxi y, en cuanto llegamos al aeropuerto, salimos escopetados con el equipaje, nos metimos en el taxi como si estuviéramos huyendo y arrancamos a toda prisa. Había fans por allí.

Por lo que dice Jung Kook, parece que se materializaban sus preocupaciones. Sin embargo, en ese momento era Halloween, y eso fue como un regalo inesperado. Jung Kook sonríe y dice:

———Íbamos por ahí con máscaras de la película *Scream*, una túnica negra que nos cubría el cuerpo y paraguas negros a juego. Cuando la gente se acercaba, nos hacíamos fotos; era divertido. Dábamos vueltas observando a la gente y, cuando fuimos a cenar, nos quitamos las máscaras y comimos.

Jung Kook comenta estos recuerdos y habla de la alegría que le produjo esta experiencia tan sencilla:

———Caminábamos por un callejón, no había muchos coches, nos iluminaban las farolas … Fue algo precioso. Y entonces Jimin dijo que le dolían los pies y fuimos más despacio. Esas cosas tan sencillas fueron muy divertidas.

Jimin expresa su agradecimiento a los fans por respetar la privacidad de la pareja:

————En realidad, nos encontramos con muchos fans que nos recono-cieron. Pero fueron muy considerados con nosotros y pudimos pasear tranquilamente.

A continuación, comparte sus impresiones sobre el viaje:

————Fue divertidísimo. Fue tan divertido que quise ir otra vez. Pero después de haberlo hecho ya una vez, me di cuenta de que no era buena idea (risas). Nos reconocía demasiada gente.

Eran dos veinteañeros que habían visitado muchos países, pero que no podían irse de viaje cómodamente. La escapada de Jimin y Jung Kook les brindó unos instantes para volver a vivir la sencillez de la vida cotidiana, pero también hizo que la vida que llevaban como miembros de BTS les pesara un poco más.

Jung Kook, en concreto, sintió una enorme presión como artista al que todo el mundo observaba:

————Reconozco que fue la época en la que más abrumado me sentí. Me encantaba actuar, cantar y bailar. Sin embargo, ser cantante significa estar en el punto de mira del público. Hay mucha gente que conoce mi rostro y no es fácil hacer lo que quiero como a mí me gustaría. Aparte de cantar o conocer a los fans, a veces tengo que hacer cosas que no me apetecen tanto … Soy muy cons-ciente de que no puedo evitarlas, pero algunas veces se me hace cuesta arriba. Si hubiera percibido el tiempo dedicado a actuar o a trabajar en la música como algo tan preciado, mi opinión hu-biera sido distinta, y creo que era porque entonces no me gustaba tanto la música, cantar y bailar como ahora. Así que a veces le contaba a RM lo mal que lo estaba pasando.

SUGA explica la situación de Jung Kook en aquel momento:

———Empezó a trabajar en plena adolescencia. Yo también empecé siendo adolescente y, por lo general, uno no sabe lo que quiere hacer a esa edad. Jung Kook se ha convertido en alguien que vive su vida echando por tierra cualquier forma corriente de hacer las cosas. Después de tanto trabajar, creo que necesitaba tiempo para mirar atrás y darse cuenta de lo que hacía, lo que pensaba y lo que sentía.

Puede decirse que Jung Kook, que desde sus años de secundaria se había empleado a fondo para llegar a ser cantante en Big Hit Entertainment, conoció el mundo a través de los seis *hyungs*. Acababa de entrar en la veintena y era natural que el gran éxito que había cosechado, el aumento de las tareas que «tenía que hacer» que acompañaban a ese éxito y las cosas de las que «tenía que cuidarse» le resultaran difíciles.

Como comenta RM, todas estas situaciones tan complejas culminaron en una crisis para BTS:

———Fue la primera crisis del grupo. No por lo que ocurría fuera, sino por lo que ocurría dentro de la banda, la auténtica crisis que sentimos de primera mano.

Los problemas que habían empezado internamente para cada uno de los miembros se hicieron cada vez más grandes y comenzaron a hacer mella en el grupo. Lo que estaba ocurriendo en la mente y el cuerpo de SUGA era un presagio de la crisis que se avecinaba. Más o menos cuando la popularidad de BTS se había disparado tras los AMA y a pesar del éxito tan espectacular que había cosechado él mismo, SUGA sufría una ansiedad aún mayor por un futuro que no podía ver. Lo recuerda de este modo:

———Como me sentía entonces … «Ahora la gente empezará a tratarme de forma distinta», no pensaba esto en absoluto. «Solo espero que esta situación aterradora termine lo antes posible». No conseguía alegrarme en los momentos en que debía alegrarme ni podía ser feliz en los momentos en que debía ser feliz.

SUGA, que pasaba día tras día sintiéndose así, acabó padeciendo insomnio y pasó en vela muchas noches seguidas.

———… Guau.

Recordando aquella época, en la que cada uno de los integrantes se enfrentaba a sus propios problemas, j-hope suelta esa palabra que parece encapsular todas sus emociones. Al poco rato, con tiento, continúa:

———De alguna manera, pasábamos más tiempo juntos que con nuestras familias, y necesitábamos apoyarnos mutuamente, y era la
primera vez que pasábamos tanto tiempo en este tipo de situación … Era frustrante y nos empezó a pasar factura. Pensábamos
los unos de los otros: «¿Por qué se comporta así?», «¿Por qué ve el
problema de esa forma?». Creo que se nos habían ido acumulado
muchas emociones.

Fue un único acontecimiento el que hizo que salieran a la superficie los problemas de todos los miembros: la renovación del contrato de BTS.

Renovar o no renovar

La renovación de los contratos de los grupos de *idols* coreanos es una de las cosas más insólitas de la industria. Como puede deducirse del proceso de debut de BTS, en el caso de la mayoría de los grupos de artistas coreanos, sus empresas invierten una enorme cantidad de capital y per-

«Solo espero que esta situación
aterradora termine lo antes
posible».
No conseguía alegrarme
en los momentos en que debía
alegrarme ni podía ser feliz
en los momentos en que debía
ser feliz.

—SUGA

sonal en la producción. También es responsabilidad de la empresa reunir a todos los miembros para formar el grupo y, por supuesto, dichos integrantes firman un contrato con la empresa.

Para los *idols* que han debutado, el contrato con su compañía suele durar siete años. En 2009, la Comisión de Comercio Justo de Corea estableció un «contrato estándar exclusivo para artistas» para que los artistas de la cultura popular, incluidos los *idols*, pudieran proteger sus derechos e intereses al firmar con una empresa de representación.

Cuando uno de sus artistas está empezando, se le contrata con unas condiciones contractuales beneficiosas para la empresa, y esta quiere mantener dichas condiciones el mayor tiempo posible; no es infrecuente que haya explotación por este motivo. El contrato de siete años surgió no solo como una solución a este problema, sino también como resultado de la búsqueda de condiciones contractuales que permitan a la empresa de representación obtener un beneficio razonable en caso de que el artista tenga éxito.

Sin embargo, mientras la industria coreana de los *idols* crecía a un ritmo vertiginoso, la cuestión de la renovación del contrato en el séptimo año se convirtió en un drama que crispó a todo el mundo: a la empresa, al grupo y a los fans. A principios del nuevo milenio, grandes empresas de representación como SM, YG y JYP habían alcanzado tal nivel de éxito que el fracaso de cualquiera de sus artistas debutantes era una excepción. Por tanto, querían recontratar a sus artistas, aunque eso significara cambiar en cierta medida las condiciones del contrato para beneficiar al artista. Sin embargo, el artista puede pedir condiciones aún mejores, y la satisfacción con las condiciones financieras no es más que el principio. Incluso dentro de un mismo grupo, cada miembro puede querer cosas distintas en función de su personalidad, preferencias y estilo de trabajo.

La mayoría de los miembros del grupo a los que se ofrecía renovar el contrato pasados los siete años habían tenido suficiente éxito como para haber alcanzado la fama y la fortuna a los veinte años de edad. Por muy buenas que fueran las condiciones del contrato, podían desvincularse fácilmente del grupo y emprender una carrera en solitario, o incluso abandonar por completo la industria del entretenimiento si así lo decidían. O tal vez tuvieran alguna rencilla con la empresa o con los demás integrantes y no quisieran renovar. Por eso no es habitual que todos los miembros de un grupo de *idols* de éxito renueven su contrato. Dejando a un lado su amor por los fans, es normal que los miembros piensen en su propia vida antes de renovar el contrato.

El día de la decisión llegó antes para BTS. En 2018, unos dos años antes de que finalizara su contrato, Big Hit Entertainment ofreció volver a contratar a los miembros. La previsión de la empresa era que, tras la serie *LOVE YOURSELF*, BTS pudiera llevar a cabo una gira mundial en estadios. Como era necesario plantearse el calendario con varios años de antelación, había que tomar una decisión sobre la renovación del contrato. Al volver a contratar a la banda, la empresa también podría ofrecer a los miembros unas condiciones mejores que las de su primer contrato, más pronto que tarde.

Al final, no solo volvieron a firmar los siete miembros, sino que además acordaron un contrato de siete años, más largo que su primer acuerdo, que de hecho había acabado siendo de cinco. Teniendo en cuenta que el periodo de un contrato renovado suele ser más corto que el del primer contrato, este fue un caso casi sin precedentes dentro de la industria de los *idols* coreanos.

Al recordar la situación de entonces, RM dice:

———Cuando dijimos que habíamos renovado el contrato para siete años, la gente de nuestro entorno nos dijo que estábamos mal de la cabeza. Decían que era porque aún no teníamos ni idea de nada (risas). Me lo decían mucho. «Nadie hace eso», repetían. Tenían razón. No lo hace nadie. Pero, en aquel momento, ¿dónde estaríamos de no ser por Big Hit? Confiábamos mucho en ellos.

Sin embargo, el problema fue el tiempo que transcurrió antes de firmar el contrato. Dio la casualidad de que las negociaciones del contrato, entre un artista y una empresa que confiaban el uno en el otro, empezaron durante la época más difícil de toda la carrera de los componentes de BTS.

Ya fuera por la popularidad de BTS, por los beneficios económicos que iban a obtener tanto el grupo como la empresa o por la relación entre los miembros, no había motivo para que no volvieran a celebrar el contrato. Sin embargo, y paradójicamente, esta «relación» se convirtió en su dilema.

———A fin de cuentas, BTS tiene siete miembros. Yo creía que el grupo no podría permanecer unido si se marchaba aunque fuera uno solo.

A lo que se refiere Jin es nada menos que a la identidad de BTS. Los *hyungs* raperos que tocaban música para los más jóvenes y les enseñaban hiphop; todos unidos y contestando cuando menospreciaban o atacaban a uno de ellos; charlando en el minúsculo estudio y creando canción tras canción. La idea de que uno abandonara el grupo, mientras los demás miembros permanecían juntos, ni siquiera se les había pasado por la cabeza.

Jin expresa lo que significa BTS para él:

———BTS soy yo, y yo soy BTS, así lo veo yo. A veces me preguntan cosas como: «¿No sientes la presión con el éxito de BTS?», pero no sé … Mira, la cosa va así. Cuando salgo, todo el mundo dice: «Anda, es BTS». Formo parte de BTS. Así pues, no creo que hubiera presión exactamente. Para mí, eso es como preguntarle a alguien: «Empezaste siendo el más joven de la empresa y luego te ascendieron, ¿no sientes la presión de vivir así?». Yo solo vivo mi vida como parte de BTS y a mucha gente le gusta que así sea.

Sin embargo, sus preocupaciones individuales como personas, no como integrantes de un grupo, no cesaron.

SUGA explica su forma de pensar en aquel momento:

———Nos cuestionábamos si debíamos dejarlo.

Y continúa:

———La gente que nos rodeaba decía que todo iba tan bien que no había razón para no renovar. Al perecer, creían que estábamos armando jaleo por nada (risas). Puede que fuera porque ellos no habían vivido nuestra situación. Pero teníamos mucho miedo. En aquella época, yo era una persona negativa y reticente, por lo que una gran parte de mí quería huir. Cada vez que algo se nos venía encima, no tenía tiempo para reflexionar … Creo que por eso me volvía cada vez más negativo.

Para SUGA, su creciente ansiedad era otra disyuntiva inevitable dado el éxito de BTS:

———Siempre hay alguna decisión que tomar, pero tengo que tomar la mejor. Y creo que hemos llegado hasta aquí tomando la mejor entre las mejores. A veces, incluso hemos convertido la segunda mejor opción en la mejor de todas. Si nos decían que fuéramos a por 100, éramos nosotros los que íbamos a por 120. Sin embargo, hace poco RM y yo comentamos algo parecido: «No creo que nuestras capacidades basten para dar cabida a algo tan enorme como esto» (risas). En aquel momento, no nos creíamos capaces de hacer cosas como recorrer el mundo entero dando conciertos en estadios.

El grupo llamado BTS, el afecto de los integrantes entre sí, el peso del nombre «BTS»; la ansiedad por el peso que tienen que soportar sumió a los siete miembros en una emoción tan compleja que no podían expresarla con palabras.

Jimin describe el ambiente que se respiraba en el grupo por aquel entonces:

————Lo pasábamos muy mal emocionalmente y todo el mundo estaba agotadísimo. Y, en esa situación, surge la conversación sobre la renovación del contrato … La negatividad nos consumía.

V resume esa época de la siguiente manera:

————Estábamos trabajando en *LOVE YOURSELF*, pero no conseguíamos querernos a nosotros mismos.

Y añade:

————Todos nos pusimos muy nerviosos y, al vernos así, acabamos preocupándonos por si debíamos continuar con lo que estábamos haciendo. Todos teníamos muy poco margen para pensar. Eso lo hizo muy difícil.

Como explica V, todos los miembros se habían vuelto más sensibles y era un ambiente en el que costaba que alguien fuera el primero en decir «firmemos» o «no firmemos» el contrato.

j-hope recuerda la sensación de crisis que sentía en aquel momento:

————Fue una auténtica pesadilla. Durante nuestras actividades con BTS, esta era la primera vez que había un ambiente tan serio e intenso que no sabíamos si íbamos a poder seguir. Cuando ensayábamos, acabábamos agotados. Teníamos que hacer un montón de cosas de inmediato y no podíamos concentrarnos durante los ensayos. Y nosotros no éramos así para nada. Ese momento me pareció una crisis de verdad. Al fin y al cabo, teníamos que subir al escenario y había que trabajar. Estábamos como aletargados.

Magic Shop

Los problemas que afloraron junto con la cuestión de la renovación del contrato se convirtieron en una situación cada vez más crítica. Jimin explica lo grave que era el estado de ánimo del grupo en aquel momento:

———El propio grupo estaba en una situación bastante peligrosa. Incluso se habló de no grabar el nuevo álbum.

Si repasamos la historia de BTS hasta *LOVE YOURSELF* 承 *'Her'*, la idea de que BTS no sacara otro álbum era inimaginable. Siempre habían actuado y lanzado nuevas canciones fuera cual fuera la situación. Sin embargo, esta vez era diferente. RM incluso llamó a sus padres para avisarles de que quizá no habría otro álbum. Jin explica que, si los miembros acababan por no renovar el contrato, él mismo había llegado a plantearse dejar del todo la industria del entretenimiento:

———Mi planteamiento era el siguiente: como se marchara alguien, yo me apartaría del negocio del espectáculo y me dedicaría a otra cosa. Había pensado en descansar un poco y reflexionar sobre lo que quería hacer.

Sin embargo, lo que realmente le preocupaba a Jin no era el futuro incierto del grupo.

———Me sentía muy culpable por los fans. No había podido darles las gracias o entregarles todo mi corazón. Pensaba: «¿Será falsa la sonrisa que tengo ahora mismo?». Por aquel entonces me sentía culpable sobre todo por los fans.

Entre *LOVE YOURSELF* 承 *'Her'* y luego *LOVE YOURSELF* 轉 *'Tear'*, que estuvo a punto de no ver la luz, BTS ofreció conciertos, apareció en programas musicales de TV y en ceremonias de entrega de premios de fin de año, y mantuvo a los fans al día de sus últimas noticias por V Live.

Plantarse ante ARMY, incluso a pesar de sentirse al borde del abismo, y preocuparse de que la emoción que les mostraban pudiera ser falsa; esto fue exactamente lo que hizo que la canción «FAKE LOVE»˙ de *LOVE YOURSELF* 轉 *'Tear'* fuera «real».

Por ti podía fingir que era feliz cuando estaba triste

«FAKE LOVE» no va, como sugiere el título, de un amor falso o fingido. Como transmite la letra inicial, la canción versa sobre las intenciones y preocupaciones de alguien que oculta su dolor ante la persona a la que ama en un intento de mostrarle solo lo mejor de sí mismo. A primera vista, puede parecer que esta letra cuenta una historia universal sobre el dolor del amor, pero también representa la forma de pensar de los miembros de BTS en aquel momento, ante ARMY.

LOVE YOURSELF 轉 'Tear'

THE 3RD FULL-LENGTH ALBUM
18. 5. 2018

TRACK

01 Intro : Singularity
02 FAKE LOVE
03 The Truth Untold (Feat. Steve Aoki)
04 134340
05 Paradise
06 Love Maze

07 Magic Shop
08 Airplane pt.2
09 Anpanman
10 So What
11 Outro : Tear

VIDEO

 COMEBACK TRAILER :
Singularity

 «FAKE LOVE»
MV

 «FAKE LOVE»
MV TEASER 1

 «FAKE LOVE»
MV (Extended ver.)

 «FAKE LOVE»
MV TEASER 2

En la primera canción de *LOVE YOURSELF* 轉 *'Tear'*, «Intro : Singularity»,* los últimos versos dicen: «Dime / Aunque el dolor fuera falso / ¿Qué debería haber hecho?», mientras que la siguiente canción, «FAKE LOVE», empieza con: «Por ti podía fingir que era feliz cuando estaba triste». Estas letras dicen que, independientemente del dolor que padezca alguien, se puede mostrar una cara feliz delante de la persona a la que se ama.

Luego, en la siguiente canción, «The Truth Untold» (Feat. Steve Aoki),** la letra dice: «Tengo miedo / Me siento pequeño / Tengo mucho miedo / ¿También me dejarás al final? / Me pongo una máscara para volver a verte». Esta letra cuenta la historia de alguien que tiene miedo de que la persona a la que ama se vaya si ve su verdadero rostro, y por eso se pone una máscara.

Hay varias interpretaciones posibles de «máscara» aquí, pero, desde la perspectiva de BTS, la máscara podría ser la imagen que muestran como *idols* ante los fans. Incluso en los momentos más dolorosos, si iban a ver a ARMY, los chicos de BTS se esforzaban por mostrar solo lo mejor de sí mismos.

Jimin habla de su experiencia en el momento de hacer el álbum *LOVE YOURSELF* 轉 *'Tear'*, incluida la canción «FAKE LOVE»:

———Quizá nuestra situación siguió al álbum y también se volvió así, pero la cosa siempre fue así (risas). Siempre que tratábamos un tema oscuro, acabábamos viviendo ese tipo de cosas. O quizá pasábamos por ello y por eso surgían esos temas.

No estaba previsto que *LOVE YOURSELF* 轉 *'Tear'* reflejara este estado de crisis. Naturalmente, incluso desde su debut, cuando cantaban sobre su vida como *trainees*, cada uno de los álbumes de BTS había reflejado su presente. En este sentido, después de que BTS triunfara con la serie *THE MOST BEAUTIFUL MOMENT IN LIFE* y *WINGS*, con *LOVE YOURSELF* 轉 *'Tear'* tenían la intención de expresar su amor a los fans y, al otro lado de ese amor, revelar quiénes eran como estrellas y como personas.

Sin embargo, nadie esperaba que ese «otro lado» fuera una situación de dolor psicológico para todos los miembros, ante la cual el grupo corría peligro de separarse. Puede que Bang Si-Hyuk hubiera decidido la dirección de la producción del álbum con todo esto en mente. Antes del lanzamiento de *LOVE YOURSELF* 轉 *'Tear'*, el primer *teaser* de «FAKE LOVE»,˙ comienza con la frase siguiente:

> *Magic shop es una técnica psicodramática*
> *que cambia el miedo por una actitud positiva.*

«Una técnica psicodramática / que cambia el miedo por una actitud positiva». Si pensamos en los problemas que estaba viviendo BTS, incluso parece como si Bang Si-Hyuk estuviera proponiendo el álbum *LOVE YOURSELF* 轉 *'Tear'* como un proceso de tratamiento psicológico para los integrantes. De hecho, durante la producción del álbum, los miembros de BTS habían volcado sus emociones sin ningún tipo de mesura ni control. SUGA, que había caído en una depresión, se sumergió intensamente en su situación y escribió canciones en pleno proceso:

————Las canciones con las que empatizaba las escribía en treinta minutos. Treinta minutos para escribir una estrofa. A veces la grabación terminaba en cuestión de media hora. Incluso cuando me costaba horrores escribir una canción, llegaba el momento y me decía: «¡Pfff, da igual! ¡Hazlo!». Tanto si la canción se publicaba como si no, decidía escribirla primero y pensar después. Escribirla línea por línea fue una verdadera agonía. Era tan angustioso que bebía y luego seguía escribiendo borracho…

Una de las canciones que SUGA escribió siguiendo este proceso fue el último tema de *LOVE YOURSELF* 轉 *'Tear'*, «Outro : Tear»:˙

————La canción surgió en el periodo más difícil de mi vida. No estábamos seguros de poder seguir haciendo este trabajo, y así fue como me quedé en 54 kilos. «Outro : Tear» fue la canción que escribí para los componentes en aquel momento. La letra dice: «Porque no existe tal cosa / Como una ruptura hermosa», y lloré mucho grabando esa parte. Después de escribir la canción, me pregunté si de verdad la había hecho yo … Se la puse a los demás miembros.

Antes de la producción de *LOVE YOURSELF* 轉 *'Tear'*, a los miembros les invadió el miedo y la confusión de que este trabajo pudiera esfumarse. Sin embargo, igual que el dolor resultante empujó a SUGA a una situación en la que no podía dejar de crear, las emociones de los miembros alcanzaron un punto extremo cuando pusieron todo su corazón en el álbum.

SUGA explica lo que significó para él *LOVE YOURSELF* 轉 *'Tear'*:

———Es un álbum que recoge el intenso vaivén de mis emociones. A veces la sincronización funciona sin más, es como si el cielo la hiciera funcionar. Al hacer algunos álbumes, la situación [de la que habla el álbum] acaba sucediendo.

RM también recuerda cómo se sentía por aquel entonces:

———En aquel momento, no pensaba que el álbum llegara a terminarse. Fue muy muy duro.

Todos los integrantes de BTS atravesaban una crisis, pero Jimin consiguió desprenderse de sus preocupaciones un poco antes que los demás:

———Todos queríamos trabajar juntos y era muy divertido estar unidos como grupo, así que esperaba que todos volvieran pronto a ser como antes.

Jimin, que se había aislado en una habitación de tres metros cuadrados, dice que los vídeos que acabó viendo terminaron siendo la clave para curar su corazón:

———Allí dentro bebía y, a solas, empecé a repasar todos los vídeos musicales que habíamos grabado desde nuestro debut. Di con un vídeo de nuestros fans cantando al unísono nuestra canción «EPILO-GUE : Young Forever». Al verlo, pensé: «Esto es por lo que hemos trabajado tanto», y también: «¿Por qué aparté esta emoción y me olvidé de ella?». Fue entonces cuando empecé a recuperarme.

Fue esta misma emoción la que permitió a los miembros de BTS emplearse a fondo en la producción de *LOVE YOURSELF* 轉 *'Tear'*. BTS siempre siguió ensayando y escribiendo fuera cual fuera la situación; del mismo modo, aunque los integrantes de la banda no habían decidido si volverían a firmar el contrato, estaban decididos a terminar el álbum pasara lo que pasara y volcaron todas sus emociones en el proceso. Dice j-hope:

Di con un vídeo de nuestros fans
cantando al unísono.
Al verlo, pensé: «Esto es por
lo que hemos trabajado tanto».
Fue entonces cuando empecé
a recuperarme.

—Jimin

————Fue muy difícil, desde luego. Empecé a hacer este trabajo porque me encantaba, pero tenía la sensación de que se había convertido en «trabajo». Durante esa época, todos vivimos algo parecido. Era la música que tanto amábamos, pero se había convertido en trabajo. Era el baile que tanto nos gustaba, pero se había convertido en trabajo … Y estos sentimientos no paraban de chocar los unos con los otros.

Podemos intuir cómo se las apañaron los miembros de BTS a pesar de todo para terminar *LOVE YOURSELF* 轉 *'Tear'* por el siguiente comentario de j-hope:

————En realidad, trabajamos con ahínco mientras pensábamos en los fans que tanto nos querían. Al fin y al cabo, el amor de los fans era una oportunidad para nosotros, y mientras tuviéramos esta oportunidad, aunque me costara, aunque me doliera un poco el cuerpo o me hiciera daño, pensé: «¡A por ello!». Estoy seguro de que los demás componentes pensaban exactamente lo mismo.

La primera parte de *LOVE YOURSELF* 轉 *'Tear'* —desde la canción de apertura, «Intro : Singularity», hasta «FAKE LOVE», «The Truth Untold» (Feat. Steve Aoki), etcétera— cuenta la historia de alguien que vive su vida con una máscara y siente el dolor de no poder ser sincero delante de la persona a la que ama.

«Love Maze»,* justo en la parte central del álbum, habla de verse atrapado en un oscuro laberinto, pero el estribillo pronto revela la intención de no separarse nunca de la otra persona:

Un callejón sin salida en un laberinto cercado en todas direcciones
Paseamos por este abismo
. . .
Tómame la mano ay ay, no la sueltes
Quédate ay ay en este laberinto
Ay ay no me dejes escapar

Después de «Love Maze» viene «Magic Shop», en la que BTS ofrece consuelo a la otra persona. A continuación viene «Anpanman», en la que los chicos de BTS dicen que, aunque sean los héroes más débiles, vivirán la vida siendo los héroes para alguien. Por último, el álbum concluye con una promesa en «So What».

Esos días en que me odio y quiero desaparecer para siempre
Hagamos una puerta dentro de tu corazón
A través de esa puerta, te espera este lugar
Está bien creer en la tienda mágica que te reconfortará
—«Magic Shop» *

Volveré a caer
Volveré a cometer errores
Acabaré lleno de barro
Pero confía en mí, porque soy un héroe
—«Anpanman» **

No te quedes de brazos cruzados preocupándote
Todo es en vano
Déjate llevar
Aún no hay respuesta, pero
Puedes empezar a luchar
—«So What»

Al principio del álbum, el sonido es denso y oscuro; después, la parte central contiene melodías que los fans pueden cantar en los conciertos; por último, la última parte es para dar brincos de entusiasmo.

Incluso mientras se preparaban para el álbum, BTS no había decidido todavía si volverían a firmar. De este modo, si la primera parte del álbum refleja la realidad de BTS en aquel momento, la última representa sus intenciones para el futuro: seguir siendo una fuente de fuerza para ARMY, pasara lo que pasara.

Esa era la razón por la que podían ensayar, escribir canciones y seguir ese ciclo de «álbum, gira, álbum, gira» y tener la fuerza para lanzar por fin un nuevo álbum y, al mismo tiempo, cumplir con todos sus compromisos adicionales al margen de la música. Tal vez, a medida que iban terminando el álbum, los chicos de BTS volvían a comprender lo que constituía la base de su trabajo sin darse cuenta siquiera. SUGA dice:

———Por los fans solo sentimos ... gratitud, agradecimiento, culpa, amor, todo este tipo de emociones. Ellos nos han acompañado, han caminado a nuestro lado. No puedo ni imaginar cuánta gente nos ha animado y nos ha dado fuerzas para seguir adelante cada día. No puedo ni imaginármelo, de verdad, pero para nosotros es una gran responsabilidad hacer todo lo que podamos por ellos.

Nuestro grupo

Las conversaciones sobre la renovación del contrato de BTS siguieron hasta el lanzamiento de *LOVE YOURSELF* 轉 *'Tear'* y su actuación en los BBMA de 2018. Aparte del deseo de seguir siendo el «Anpanman» de ARMY, ninguna de sus preocupaciones se había solucionado todavía. Cuando se enteraron de que actuarían en los BBMA por primera vez, tampoco se alegraron demasiado.

Jimin habla de cómo se sentía mientras se preparaba para la actuación:

————El ambiente en el grupo era caótico y muy … Aunque era fantástico que pudiéramos subirnos a ese escenario por primera vez, la verdad es que no sentí mucha emoción. Supongo que porque nunca lo había pasado tan mal en todo mi tiempo en BTS. En un momento como ese en que debería haberme sentido emocionado y contento, no sentía ninguna de estas emociones.

Sin embargo, a partir de entonces, empezó a producirse un cambio que ni siquiera los miembros de BTS esperaban. A diferencia del ambiente cargado que reinaba en el grupo, los ensayos de baile para la canción «FAKE LOVE» de *LOVE YOURSELF* 轉 *'Tear'* marchaban tan bien que se podría decir que la cosa iba viento en popa. j-hope dice:

————Creo que lo hicimos sin darnos cuenta siquiera. Nos lo curramos mucho e, incluso cuando estábamos en el rodaje mismo, seguimos practicando.

j-hope sonríe y, con una mirada inquisitiva, comenta:

—————Curiosamente, mientras sufríamos a nivel psicológico de aquella manera … la calidad de nuestras actuaciones mejoró. Incluso cuando decíamos: «Uf, qué duro es esto», practicábamos, luego terminaba el ensayo, volvíamos a practicar, y así.

Jimin recuerda el ambiente que se respiraba entonces en el grupo:

—————Sinceramente, hasta ese momento era un desastre. Nos costaba grabar, nos daba pereza ensayar, pero nos recompusimos. El ambiente era el adecuado y pudimos concentrarnos. Debieron de pasar uno o dos meses antes de pisar aquel escenario.

Ni siquiera los propios integrantes se explican cómo se las arreglaron. Sin embargo, a diferencia de cuando actuaron en los AMA de 2017, ahora estaban inmersos en sus propios problemas internos y no tenían espacio mental para sentir la presión de las miradas que los observaban desde fuera. Aunque no podemos saber si esto les alivió la presión, está claro que pudieron concentrarse más mientras ensayaban la actuación de «FAKE LOVE». En los BBMA* del 20 de mayo de 2018, este pequeño cambio se convirtió en algo importante.

—————Ah, antes de subir al escenario aquel día … Recuerdo que por primera vez en mucho tiempo grité el cántico que entonamos antes de los conciertos. «¡Bangtan, Bangtan, Bangbangtan!», así. Es como si lo hiciéramos para animarnos unos a otros.

Así es como j-hope recuerda la situación. Y prosigue:

—————En aquel momento, había mucho ajetreo entre bastidores. Estaba el grupo e iban pasando los artistas que habían terminado de actuar antes que nosotros. En medio de todo eso, gritamos el cántico para decir: «¡Vamos allá, esto es en directo! ¡Abajo las penas y preocupaciones!», antes de subir al escenario.

Entonces, una vez terminada la actuación en el escenario de «FAKE LOVE», Bang Si-Hyuk, que estaba en Corea en aquel momento, les llamó por teléfono y exclamó: «¡Lo habéis petado!».

Según j-hope, Bang Si-Hyuk no pudo ocultar su emoción por la actuación e incluso soltó alguna palabrota mientras gritaba. Era una señal de que, sin que ellos lo supieran, todos sus problemas se estaban resolviendo solos. Durante la primera semana que estuvo a la venta, *LOVE YOURSELF* 轉 *'Tear'* se convirtió en el primer álbum coreano de la historia en alcanzar el número uno de la Billboard 200. Mientras tanto, la canción principal «FAKE LOVE» alcanzó el número 10 en el Hot 100; que el vídeo musical alcanzara cien millones de visitas en YouTube en ocho días —y batiera así el récord de «DNA» con creces— acabó siendo secundario.

Los miembros de BTS —que siempre habían ensayado con independencia de la situación y se habían subido alegremente al escenario incluso cuando tenían problemas— desplegaron todas sus habilidades en el momento decisivo, como habían hecho en los premios MAMA 2014. Fue a partir de ahí cuando dieron con la clave para resolver todos sus problemas.

Inclinando la cabeza, j-hope recuerda el cambio que se produjo en la banda tras los BBMA:

————Yo tampoco estoy muy seguro. No sé si fui el único que lo sintió, pero, cuando estábamos en el escenario, fue como si sucediera de una forma natural. Aquel día, recibimos la llamada de Bang

Antes de subir al escenario aquel día...
Recuerdo que por primera vez en
mucho tiempo grité el cántico que
entonamos antes de los conciertos.
«¡Bangtan, Bangtan, Bangbangtan!»,
así.

—j-hope

Si-Hyuk, y todos esbozamos una sonrisa (risas). Después de eso, fue como si algo empezara a desenmarañarse «poquito a poco».

Sin embargo, no todos sus problemas se resolvieron con esa única actuación, claro. Al hacer una actuación de la que pudieran sentirse orgullosos, descubrieron el significado de lo que cada uno hacía como individuo, y también el valor del trabajo conjunto de los siete miembros. Una parte de este proceso consistió en que los seis jóvenes escucharan la historia del más joven:

———No estoy muy seguro del motivo. Creo que había algo que no me acababa de gustar.

Aquí, Jung Kook se sincera sobre lo que fue un periodo muy complicado para él. Podríamos decir que, como había debutado de adolescente, se enfrentó a la adolescencia más tarde de lo que debería. No obstante, los *hyungs* se prestaron a escuchar su historia y estuvieron a su lado. Jung Kook continúa:

———Un día, después de grabar, me fui a beber solo, y beber solo fue como … Me sentí desesperanzado. En aquella época me gustaba mucho hacer fotos de esto y aquello con la cámara, así que me puse la cámara del móvil delante y hablé conmigo mismo como si estuviera haciendo un *streaming* en YouTube … y, al mismo tiempo, bebía. Pero entonces Jimin apareció de repente.

Jimin explica por qué se plantó frente a Jung Kook:

———Jung Kook me preocupaba un poco, la verdad, así que le pregunté al personal y me dijeron que había salido a tomar algo. Me subí al coche y les pedí que me llevaran adonde habían dejado a Jung Kook. Salí, miré a mi alrededor y vi un bar justo enfrente. Cuando entré, Jung Kook estaba solo con la cámara preparada y empinando el codo. Así fue como acabamos charlando.

No fue en la propia conversación donde Jung Kook encontró respuestas. Dice:

————No recuerdo mucho de lo que hablamos, pero me conmovió que Jimin hubiera venido. Porque había venido a consolarme.

Jimin recuerda:

————Al escuchar lo que tenía que decir, me enteré por primera vez de lo mucho que sufría, y lloré mucho. No tenía ni idea. Jung Kook era reacio a hablar del tema, pero la bebida le hizo mella y acabó contándomelo.

Por aquel entonces, ni Jung Kook ni los seis *hyungs* sabían exactamente qué necesitaban. Sin embargo, con las incesantes miradas del exterior sobre ellos, tomarse un tiempo para hablar de cómo se sentían y escucharse unos a otros había sido importante. Jimin dice:

————Creo que en aquel momento necesitábamos quejarnos y lamentarnos un poco … En cierto modo, creo que tratábamos de entender la realidad de una forma más desapegada. Y comprender también que, al fin y al cabo, los integrantes estábamos juntos en esto. Fue darme cuenta de eso y, a partir de ese momento, todo se arregló rápidamente.

Jung Kook también menciona otro hecho similar:

————Estábamos yo y … Jin y Jimin, creo. Fuimos los tres a comer algo, y los demás aparecieron también, uno a uno. Bebieron con nosotros y, luego, alguien empezó a vomitar (risas). Fue un desastre. Estábamos allí llorando y estos…

Ensimismado durante un rato, Jung Kook continúa al poco:

————Trabajamos juntos y esto es un negocio, ¿no? Sin embargo, para nosotros es más que eso. Yo los aprecio muchísimo y no me los tomo a la ligera, les estoy muy agradecido. Me di cuenta de eso entonces.

I'm Fine

La serie *LOVE YOURSELF* llegó a su fin y, en agosto de 2018, BTS lanzó el álbum reeditado *LOVE YOURSELF* 結 *'Answer'*. El álbum comienza con la canción en solitario de Jung Kook «Euphoria».ˑ Fue durante la grabación de esta canción cuando Jung Kook encontró su propia voz como vocalista:

————No sé si llamarlo bache … Era como si, en el aspecto vocal, hubiese tropezado con un muro.

Jung Kook explica las dificultades que tuvo:

————Mi método de ensayar en solitario mientras buscaba mi voz sin parar no era el más correcto. Había una forma mejor, pero, al practicar así, desarrollé malos hábitos. Luego vi que tenía que arreglarlo, pero … al hacerlo, sentía como si la garganta no me perteneciera. Aun así, tenía que hacer algo … de modo que seguí adelante con la grabación.

«Euphoria» se despliega con dinamismo: la voz de Jung Kook intensifica lentamente la emoción y en el momento adecuado del estribillo, en lugar de su voz, es un ritmo potente el que cobra protagonismo. Antes de llegar al estribillo, Jung Kook utiliza cambios sutiles para transmitir las delicadas emociones que recoge la letra: subiendo o bajando un poco la tonalidad, acelerando y ralentizando un poco la melodía repetitiva.

Eres el rayo de sol que volvió a iluminar mi vida
El regreso de mis sueños de infancia
No sé qué es este sentimiento
¿Podría ser también un sueño?

La letra inicial de «Euphoria» podría llamarse la historia de Jung Kook tras su debut con BTS. Jung Kook había crecido junto a BTS y pasó de ser un chaval que no entendía sus emociones a un adulto y vocalista capaz de expresar emociones tan complejas que no se pueden expresar con una sola palabra. Se le podría comparar con Riley, la joven protagonista de la película de animación *Del revés* (2015) de Pixar, a quien, al sentir una mezcla de felicidad y tristeza, se le despeja la mente y madura un poco más.

————Totalmente.

Así responde Jung Kook cuando se le pregunta si «Euphoria» fue un punto de inflexión para él como vocalista. Luego continúa:

————Seguía sin creer que se me hubiera afinado la voz, pero sentía que podía expresar muchas más emociones con ella. Dejando a un lado aspectos técnicos como la vocalización, la forma de captar las emociones que se adaptaban a cada canción … creo que esas fueron las cosas que mejoraron de forma natural. Pero, para ser sincero, sigue siendo difícil. Es complicado.

Para BTS, la creación de la serie *LOVE YOURSELF* pareció ser un periodo de crecimiento y aprendizaje difícil. Como dice Jung Kook, todos los miembros habían reprimido sus preocupaciones, hasta que, al final, estas emociones estallaron y afectaron a las relaciones más personales de los integrantes, es decir, con sus compañeros de grupo. Para resolverlo, trataron de encontrar un equilibrio entre la banda y su vida interior, y entre ellos mismos y los demás. Jin dice:

LOVE YOURSELF 結 'Answer'

REPACKAGE ALBUM
24. 8. 2018

TRACK

CD 1

01 Euphoria
02 Trivia 起 : Just Dance
03 Serendipity (Full Length Edition)
04 DNA
05 Dimple
06 Trivia 承 : Love
07 Her
08 Singularity
09 FAKE LOVE
10 The Truth Untold (Feat. Steve Aoki)
11 Trivia 轉 : Seesaw
12 Tear
13 Epiphany
14 I'm Fine
15 IDOL
16 Answer : Love Myself

CD 2

01 Magic Shop
02 Best Of Me
03 Airplane pt.2
04 Go Go
05 Anpanman
06 MIC Drop
07 DNA (Pedal 2 LA Mix)
08 FAKE LOVE (Rocking Vibe Mix)
09 MIC Drop (Steve Aoki Remix) (Full Length Edition)
10 IDOL (Feat. Nicki Minaj)

VIDEO

 COMEBACK TRAILER :
Epiphany

 «IDOL»
MV

 «IDOL»
MV TEASER

 «IDOL» (Feat. Nicki Minaj)
MV

————Una vez pasado ese periodo, acabé con una forma de pensar bastante positiva, creo.

También explica:

————Empecé a dejarme llevar más. Si quería practicar canto, pues practicaba canto; si quería jugar a un juego, jugaba. Cuando no tenía nada en la agenda, comía si quería, y, si no, me pasaba todo el día sin comer. La gente que me conoce alucina. Me preguntan cómo puedo concentrarme tanto en algo sin quejarme. Y yo les contesto: «Creo que es posible porque vivo sin pensar en nada».

Que Jin dijera que vivía sin pensar nos demuestra, de hecho, lo mucho que le había atormentado su modo de vida antes de llegar a ese punto.

————Como vivo así, no deseo grandes cosas en la vida, y me siento realizado haciendo lo que quiero cuando me apetece. La sensación de logro la consigo donde sea. A través de ese proceso, sentí mucha felicidad y creo que también encontré algo de espacio mental.

La letra de la canción en solitario de Jin, «Epiphany»,* de *LOVE YOURSELF* 結 *'Answer'* empieza así:

> *Es extraño*
> *Sé que te quería de verdad*
> *Quería amoldarme a ti*
> *Y quería vivir para ti*
> *Pero cuanto más lo hacía*
> *Menos conseguía contener la tormenta en mi corazón*

Muestro mi verdadero yo
Bajo esta máscara sonriente

Uno siempre quiere dar lo mejor de sí por la persona a la que ama, pero no es fácil soportar la tormenta que hay dentro del corazón, y parece como si llevara una máscara delante de esta persona. Esto forma parte de la compleja emoción que sentían Jin y los demás miembros de BTS mientras hacían la serie de álbumes *LOVE YOURSELF*. Una vez superado este periodo, a veces Jin aceptaba el mundo ante el que no podía hacer nada y, otras, se comprometía y se reafirmaba. Quizá fue gracias a esto como aprendió a disfrutar plenamente de la felicidad que le proporciona su trabajo. Al rememorar sus recuerdos de «Epiphany», Jin comenta:

————La única parte que no recuerdo del álbum *LOVE YOURSELF* 結 *'Answer'* es la grabación de esta canción. En aquel momento, estaba un poco desubicado, así que creo que en parte fue por eso … Pero interpretar esta canción representa para mí un disfrute un poco más especial. Cuando bailas tienes que estar pensando en el siguiente movimiento y, si te olvidas de la coreografía, es un desastre, ¿no? Pero si cantas esta canción de pie en un sitio, armonizas con la situación y los sentimientos plasmados en la canción tal como son. Soy el único que siente este disfrute en el escenario, creo.

j-hope habla de la serie de cambios que se producían en aquel momento:

————Fue una etapa de mucho crecimiento. En mi caso, aprendí mucho mientras hacíamos los álbumes *LOVE YOURSELF* y a menudo pensaba en cómo debía expresarme dentro de este grupo llamado BTS. En aquella época, los fans también se daban cuenta de esas cosas. Nos sentimos muy agradecidos durante ese tiempo. Creo que el proceso de crear estos álbumes conformó una parte increíblemente grande de mí. De no haber sido por esa época, dudo que el j-hope de ahora estuviera aquí.

Así era para todos los miembros, pero la función de j-hope siempre había sido ayudar a mantener el característico ambiente de unidad de BTS. Cuando los miembros pasaban un mal rato durante el ensayo de baile, él sonreía y aligeraba un poco el ambiente para que lo intentasen una vez más y luego otra. j-hope da la siguiente definición de trabajo en equipo:

————Somos un equipo y los siete tenemos que ser uno para hacer un buen trabajo, sea lo que sea lo que estemos haciendo. No soy el único que debe hacerlo bien, opino que todos tienen que hacer un buen trabajo, y por eso creo que lo hice lo mejor que pude en mis tareas y responsabilidades. De hecho, a la hora de hacer la serie *LOVE YOURSELF*, o de pensar en el problema de la renovación del contrato, los demás miembros contribuyeron al grupo más que yo. De alguna manera, se hicieron cargo de las partes que a mí me costaba afrontar, así como de las cosas que me resultaban difíciles, y me infundieron mucho ánimo.

Teniendo en cuenta la actitud de j-hope hacia el grupo aquí, la función que desempeñó en la promoción de *LOVE YOURSELF* 結 *'Answer'* parece aún más llamativa. Unos días después del lanzamiento del álbum, j-hope grabó parte de la coreografía de la canción principal «IDOL» y subió un vídeo* a las redes sociales con la etiqueta #IDOLCHALLENGE para retar a la gente a bailarla.

j-hope, que siempre se ha entregado al grupo en cuerpo y alma, hace que la gente se divierta y baile al ritmo de «IDOL». Este era el j-hope que los miembros y ARMY conocían bien y que tan buena respuesta obtuvo al frente de la promoción.

Este reto viral supuso un importante giro tanto para Big Hit Entertainment como para BTS. Antes del álbum *LOVE YOURSELF* 結 *'Answer'*, BTS compartía la variedad de contenido promocional que la empresa les había preparado para el nuevo álbum siguiendo un plan detallado. Las intenciones de Big Hit Entertainment estaban claras en todas las actividades de BTS —desde el avance del *comeback* que se lanzaba al principio hasta la dirección escénica en las ceremonias de los premios musicales de fin de año— y estos propósitos se transmitieron a ARMY y a otros consumidores de música. Por poner un ejemplo, para ARMY, adivinar el concepto del próximo álbum en función de las palabras que aparecían en la pantalla detrás del escenario en una ceremonia de premios era un acontecimiento en sí mismo.

Así pues, el reto «IDOL» cambió esta tendencia. La participación y las respuestas espontáneas de la gente eran una parte importante de la promoción, y esto era algo que escapaba al control de Big Hit Entertainment. Por supuesto, como era BTS quien hacía la promoción, cabía esperar que las reacciones al vídeo del reto de j-hope fueran buenas. No obstante, era imposible predecir cuántos miembros de ARMY bailarían con j-hope al final o cuánta gente del público general ajena a ARMY participaría en el reto. Es probable que, como consecuencia de estos temores, hubiera habido división de opiniones dentro de Big Hit Entertainment sobre si seguir adelante o no con el reto. Sin embargo, es evidente que el reto «IDOL» de *LOVE YOURSELF* 結 *'Answer'* era algo que BTS necesitaba hacer.

Mi ídolo, tu ídolo: y el de todos

BTS es un grupo de *idols*. Sin embargo, para BTS, esta breve definición contiene innumerables historias. Se entrenaron increíblemente duro para convertirse en dichos ídolos. En cuanto se convirtieron en *idols*, se vieron rechazados y denigrados por hacer hiphop y por pertenecer a una compañía pequeña. Incluso cuando se convirtieron en estrellas, con todos los ataques que les lanzaron, tuvieron que consolar a los fans. Después, sintieron todas las preocupaciones que implica ser *idols* y les angustiaba llevar una máscara delante de sus seguidores.

Para el grupo, ser *idols* abarca todas estas cosas, así como todos los significados de BTS que surgieron después. Los chicos de BTS empezaron siendo *idols*. E, incluso cuando se publicó *LOVE YOURSELF* 結 *'Answer'*, seguían siéndolo. A pesar de todo.

Los *idols*, sobre todo los coreanos, se sienten cada vez más presionados para ser «artistas» cuanto más avanzan en su carrera. Por definición, el concepto de «artista» puede abarcar a *idols*, músicos, presentadores, etcétera. Y así, un ídolo también es un artista, y un subconjunto de artistas no es superior al otro. Sin embargo, en Corea, esa etiqueta de «artista» suele percibirse como un objetivo final que los *idols* deben alcanzar. Frases como «el ídolo se convierte en artista», por tanto, implican de algún modo que un *idol* determinado tiene una musicalidad superior o más autenticidad.

Esto está relacionado con la forma en que se concibe a los ídolos en la industria musical coreana, y también en la sociedad coreana en su conjunto. A menudo se menospreciaba a los *idols* por tener una musicalidad inferior a la de otro tipo de artistas, porque la compañía dirige la producción, porque ellos no escriben sus propias canciones o, incluso, porque son muy guapos o bailan en el escenario. Además, también existe la presuposición, sumamente misógina, de que como los fans de la música *idol* suelen ser mujeres adolescentes y veinteañeras, la música debe ser de mala calidad.

Sin embargo, desde su debut, los chicos de BTS han convertido en música las historias de su vida como *trainees*, y, dentro de la serie *LOVE YOURSELF*, plasmaron el placer y el pesar de vivir como *idols*. La autenticidad de BTS provenía de sus historias de lo que habían vivido como ídolos, y el grupo estaba inextricablemente ligado a sus luchas internas y a su crecimiento, así como a sus fans, su ARMY.

> *Puedes llamarme artista*
> *Puedes llamarme* idol
> *O como te venga en gana,*
> *Me da igual*

Al igual que los primeros versos de «IDOL», para BTS, definirse como *idols* era una parte necesaria de «amarse a sí mismos». Querían que el mundo reconociera su existencia como fuera, y, cuando la gloria que habían recibido junto a ARMY llegó a unas cotas de infarto, los chicos de BTS alcanzaron la cima y se definieron como *idols*. De la alabanza extrema a la crítica despiadada, se les juzgó en función de todo tipo de criterios, y, así, se debatieron entre la gloria y la desesperación. Ahora, sin embargo, diga lo que diga el mundo, BTS es BTS. Ya no necesitan ninguna otra palabra para describirse a sí mismos. SUGA nos cuenta lo que piensa de la palabra «*idol*»:

————Soy muy consciente de que la gente habla de los *idols* como «cantantes que solo duran siete años» y «productos manufacturados». Pero solo se trata de una diferencia en la forma de expresarse y, en general, los *idols* tienen intereses similares. Por suerte, como grupo podíamos hablar de esos aspectos con total libertad y así pudimos expresar esos pensamientos tal cual.

De este modo, con el reto «IDOL», los componentes de BTS daban un paso más como *idols* autoproclamados. Estos ídolos, sobre los que se posaban innumerables miradas, y que se definían de infinitas formas, estaban animando no solo a ARMY, sino a cualquiera que le apeteciera, a probar el baile «IDOL». Así, incluso alguien que desconociera el contexto de BTS, de ARMY o de la relación entre ellos, podía cruzarse con el reto «IDOL» en las redes sociales y conocer al grupo con facilidad.

La actitud era la de «da igual lo que pienses de nosotros: pruébalo y diviértete». Este fue un pequeño pero importante punto de inflexión en la historia de BTS y ARMY. Desde su debut, BTS se había defendido de los ataques externos y, a veces, también había buscado la aceptación del exterior, pero, más o menos en el momento en que dieron con la respuesta, esa 'Answer', para la serie *LOVE YOURSELF*, empezaron a crear actividades en las que cualquiera pudiera participar, dijera lo que dijera la gente.

El tema principal «IDOL»˙ de *LOVE YOURSELF* 結 'Answer' combina diversos elementos culturales en una gran fiesta. Musicalmente, los ritmos de estilo sudafricano se mezclan con los empleados en la música tradicional coreana. En el vídeo musical, hay tanto trajes como *hanboks* tradicionales coreanos; fondos que recuerdan a las llanuras africanas; *Bukcheong sajanoreum*, un juego tradicional coreano; dibujos hechos por los propios miembros de BTS. Todo ello se mezcla en un vídeo que resalta tanto la sensación tridimensional como la de un plano bidimensional.

Aunque combina tantos elementos que puede resultar abrumador, en lugar del rock o la música electrónica que suelen utilizarse en la música con este tipo de ambiente festivalero, lo que protagoniza la canción es el sonido de la música tradicional coreana. En la parte en que todos están más animados, el ritmo de la música tradicional coreana, «Bum badum bum brrrrumble», y el «Oh yeah» tipo *chuimsae* (una forma de exclamación en la música tradicional coreana) aparecen en la letra.

«IDOL» es una pieza de música de festival, que nace de la combinación de varios elementos. Para todos los que la escuchan, sean de donde sean, la música tradicional coreana pasa a ser el sonido para disfrutar de este festival. Para los coreanos, la música tradicional coreana de «IDOL» es un elemento especial que no suele encontrarse en la música popular, pero también tiene universalidad como punto culminante de esta canción tan energética. Con ella, BTS alcanzó una nueva etapa en la serie *LOVE YOURSELF*. Los chicos de BTS, que siempre habían estado muy unidos a ARMY, se habían convertido en personajes que podían decirle a cualquiera «¡Vamos a pasarlo bien!» y montar una fiesta en un periquete.

En «Burning Up (FIRE)», BTS demostró su ímpetu, lanzándose hacia delante sin vacilar junto a un gran cuerpo de baile, mientras que en «Not Today» lideraban a un buen puñado de bailarines. Y en «IDOL», con una coreografía que incorporaba una variedad de atuendos y todo tipo de elementos culturales, su función era conseguir que todo el mundo se lo pasara en grande. Desde su canción de debut «No More Dream» hasta llegar a «IDOL», habían recibido mucho amor y, naturalmente, también estaban cambiando sus papeles.

El cambio que BTS había mostrado con «IDOL» simbolizaba que se estaba produciendo una transformación no solo en la música, sino en la historia de la industria de la cultura popular coreana en su conjunto. En

2018, BTS alcanzó varios números uno consecutivos en la Billboard 200 con los álbumes *LOVE YOURSELF* 轉 *'Tear'* y *LOVE YOURSELF* 結 *'Answer'*, y al año siguiente *Parásitos* (2019) se convirtió en una de las películas más comentadas en el mundo entero. Luego, en septiembre de 2020, Billboard instauró una nueva lista llamada Billboard Global 200, que recogía cifras de doscientos países y regiones, incluido Estados Unidos. Es de suponer que la entrada de la música K-pop y de otros artistas internacionales en la lista Billboard estadounidense tuvo algo que ver.

Así, mientras surgían nuevas corrientes alrededor de un continente, país o región cultural concretos, también iba cambiando el rostro de la industria de la cultura popular. Dentro de esta marea, la cultura popular coreana, que se consideraba poseedora de un atractivo distinto al de las obras de la cultura popular occidental, iniciaba su meteórico ascenso. A partir de la década de 2010, Corea y Seúl se convirtieron respectivamente en uno de los países y ciudades más recientes en acaparar la atención por su cultura. Como en el caso de «IDOL», Corea ha dado a innumerables elementos culturales una interpretación moderna y ha empezado así a cautivar al mundo. Los componentes de BTS formaban parte de esta inmensa corriente y afianzaron su condición de figuras icónicas.

La actuación de BTS* en la gala de los premios MMA del 1 de diciembre de 2018, celebrada en el Gocheok Sky Dome, fue un símbolo de todo lo que estaban logrando en aquel momento. En medio de un grupo de intérpretes coreanos de la danza tradicional del tambor, *samgomu*, aparece j-hope vestido con un *hanbok* y empieza a bailar. No baila una danza tradicional, sino una danza urbana basada en el *breakdance*. El tema general se centra en las artes tradicionales coreanas, pero las rutinas de baile de los miembros siguen los géneros modernos a los que están acostumbrados. Jimin y Jung Kook, que aparecen después de j-hope, se inspiran en el baile de abanicos *buchaechum* y en el baile de máscaras *talchum*, respectivamente, pero la coreografía se acerca más a los movimientos de baile moderno que ya habían exhibido en alguna otra ocasión.

La actuación en los MMA fue una versión condensada de la cultura y las artes tradicionales coreanas, que BTS fusiona de forma natural con elementos de la cultura popular moderna como si no fuera nada insólito. Los componentes llevan trajes *hanbok* modificados y gritan «Bum badum bum brrrrumble / Oh yeah» desde el centro del escenario, mientras el público grita a todo pulmón. Todo esto sucede con tanta fluidez que es como si todo encajara y estuviera en el lugar que le corresponde. Estos chicos, que se habían criado con las tradiciones y la música popular coreanas, habían creado una nueva forma que combinaba todas estas cosas de forma natural.

Algo muy parecido a como, a través de «IDOL», BTS fusionaba las miradas externas con todos los significados que se les habían asignado. Al combinar inexplicablemente elementos complejos en uno solo, los integrantes de BTS dejaron muy clara su identidad como coreanos y como *idols*.

Durante mucho tiempo, en las ceremonias de entrega de premios musicales de fin de año, como los MMA, el escenario había sido un campo de batalla en el que BTS podía demostrar su valía. Allí, tenían que ganar a los demás grupos, así como conseguir que sus fans, ARMY, que siempre les apoyaban, se sintieran orgullosos de ellos.

Sin embargo, tras varios números uno consecutivos en la Billboard 200 y después de superar el caos y el conflicto en torno a la renovación del contrato, al final, BTS se erigió de nuevo como un solo grupo, y ya no hubo necesidad de probarse a sí mismos. No necesitaban explicaciones y, ahora, las expectativas recaían sobre ellos: ¿qué tipo de actuación ofrecerían esta vez? Como *idols*, se habían convertido en iconos.

SPEAK YOURSELF

Tras publicar otro álbum, había llegado el momento de volver a salir de gira. Como en los títulos de los álbumes, BTS había pasado por las etapas de «desarrollo» (*seung*, 承) y «punto de inflexión» (*jeon*, 轉) de la composición literaria, y puso fin a la serie *LOVE YOURSELF* con la etapa de «conclusión» (*gyeol*, 結). Al final, el 25 de agosto de 2018, dieron el pistoletazo de salida a la gira mundial «LOVE YOURSELF»* en el Estadio Olímpico de Jamsil en Seúl. A esto siguió una gira mundial de un año de duración, que concluyó con otro concierto en el Estadio Olímpico de Jamsil el 29 de octubre de 2019, la gira BTS WORLD TOUR «LOVE YOURSELF : SPEAK YOURSELF», con canciones del álbum de 2019 *MAP OF THE SOUL : PERSONA*.

Como parte de la gira mundial BTS WORLD TOUR «LOVE YOURSELF : SPEAK YOURSELF»,** actuaron en estadios de renombre mundial, desde el Rose Bowl estadounidense y el Wembley británico hasta el Stade de France francés. Antes de la producción de la serie *LOVE YOURSELF*, a los chicos de BTS les inquietaba muchísimo que su éxito pudiese venirse abajo. Sin embargo, después de la serie *LOVE YOURSELF*, volaron mucho más alto. Fue algo así como un vuelo eterno que nunca aterrizaría.

————Damos unos cuarenta conciertos, ¿sabes? Algunas veces me digo: «Va, ¿qué hago hoy?» (risas).

V está hablando de la imagen que proyecta en las giras largas. Prosigue:

————Antes, cuando hacía conciertos, podía elegir entre muchos gestos para expresarme. Pero la cosa cambió cuando tuve «cuarenta conciertos» por delante. Lo que presentaba tenía que ser mucho más variado. Me preparaba muy a fondo antes de empezar. Tenía un montón de ideas, sobre todo por lo que respecta a canciones como «Intro : Singularity». Había tantas que pensaba que me estallaría la cabeza. Cuando hacía unos cuarenta conciertos, luego me arrepentía y pensaba: «Tendría que haber usado las ideas de una en una» (risas). Por ejemplo, al principio, se me ocurrieron unas quince poses inclinadas. Para cada concierto, también pensaba una que adoptar en mitad de la actuación, y otra diferente para el final; y, si hablamos de los bailes, inventé un montón de formaciones nuevas. Pero, básicamente, usaba todo lo que tenía preparado en un concierto, y por eso luego me quedaba embotado.

Lo que V optó por hacer, en lugar de eso, fue entregar su cuerpo a las sensaciones que experimentase de forma natural. Dice:

————Sobre el escenario, lo hago sin pensar. Con independencia de las ideas que me pasen por la cabeza, no pienso cosas como «Esta vez, tengo que hacer tal cosa». Lo que sí tengo es un marco más amplio. Creo que lo más importante es que me sale de manera natural.

La conclusión de V fue, tal vez, un descubrimiento que los miembros de BTS hicieron a lo largo de la serie *LOVE YOURSELF*. Cuando se afrontan los problemas inesperados de la vida y se dan vueltas y más vueltas a toda clase de preocupaciones, la respuesta se encuentra en las cosas más sencillas, pero también más significativas.

Jung Kook resume el lugar del que surge ahora su felicidad:

———Cuando me preguntan ahora qué me hace feliz, es el hecho de que pueda tener inquietudes como esa. Ahí reside mi felicidad. Si en verdad estuviera triste, no creo que pudiera plantearme en qué consiste la felicidad. Así que poder plantearme interrogantes como «¿Es esto lo que me hace feliz?», «No, esto es lo que me hace feliz», ¿acaso no es eso la felicidad?

Tal y como sucedía con el mensaje de la obra de teatro *L'oiseau bleu* —que la felicidad está al alcance de la mano—, BTS voló lejos y a gran altura, antes de volver a los valores que llevaban dentro del corazón. Así fue como Jimin, en la elaboración de la serie *LOVE YOURSELF*, dio una vez más con la «respuesta» de los miembros. Dice Jimin:

———Sucedieron unas cuantas cosas pero, al final, regresé a BTS. Me encontré con mis amigos fuera del grupo, pasé un tiempo con ellos y me desahogué, pero sacar al exterior las cosas que habían pasado dentro del grupo no resolvió nada y no pude encontrar las respuestas que quería. Y creo que por eso acabé confiando en los miembros más incluso que antes.

«Promise»,* lanzada el 31 de diciembre de 2018, fue la primera canción que hizo Jimin en solitario. El tema arranca con la letra «A solas y de bajón», pero Jimin se da cuenta de que no está solo y termina con un

«Ahora, prométeme». Jimin empezó a trabajar en la canción en primavera de ese año pero, dada la confusión que reinaba en el grupo, no fue capaz de ponerse en serio con ella. Una vez que dejó atrás ese periodo, fue capaz de completar el tema con el título y la letra que tiene hoy.

Para los miembros de BTS, *LOVE YOURSELF* fue un proceso de descubrimiento de los valores que les eran más preciados. En ese sentido, amarse a sí mismos, como dice el título, consistió en el proceso de descubrir quiénes eran. j-hope dice al respecto:

———Llegué a verme como una persona verdaderamente brillante, que da energía a otras personas. Y quizá alguien, por consiguiente, capaz de expresar el encanto único que tienen … Durante la serie *LOVE YOURSELF*, eso es lo que descubrí sobre mí mismo.

j-hope explica este proceso de autodescubrimiento:

———*LOVE YOURSELF*, aunque contiene el mensaje de amarse a uno mismo, por otro lado me hizo pensar: «¿Qué clase de persona soy?». Me estudié mucho durante ese periodo y llegué a la conclusión de que poseía una energía luminosa y de que era alguien que podía transferir esa energía a otros. De este modo, al llegar a una definición de mí mismo que no era una definición, la metí en las canciones, la expresé, y ARMY la aceptó … Además, al fijarme en ARMY, llegué a pensar, una vez más: «Eso es, este soy yo». Ese fue el recorrido.

Para BTS, *LOVE YOURSELF* no fue solo el acto de autoafirmarse. Como dice j-hope, en realidad fue un proceso de «conocerse a uno mismo» para descubrir si uno puede «amarse a sí mismo». Con independencia de quién lo protagonice, se trata de un proceso que es inevitablemente continuo y que no arroja una respuesta única, pero, a través de la serie de álbumes *LOVE YOURSELF*, los miembros de BTS confesaron historias de su vida y buscaron la respuesta a la eterna pregunta «¿Quién soy?».

No puede ser coincidencia que, a renglón seguido de *LOVE YOURSELF*, el primer verso de la canción que abre la serie *MAP OF THE SOUL*, «Intro : Persona», diga: «Quién soy». Por supuesto, como explican en la letra, «La pregunta que me he hecho toda mi vida» es «La pregunta a la que probablemente no encontraré respuesta en mi vida». Sin embargo, es en el proceso de responder a esa pregunta, que vuelve en todas las etapas de la vida, donde una persona descubre lo que tiene que hacer.

j-hope comparte la respuesta que *LOVE YOURSELF* le dio:

———Al pensarlo, no creo que fuera una persona tan brillante, pero cambié mucho para convertirme en quien soy ahora. No sé qué piensa otra gente de la expresión «completarse» pero, cuando hablo del proceso de completarse como persona, creo que en realidad lo que quería era contarle a la gente que «Yo también cambié de esa manera y me convertí en esta persona», «Tú también puedes hacer lo mismo». No sé si ARMY captó ese mensaje pero, en cualquier caso, espero que tuviera un impacto positivo.

El 24 de septiembre de 2018, BTS asistió al lanzamiento de una asociación de UNICEF llamada «Generation Unlimited» en la sede de la ONU en Nueva York, donde pronunciaron un discurso.˙

Me gustaría empezar hablando de mí mismo.

Como dijo j-hope, al contar su historia aquel día, ejercieron un impacto no solo en ARMY sino también en muchas otras personas.

RM, que pronunció el discurso en inglés en representación del grupo, empieza presentando su localidad natal de Ilsan y cuenta cómo era su vida de pequeño. Luego habla de la complicada etapa que siguió al debut del grupo, expresa su agradecimiento por el cariño y el amor de ARMY, que fue lo que les impidió rendirse, y después habla de aceptarse a sí mismo. Los pasajes clave son los siguientes:

> *A lo mejor ayer cometí un error, pero mi yo de ayer sigue siendo yo. Hoy, soy quien soy con todos mis defectos y errores. Mañana, tal vez seré un poquito más sabio, y ese también seré yo. Estos defectos y errores son lo que soy y forman las estrellas más brillantes de la constelación de mi vida. He llegado a quererme por quien soy, por quien fui y por quien espero llegar a ser.*

Después recomienda a la gente que vaya un paso más allá en la tarea de amarse a sí misma:

> *Nosotros hemos aprendido a querernos. Así que ahora te animo a «hablar por ti» [speak yourself].*

Tal y como la BTS WORLD TOUR «LOVE YOURSELF : SPEAK YOURSELF» siguió a la BTS WORLD TOUR «LOVE YOURSELF», dentro de la travesía que fue el *LOVE YOURSELF*, BTS avanzó en dirección a su respuesta: *SPEAK YOURSELF*. Con independencia de cómo te vea el mundo y de lo que hayas tenido que pasar para llegar adonde estás, decirle a ese mundo quién eres y de dónde vienes: en eso consiste el auténtico BTS, eso es lo que quedaría aunque perdieran todo lo que tienen.

En aquel momento, BTS no podía saber durante cuánto tiempo y hasta qué altura seguirían volando. Sin embargo, su discurso en la sede de la ONU fue una declaración de intenciones: aunque llegaran hasta el mismísimo sol, todos ellos seguirían conectados al suelo del que habían partido. En su intervención, RM también explica que quien eres debajo de todo lo demás no cambia, y anima a quienes le escuchan a hablar de ello y conectar con el mundo.

Tratándose de siete jóvenes que apenas unos pocos años antes eran chicos coreanos normales y corrientes pero en esos momentos viajaban por todo el mundo, quizá eso fuera lo único que podían decirle a ARMY, un conglomerado de innumerables nacionalidades, razas, personalidades y clases diferentes.

————Fue bastante importante para mí. Creo que establece uno de los pilares de BTS.

RM rememora por unos instantes el discurso de aquel día y luego continúa, pasando al tema del arte:

————Cuando leí las reseñas sobre el pintor Song Sangki, hubo una parte que fue la que más me conmovió. Si mal no recuerdo, decía: «Considero que los mayores artistas son los que pueden tomar sus experiencias más personales y destilarlas hasta convertirlas en verdades universales. ¿No es esa persona arte en sí misma?».

RM explica cómo le hicieron sentir esas frases:

————«Alguien que destila su experiencia personal y la convierte en verdad universal». Sentí que eso era lo que yo quería llegar a ser. BTS, probablemente, también está en un punto intermedio entre la experiencia personal y lo universal. Y la idea es que, para dirigirse hacia la verdad universal, debe priorizarse la experiencia personal, ¿vale? Para mí, esa clase de experiencias personales tienen que ver con la pregunta de «¿Dónde echo raíces?», y ahí está el principio y el final de nuestro discurso. Si las cosas que me gustan y todo lo demás hoy en día se encuentran en las ramificaciones de mis neuronas, en todas direcciones, la respuesta a la pregunta de dónde empecé se encuentra dentro de las raíces más hondas de mi identidad entera y, dentro de este mundo complejo, es el origen el que permite reconocer con mayor claridad mi existencia. Por exagerar un poco, creo que mi identidad y autenticidad provienen de eso y solo eso. Y así, cuando expreso esas cosas, puedo desinhibirme y decir la verdad. Viviendo como parte de BTS, creo que eso será evidente, sea a través de mis letras o mis entrevistas.

Luego RM sonríe y «habla por sí mismo»:

————No es que sea el presidente, ni John Lennon, ¿vale? Aun así, creo que puedo presentarme sin avergonzarme de lo que viene después. Diciendo: «Soy un joven que tiene tantos años de edad, que vive en tal sitio y al que le gusta x e y». Es cuando digo esa clase de cosas cuando me siento igual de bueno que ellos, creo (risas).

Así de fácil, empieza a formarse un rayo de luz, una luz que guiaría el vuelo sin fin de la banda.

CAPÍTULO 6

MAP OF THE SOUL : PERSONA

MAP OF THE SOUL : 7

THE WORLD
OF BTS

EL MUNDO DE BTS

||| | | | | THE WORLD OF BTS | | | | ||

El momento de ARMY

Cuando BTS sacó a la venta su nuevo álbum *MAP OF THE SOUL : PERSONA* el 12 de abril de 2019, a las 18.00, una gran parte de su público coreano de la plataforma de *streaming* de música Melon se quedó sin poder escucharlo de inmediato. Los servidores de Melon se habían caído por culpa del puro número de intentos de acceso simultáneos.

Eso era algo inimaginable para alguien que viviera en la República de Corea. En 2019, 10,28 millones de coreanos usaban servicios de *streaming* de música, y Melon podía alardear de sus 4,1 millones de usuarios mensuales activos. Que una plataforma de semejante magnitud se cayera por culpa de la demanda de un solo álbum era como que un guijarro lanzado al océano desalojara toda el agua y la mandara al espacio.

Que algo así podía suceder quizá lo anunciara, dos meses antes del lanzamiento de *MAP OF THE SOUL : PERSONA*, el éxito de AR-MYPEDIA,* una especie de búsqueda del tesoro organizada por Big Hit Entertainment como premio especial para ARMY. Se proyectaron *teasers* en pantallas gigantes de Seúl, Nueva York, Los Ángeles, Tokio, Londres, París y Hong Kong, y ARMY de todo el mundo buscaron 2.080 piezas de puzle repartidas por todo el planeta y por internet para juntarlas. La cifra 2.080 hace referencia a los días transcurridos desde el debut de BTS el 13 de junio de 2013 hasta el 21 de febrero de 2019, cuando se reveló la ARMYPEDIA, lo que significaba que cada pieza era un día en la vida de BTS.

ARMY reunió las piezas con una rapidez sobrecogedora. Cada una de ellas llevaba un código QR. Al escanearlo, se obtenía una pregunta sobre BTS que, en caso de responderse correctamente, llenaba un registro de la ARMYPEDIA correspondiente a ese día. Los ARMY que hubieran respondido bien eran libres de subir sus recuerdos particulares de BTS en forma de texto, fotos y vídeos. ARMYPEDIA demostró que BTS, para entonces, había crecido hasta convertirse en un fenómeno gigantesco que obtenía una respuesta global mediante algo tan sencillo como un evento centrado en los recuerdos que compartían con sus fans.

Al cabo de unas pocas semanas, se celebraron en Seúl dos fiestas post ARMYPEDIA,[40] por así decirlo. En su momento, los medios coreanos describieron esos eventos como «actos de BTS sin BTS». Aunque los miembros del grupo sí hicieron breves apariciones mediante unas actuaciones sorpresa en vídeo que se reprodujeron en las grandes pantallas montadas en el espacio de la fiesta, no asistieron en persona. Aun así, los ARMY se congregaron en cantidades propias de un estadio y corearon las canciones que sonaban por unos grandes altavoces de concierto, participando así en los actos preparados por BTS y Big Hit Entertainment.

ARMYPEDIA y los actos que lo siguieron fueron un aperitivo de lo que ARMY demostraría al mundo una vez que saliera a la venta el nuevo álbum, *MAP OF THE SOUL : PERSONA*. En adelante, ARMY se congregaría en cifras lo bastante grandes para llamar la atención de los medios, incluso sin la presencia física de BTS. Por ese motivo, aunque *MAP OF THE SOUL : PERSONA* fue un álbum cien por cien BTS, fue ARMY quien se convirtió en la estrella del disco.

---

40 «RUN ARMY in ACTION» se celebró el 10 de marzo en Seoul City Plaza, y «ARMY UNITED in SEOUL» se celebró el 23 de marzo en el Oil Tank Culture Park.

Vosotros

MAP OF THE SOUL : PERSONA empieza con una historia sobre «vosotros», es decir, ARMY. El concepto que estructuraba el álbum estaba inspirado en un pensamiento recurrente que tuvo Jung Kook mientras promocionaba la serie de álbumes *LOVE YOURSELF*.

————Me preguntaba cómo era la vida de todas las personas a las que les gustaba.

El deseo de Jung Kook de saber más sobre ARMY no era simple curiosidad.

————A veces me pregunto, cuando estoy con gente, si no me pondré una máscara delante de ellos. Es importante encontrar un equilibrio entre mi identidad como artista y como persona, pero a veces me preguntaba si no habría empezado a perder de vista lo que estaba haciendo.

BTS siempre había valorado mucho la «única fila» de fans que había acudido a verlos a su primera actuación en un programa musical de televisión, y ahora cantaban en estadios ante millares de ARMY. Ese aumento en su número de fans también significaba un incremento en la cantidad de idiomas en los que ARMY expresaba su amor, su apoyo y sus pensamientos sobre el grupo desde todos los rincones del mundo, pero los chicos no tenían un verdadero modo de saber por qué recibían tanto amor y cómo era la vida de las personas que los amaban. En lugar de eso, enfrente tenían una infinidad de cámaras, el interés de los medios de comunicación o cualquiera que quisiera dárselas de experto en BTS e intentara llenar el hueco entre BTS y ARMY. Jung Kook dice:

————Creo que habíamos llegado adonde estábamos porque coincidimos con la época y las personas adecuadas, pero era muchísima presión. No creo que yo fuera del todo correcto para ocupar esa posición y

MAP OF THE SOUL : PERSONA

THE 6TH MINI ALBUM
12. 4. 2019

TRACK

01 Intro : Persona

02 Boy With Luv (Feat. Halsey)

03 Mikrokosmos

04 Make It Right

05 HOME

06 Jamais Vu

07 Dionysus

VIDEO

 COMEBACK TRAILER :
Persona

 «Boy With Luv» (Feat. Halsey)
MV TEASER 1

 «Boy With Luv» (Feat. Halsey)
MV TEASER 2

 «Boy With Luv» (Feat. Halsey)
MV

 «Boy With Luv» (Feat. Halsey)
MV ('ARMY With Luv' ver.)

 «Make It Righ» (Feat. Lauv)
MV

hubo cosas que tuve que hacer para convertirme en alguien apropiado para ella. Y siempre había cosas en las que necesitábamos poner más esfuerzo si queríamos conseguir lo que nos habíamos propuesto.

Como dice Jung Kook, las cosas que BTS necesitaba hacer crecieron en proporción con su explosiva popularidad, y no resultó fácil mantener la personalidad honesta y franca que querían mostrarle a ARMY.

Sin embargo, BTS son un grupo que —mucho antes de que se popularizase la palabra *streamer*— ya llevaba videoblogs en YouTube sobre sus tribulaciones como aprendices cuyo debut era inminente. Incluso después de convertirse en una sensación internacional que hacía giras por estadios de todo el mundo, después de una actuación encendían sus cámaras de V Live y se comunicaban con ARMY.

MAP OF THE SOUL : PERSONA fue fruto de la relación especial entre un *fandom* gigantesco y sus queridos artistas, que se habían convertido en estrellas globales en la era de los smartphones y YouTube. BTS, incluso en pleno centro de la industria de los *idols*, querían mostrar su verdadera personalidad, en la medida de lo posible, y a resultas de ello se habían convertido en superestrellas. Y, cuando creyeron haber llegado a lo más alto de lo que podían lograr, desearon comunicarse más todavía con los fans que los habían acompañado durante todo aquel trayecto.

De Arabia Saudí a Estados Unidos

A menos que le preguntásemos a cada ARMY en persona, nunca podríamos saber hasta qué punto se hicieron realidad las esperanzas de Jung Kook. Sin embargo, tras el lanzamiento de *MAP OF THE SOUL : PERSONA*, quedó claro que ARMY quería transmitir algo a BTS.

El 10 de octubre de 2019 (fecha local), BTS se estaba preparando para la actuación de la BTS WORLD TOUR «LOVE YOURSELF : SPEAK YOURSELF» que se celebraría al día siguiente en el Estadio Internacional del Rey Fahd en Riad, la capital de Arabia Saudí. Después del ensayo completo, Jung Kook y Jimin decidieron practicar una vez más la parte en la que hacían un *medley* de éxitos de BTS.

«¡Lo sentimos mucho!».

Los dos rogaron comprensión al equipo. La temperatura en Riad había subido hasta los 40 grados y, para cualquiera que visitase la ciudad por vez primera, hasta caminar por la calle con aquel tiempo resultaba una ordalía. Los dos pidieron disculpas a los técnicos por alargar el ensayo con aquel calor, a pesar de que ellos eran los que más sudaban.

Sin embargo, no eran los únicos que intentaban superar el calor. Durante el ensayo entero, desde el exterior del estadio no habían parado de llegarles gritos de ánimo. ARMY había rodeado el recinto. Desde fuera, solo podían oír el sonido apagado de las pruebas que se estaban realizando, lo que volvía casi imposible distinguir una voz de otra. Aun así, cada vez que se cambiaba de canción, ARMY lanzaba otro rugido colectivo y coreaba los nombres de los miembros. La imagen de unas mujeres con la cara y el cuerpo cubiertos por el nicab tradicional gritando el nombre de sus artistas predilectos desde luego no era una estampa muy habitual en Arabia Saudí. Jung Kook recuerda cómo fue el concierto:

———Todos los países tienen su propia cultura pero yo esperaba que, por lo menos durante nuestras actuaciones, nuestro público se permitiera expresar todo lo que llevaba en el corazón en ese momento. Debían de tener mucho calor con la ropa tradicional, pero se lo estaban pasando tan bien y metiendo un ruido tan maravilloso que me sentí increíblemente agradecido a ellas.

Como dice Jung Kook, el público presente, en su mayoría mujeres, pudo hacer todo el ruido que quiso a la vez que disfrutaba a pesar del calor. Está claro que fue solo cuestión de un momento, pero BTS estaba mostrando una nueva manera en la que la música *mainstream* empezaba a aceptarse en Arabia Saudí, una especie de cambio. Y que ese cambio lo abanderasen más de treinta mil mujeres de más o menos la misma edad era, de por sí, algo que daba que pensar.

En Estados Unidos pasó lo mismo. Todos los medios de comunicación del país hablaron de las mujeres adolescentes y veinteañeras que se habían congregado para ver las actuaciones de BTS. La intervención del grupo en *Saturday Night Live* el 13 de abril de 2019 en la NBC fue un hito de especial importancia para ellos.

En los anuncios que sirvieron de *teaser* del episodio, la presentadora de aquella semana, Emma Stone, y varios miembros del equipo de *SNL* hicieron las veces de ARMY, y Stone decía: «Voy a acampar en este escenario hasta que llegue BTS». Para algunos, sin embargo, eso no era una exageración. El *Today Show* de la NBC informaba de que ya había ARMY que llevaban días acampados delante del estudio a la espera de la oportunidad de comprarse entradas para *SNL*.

Aquel escenario, además, era el primero que pisaban desde el lanzamiento de *MAP OF THE SOUL : PERSONA* y *SNL* era, como su propio nombre indica, en vivo. El espacio en el que tenían que actuar también era más pequeño que el escenario medio de los programas televisivos coreanos en directo. Sin tener tiempo siquiera para ponerse nerviosos por su aparición en *SNL*, se cuenta que todos los miembros se preguntaron cómo iban a ejecutar su actuación para un público y en un entorno que no les resultaban familiares en absoluto.

————El escenario es muy pequeño. ¿Qué vamos a hacer con la coreografía?

Atentos a no colisionar y lesionarse, los miembros debatieron y coreografiaron sus movimientos hasta el momento mismo de salir en directo.ˮ Los recuerdos que tienen todos de aquella aparición son parecidos:

——————Daba igual lo grande que fuera el escenario físico, lo que lo hacía importante era el hecho de que fuera *SNL*.

Tal y como preveían, aquel pequeño escenario se convirtió en el momento *Ed Sullivan Show* de BTS.[41] La actuación de BTS en *SNL* y la respuesta del público no solo fue estudiada por revistas especializadas en música como *Billboard* y *Rolling Stone*, sino que *The New York Times* y la CNN también cubrieron la noticia, y al día siguiente mismo las cifras de BTS en Google se dispararon hasta alcanzar los guarismos más altos del ciclo promocional entero de *MAP OF THE SOUL : PERSONA*.

Ya no eran solo los medios coreanos, sino los periodistas de todo el mundo quienes se planteaban la pregunta: «¿Por qué adoran tanto a BTS los fans?».

Os escucho

La historia del *fandom* de las *boy bands* empieza en Occidente, pero grupos como BTS, con una popularidad que trasciende las fronteras

---

41 *The Ed Sullivan Show*, un programa de televisión que se emitió de 1948 a 1971 por la CBS, fue el primer escenario de Estados Unidos en el que tocaron los Beatles, que hicieron su primera aparición allí el 9 de febrero de 1964, cuando su álbum se convirtió en un bombazo en ese país.

nacionales y que pueden hacer giras por estadios de toda Asia, Norteamérica y Europa, los hay solo con cuentagotas. Por no hablar de bandas que tengan un *fandom* inmenso, todos blandiendo las mismas varillas luminosas oficiales y haciéndose llamar por un único sobrenombre (ARMY, en este caso).

Los medios occidentales empezaron a comparar a ARMY con la Beatlemanía, el *fandom* de los Beatles. ARMY resultaba tan sensacional que los periodistas occidentales tuvieron que remontarse hasta el cuarteto de Liverpool para encontrar una comparación equivalente. BTS también tardó casi seis años en subirse a ese escenario del *SNL*, seis años de crecimiento de popularidad casi inaudito, tanto en términos de ventas como de alcance geográfico. Y eran unos artistas coreanos, que cantaban en su lengua, los que ocupaban el escenario del *SNL*, los que hacían desgañitarse al ARMY estadounidense. Era algo realmente nunca visto.

La popularidad de BTS no puede achacarse a un único factor. Es posible que a un fan lo primero que lo atrajese fuera su apariencia, a otro sus actuaciones y quizá aún otro topara con un vídeo gracioso hecho por ARMY que le despertase la curiosidad por la banda.

Sin embargo, más que darle tantas vueltas a la procedencia de su popularidad, es importante examinar las respuestas que ofrece ARMY. Por ejemplo, durante la campaña promocional de Generation Unlimited en septiembre de 2018, cuando BTS dio un discurso en la Asamblea General de las Naciones Unidas y animó a la juventud a «hablar por sí misma», las redes sociales experimentaron una avalancha de ARMY deseosos de expresarse y divulgar la travesía que habían hecho para descubrirse a sí mismos y reforzar su autoestima.

A través de la música de BTS, ARMY se entera de episodios trágicos de la historia coreana como el Movimiento Democrático de Gwangju del 18 de mayo y el Naufragio del Sewol, y expresan sus condolencias y ofrecen solidaridad a los afectados. No solo eso: cuando se declaró la pandemia de la covid-19 un año después del lanzamiento del *MAP OF THE SOUL : PERSONA*, para septiembre de 2020 ARMY había donado hasta dos mil millones de wones coreanos, y eso contando solo la cantidad verificada.[42]* Las donaciones cubrían no solo la educación y la sanidad, que fueron sectores afectados a nivel mundial durante la pandemia, sino también los derechos humanos y la protección de los animales.

Aunque fuera difícil averiguar qué había despertado el interés en BTS en un primer momento, existe un tema claro que se repite en este *fandom* en todo el mundo. Y ese tema es que, al hacerse fans de BTS, encontraban una nueva dirección para su vida.

Dentro del *fandom* del K-pop, este no era, por supuesto, un fenómeno exclusivo de ARMY. Los colectivos de fans que lo habían precedido también se habían demostrado proactivos a la hora de hacer donativos para toda clase de causas. Sin embargo, cuando BTS alcanzó fama mundial, otros *fandoms* del K-pop de todo el mundo empezaron a hacerse eco de esa tendencia. A través de la particular forma de unidad que tienen los *fandoms* del K-pop, los fans expresan sus identidades y también se manifiestan a propósito de diversos temas políticos y sociales que van más allá de la música. Hoy en día, es algo habitual que cual-

---

42 *Weverse Magazine.* Véase el artículo.

quier *fandom* del K-pop exprese su postura acerca de los problemas no solo de los países donde viven, sino los que el mundo tiene en común.

Como reveló el *teaser* de *SNL*, la imagen que tienen los medios de comunicación occidentales sobre el *fandom* de las *boy bands* es la de unas chicas entre la adolescencia y la veintena que se pasan la noche en vela con tal de entrever un segundo a los grupos que les gustan y charlan durante horas sobre sus miembros favoritos. Hay algo de verdad en eso, como ha sido desde la Beatlemanía, pero, por mucho tiempo que pasen los fans de BTS cantando las alabanzas de su grupo favorito, también tienen cada uno una vida propia que llevan como individuos.

Por ese motivo, quizá, lo que hay que preguntarle a ARMY y a cualquier fan del K-pop, o a cualquier fan de cualquier artista de todo el mundo, no es «¿Por qué eres fan?» sino «¿Qué vida, más allá de ser fan, llevas ahora?». Solo entonces podremos acercarnos un poco a las jóvenes mujeres saudíes que, vestidas con su ropa tradicional, se reunieron alrededor del estadio donde ensayaban sus artistas favoritos para no perderse ni el más tenue sonido y gritar sus nombres al reconocerlos.

Gracias a la actuación en *SNL*, BTS dio un paso decisivo hacia ARMY. Representaron «Boy With Luv» (Feat. Halsey),⁺ el tema principal de *MAP OF THE SOUL : PERSONA*, y «MIC Drop», que apareció por primera vez en *LOVE YOURSELF* 承 *'Her'*. «MIC Drop», en particular, es una canción de hiphop que exige una actuación dinámica de principio a fin, mientras que «Boy With Luv» (Feat. Halsey) es todo lo contrario, una de las canciones pop más alegres y animadas de BTS.

La horquilla que va entre estas dos canciones parece condensar la relación entre BTS y ARMY. «MIC Drop» es el *swagger* hecho canción, una declaración salida de su época dorada de éxito. No se trata de un simple pavoneo, sino de un mensaje de victoria: «Ya no necesitamos veros / Esta es nuestra despedida final / No tengo nada que decir / Ni siquiera te disculpes». Contextualizando, es probable que la canción fuera destinada a los *haters* que los habían acosado desde su debut.

«Boy With Luv» (Feat. Halsey), en cambio, trata de las cosas pequeñas que se fueron uniendo desde el principio hasta formar la descomunal fuerza ascendente que los hizo volar. En otras palabras, es la historia de ARMY. En la letra, BTS expresa su esperanza de conocer a ARMY cara a cara mediante pasajes como «Quiero verte sintonizada a mis ojos» mientras hablan del éxito que están viviendo en «Qué arriba que estoy ahora». Y a ARMY, acerca de la cual BTS siente «curiosidad por todo», le piden una cosa:

Ven a ser mi maestra
Enséñamelo todo sobre ti

Si «MIC Drop» fue el proceso de demostrar su valía a través del éxito, «Boy With Luv» (Feat. Halsey) es el compromiso de que dejarían a ARMY contar sus historias primero. Es la crónica de cómo un artista había llegado a anteponer la voz de su *fandom*, que siempre había estado allí para animarle.

BTS convirtieron a sus fans en los protagonistas de su álbum y empezaron a narrar las historias que sus fans habían querido contar. Jung Kook, comparando la influencia del miembro de BTS Jung Kook con la del humano individual Jeon Jung Kook, tiene lo siguiente que decir:

————Hum … No creo que haya una línea divisoria tan clara entre los dos. En cualquier caso, como Jung Kook de BTS, hablo con los fans que me toman como referente, y por eso quiero contarles historias positivas. Porque creo que yo también tengo el poder de insuflar esperanza.

Seré muy sincero

El rap de RM en «Boy With Luv» (Feat. Halsey) comienza con la frase «Seré muy sincero». Habla sin filtro de las realidades que afrontan BTS y de lo que pensaron al alcanzar un éxito sin precedentes en la historia de la música contemporánea en Corea.

> *A veces me quedaba un poco atascado*
> *Cielo elevado, salones ampliados*
> *A veces rezaba déjame huir*

Plasmaba en su letra la avalancha de sentimientos que les había inspirado el aumento vertiginoso de su popularidad tras la serie *LOVE YOURSELF*, un incremento tan intenso que resultaba casi humanamente imposible de gestionar. La expresión de RM «seré muy sincero» fue una decisión espontánea:

————Cuando escribo una letra, tengo la absoluta necesidad de meterme en la cabeza del narrador. Porque necesito entrar en el mundo de la canción. Pero cuando escribo mi parte rapeada después de acabar la letra cantada, es como si me quedara sin cosas que decir (risas). A lo mejor escribo la letra de una canción y la olvido durante dos semanas, hasta que alguien me dice: «Oye, RM, to-

En cualquier caso, como Jung Kook de
BTS, hablo con los fans que me toman
como referente, y por eso quiero
contarles historias positivas.
Porque creo que yo también tengo el
poder de insuflar esperanza.

—Jung Kook

davía no le has puesto tu rap». Eso es lo más difícil. Cuando la canción ya está acabada y mi rap es la última parte que le falta. Además, esta era una canción que coincidió con el momento en que estábamos terminando la producción, y se me ocurrió una idea: «Seré muy sincero» (risas). Aun así, si me preguntara a mí mismo «¿Fue lo mejor que podías hacer?», la respuesta seguiría siendo «Fue lo mejor».

En *MAP OF THE SOUL : PERSONA*, el mensaje principal que quería transmitir BTS era que pensaban escuchar la voz de ARMY y, como ARMY se convirtió en el protagonista del álbum, el narrador se convirtió en el BTS que conocemos a día de hoy. RM dice lo siguiente a propósito del cambio personal que experimentó a través de «Boy With Luv» (Feat. Halsey):

———Me da la impresión de que dije «Seré muy sincero» porque de verdad quería serlo. Se me hace raro pensarlo ahora porque, cuando lo escribí, pensé: «¿En serio que vas a dejarlo así?», y no me podía creer lo que estaba haciendo (risas). No creo que antes hubiese sido lo bastante valiente para hacer eso. Habría cambiado la expresión.

En ese sentido, «Intro : Persona»,* la canción en solitario de RM que abre este álbum, era como una declaración de adónde llevaría la música de BTS ese cambio de actitud.

En la canción, que empieza con la frase «"Quién soy", la pregunta que me he hecho durante toda la vida», RM se pregunta por el lugar que ocupa uno en la vida en un momento dado, con «¿Cómo te sientes?

¿Cómo te sientes ahora mismo?», y luego confiesa sus pensamientos sinceros sobre la fama que acompaña al superestrellato.

> *En realidad estoy muy bien pero un poco incómodo*
> *Todavía no estoy seguro de si soy un perro, un cerdo o qué más*
> *Pero otros vienen y me echan encima el collar de perlas*

Sobre la letra de «Intro : Persona», RM dice lo siguiente:

————Incluso a día de hoy, cuando veo mi nombre en la sección de Entretenimiento de las noticias, me entra miedo. A veces me imagino la clase de titulares que podrían aparecer algún día: «No es alguien que merezca tanta fama», «Falto de talento, mediocre a decir verdad, muy malo», «Mira cómo es de verdad», esa clase de fantasías.

Por eso RM recurrió al concepto en inglés de *persona*, «personaje».

————Me informé mucho sobre el concepto de la *persona* y, después de darle varias vueltas, lo simplifiqué como «máscara social» y empecé a trabajar en él. Por trillado que esté, no podía evitar plantearme la pregunta: «¿Quién soy?». Yo mismo tenía mucha dudas, pensando: «Lo veo escrito y me parece muy cutre» (risas). Pero luego la canción no habría tenido sentido si lo hubiese quitado.

Al empezar con esa pregunta a sí mismo, RM se puso a escribir la letra de esta canción tal y como se le iba ocurriendo. Trabajando al margen de un paisaje sonoro, el de la música de BTS, que se iba volviendo cada vez más complejo, escribió y grabó la letra del tirón, como si fuese una actuación en directo, sacando a la superficie su voz interior todo lo posible.

————Cuando recibí la pista con la base, me llevé una pequeña sorpresa. Lo único que había era un ritmo repetido, una guitarra y, en realidad, nada más. Así que me dije: «Qué queréis que haga con esto» (risas). Necesitaba una sensación de introducción, una parte central y un final para escribir el clímax…

RM se ríe al decirlo, pero la simplicidad de la pista que le dieron para «Intro : Persona» le proporcionó la oportunidad de ser todavía más atrevido que antes al contar su historia. Sigue explicando:

———Como la pista tenía tan poca miga, el vacío que necesitaba llenar era mucho más grande. Así que podía decir un montón de cosas en la canción, y me costó bastante poco escribirla. Contiene la palabra «revelar», porque pensé: «Voy a hacer lo que quiero y punto. ¿No es eso lo que llevo queriendo hacer todo este tiempo? Sé que ahora mismo la situación es algo confusa, pero voy a soltarme un poco». Pensé que no pasaría nada si me enrollaba un poco.

RM nació el 12 de septiembre de 1994. Cuando debutó en 2013, le faltaba muy poco para cumplir los diecinueve y, como se ha dicho antes, otros raperos lo criticaban a la cara o se metían con él. Sin embargo, cinco años más tarde estaba en lo más alto de la Billboard 200 y, después de lanzar un álbum con el lema de «amarse a uno mismo», estaba preparando otro cargado de mensajes para ARMY.

RM y los demás miembros de BTS parecían haber completado su historia. Habían superado las adversidades y llegado a cotas increíbles con las personas que los habían apoyado. Sin embargo, como jóvenes veinteañeros, todavía estaban inmersos en el proceso de descubrir quiénes eran como individuos. RM añade:

———Lo que quería decir mediante «Intro : Persona» era, eh, hum … Una excusa, una confesión, persuasión, una palabra de ánimo para mí mismo. El tiempo pasa y yo sigo aquí, y la gente me tira encima toda clase de etiquetas … No podía evitar nada de eso mientras viviera, pero a lo mejor había una última parte de mí que solo yo podía definir. Y si esa parte se unía a otra que ni siquiera yo ni nadie más podrá definir nunca, a partir de ahí podían crearse mi ayer y mi hoy.

El sonido con el que empieza «Intro : Persona»* es idéntico al que suena cuando RM comienza el rap de la mitad de «Intro : Skool Luv Affair»,** la primera canción del álbum *Skool Luv Affair*, de 2014. Además, el título «Boy With Luv» (Feat. Halsey) del álbum *MAP OF THE SOUL : PERSONA* es una referencia al tema «Boy In Luv» del disco *Skool Luv Affair*.

En «Boy In Luv», BTS narraba el anhelo de ser amado por otra persona. Años más tarde, con «Boy With Luv» (Feat. Halsey), preguntan por las vidas de ARMY y se desplazan a la posición de dar ese amor, en vez de recibirlo. Transmiten la evolución de sus pensamientos y emociones mirando hacia el pasado y, de camino, descubriendo su presente.

Daba la impresión de que ya no podían llegar más allá como superestrellas. Ya no tenían que demostrar nada al mundo. Pero para estos jóvenes de veintitantos años, la tarea de dibujar el «mapa del alma» en búsqueda de respuestas a la pregunta de «Quién soy» no había hecho más que empezar.

Surfin' USA

En 2017, BTS acudió por primera vez a la gala de los Billboard Music Awards y ganó la categoría de Mejor Artista Social. Al año siguiente, su puesta en escena en los BBMA de «FAKE LOVE» (la primera actuación de BTS en esa gala) los llevó hasta lo más alto de la Billboard 200. Y en la gala de 2019, la velada en la que representaron «Boy With Luv» (Feat. Halsey) con el acompañamiento de Halsey en el escenario, no solo ganaron su tercer premio consecutivo al Mejor Artista Social sino también el de Mejor Dúo/Grupo, uno de los platos fuertes de la noche. Cada vez que saltaban al escenario de los BBMA, su fama y atención mediática en Estados Unidos daban otro paso de gigante hacia arriba.

El 15 de mayo de 2019 (fecha local), BTS apareció en *The Late Show with Stephen Colbert*, en la CBS.* Al presentar a BTS, se informó a la audiencia televisiva de que cincuenta y cinco años, tres meses y seis días exactos después de que los Beatles debutaran en Estados Unidos, una nueva estrella de allende los mares había desembarcado en el mismo escenario. Allí, en el teatro de Ed Sullivan donde los Beatles habían realizado su debut televisivo estadounidense, *The Late Show with Stephen Colbert* emitió la actuación de BTS con «Boy With Luv» (Feat. Halsey) en blanco y negro, tal y como se había visto la de los británicos cincuenta y cinco años antes. Los medios de comunicación generalistas norteamericanos ya conectaban directamente a BTS y ARMY con los Beatles y la Beatlemanía.

Sin embargo, BTS no podía dormirse en los laureles y disfrutar sin más del revuelo que estaba causando. Cuanto más ajetreo había, más convencidos estaban de lo que necesitaban hacer.

SUGA recuerda lo que sentía en aquella época:

————Cuando ganamos aquel gran premio de los BBMA, no experimentamos una emoción fácil de catalogar, como «grandeza» o algo por el estilo. Nuestra gira empezaba al cabo de unos pocos días y no había tiempo de relajarse a disfrutar del momento. Es algo que me gusta mucho de nosotros siete. No importa dónde estemos ni la situación en la que nos encontremos, siempre somos los mismos. No pensamos mucho en ello (risas). Tampoco es que no apreciáramos la importancia del premio, solo creo que hacíamos un esfuerzo por no recrearnos demasiado en ello.

Quizá para Estados Unidos el advenimiento de BTS fuera una invasión[43] como no se había visto en cincuenta y cinco años, pero BTS ya llevaba desde 2015 pulverizando récords en Corea. Solo un año antes de saltar al escenario de *SNL* o *The Late Show with Stephen Colbert*, estaban experimentando el lado oscuro de la gloria hasta el punto de plantearse la ruptura. Y así, cuanto más vivían aquel éxito estadounidense que se agigantaba de un año para otro, más podían contemplar a la cara la realidad tal y como era. SUGA recuerda lo siguiente sobre sus contactos con los artistas estadounidenses de la época:

————Hasta entonces, mi imagen de las estrellas del pop era, simplemente, «estrellas del pop». La gente a la que había escuchado y admirado mientras crecía. Es muy normal sentirse fascinado. Tenía la fantasía de que serían muy diferentes a mí. Pero entonces descubrí que, en realidad, no lo eran. De puertas afuera,

---

43 La «Invasión Británica» (*British Invasion*), encabezada por los Beatles, es una expresión que denota la oleada de popularidad de los grupos británicos de rock en Estados Unidos a mediados de la década de 1960.

conducen coches caros, llevan cadenas de oro y celebran fiestas exclusivas a diario. Sin embargo, resulta que una buena parte de eso es tan solo un aspecto del negocio. Para ellos era «trabajo», en otras palabras. Y, si no podían permitirse los coches o las joyas, los alquilaban para alardear. Hubo un…, cómo decirlo, un destrozo. Mis fantasías quedaron destrozadas.

Para BTS, sus actividades en Estados Unidos se parecían más a algo que necesitaban para seguir adelante que a la vida de las estrellas que suele verse en las películas. Al repasar su lista de tareas pendientes, iban llegando a la conclusión de que sus almas no buscaban más y más éxito sino algo que residía en lo más profundo de ellos mismos.

j-hope dice:

————Subirnos a todos esos escenarios estadounidenses nos transmitió una clase de vibra que era diferente a lo que sentíamos en Corea. Porque allí son más libres, por así decirlo. Cuanto más salíamos en la televisión de allí, más sentíamos que nos afectaba esa vibra.

La vibra de libertad que j-hope sintió en aquella época influiría en su música posterior. Hablaremos más de este tema, pero su obra en solitario, como el single «Chicken Noodle Soup» (Feat. Becky G) y la canción «Outro : Ego» del álbum *MAP OF THE SOUL : 7* fueron el resultado de esas sensibilidades, que afinó durante sus actividades en Estados Unidos. j-hope prosigue:

————Sin duda allí hay una influencia. Fue la clase de experiencia valiosa que no puede comprarse con dinero. Creo que por eso siento tanto afecto por momentos del pasado como esos; porque fueron las actuaciones en las que aprendí algo grande, algo que nunca había sentido antes.

MAP OF THE STADIUM

La inspiración que Jimin obtuvo de sus experiencias estadounidenses ejerció una influencia directa en BTS. Al presenciar las actuaciones de varios artistas norteamericanos, desarrolló mayores ambiciones artísticas para la banda.

————No paraba de comparar sus actuaciones con las nuestras. Creo que me pasó con todas las actuaciones que vimos en Estados Unidos. Un grupo tenía a unos bailarines increíbles, otro presentaba un concepto asombroso … Por ejemplo, hubo una actuación en la que todo el mundo bailaba como si estuviera en una fiesta, y luego se coordinaban de repente de tal manera que el artista principal resaltaba entre la multitud; aquello me encantó. Hasta hubo un artista que tenía un montaje y un atrezo alucinantes en el escenario.

Jimin quería incorporar esas sensaciones a las actuaciones de BTS.

————Empecé a pensar que la escenografía de nuestros conciertos era mejorable. Al ver actuar en directo a los mayores artistas del mundo … Así que empezamos a pedir más a nuestros conciertos. Yo no paraba de hablar de que necesitábamos superarnos, cambiar nuestro repertorio y mejorar nuestros sets y nuestra producción.

La BTS WORLD TOUR «LOVE YOURSELF : SPEAK YOURSELF», que arrancó en mayo de 2019, fue un espectáculo que hizo realidad todas las esperanzas de Jimin. Como versión ampliada de la BTS WORLD TOUR «LOVE YOURSELF», se añadieron al repertorio los nuevos temas de *MAP OF THE SOUL : PERSONA*.

La BTS WORLD TOUR «LOVE YOURSELF : SPEAK YOUR-

Fue la clase de experiencia valiosa
que no puede comprarse con dinero.
Porque fueron las actuaciones en las
que aprendí algo grande, algo que
nunca había sentido antes.

—j-hope

SELF» fue la primera gira de BTS que se celebró exclusivamente en estadios. Eso supuso un cambio radical respecto de la BTS WORLD TOUR «LOVE YOURSELF» que había terminado un mes antes. Los escenarios eran más grandes, lo que significaba que los miembros debían crear una actuación capaz de llenarlos y transmitir su visión a un público mucho mayor. No solo eso: la actuación en el Estadio de Wembley, que según los pronósticos iba a reunir al público más nutrido de la gira, con sesenta mil personas por concierto, iba a retransmitirse en directo a todo el mundo a través de V Live.

Jung Kook recuerda lo que estaban decididos a hacer al entrar en esos estadios:

————Estábamos muy nerviosos, pero acometíamos esas actuaciones con la actitud de no dejarnos intimidar sino pensar: «Vamos a salirnos». No nos poníamos los auriculares internos hasta que empezaba la actuación, escuchábamos gritar al público durante un rato, nos poníamos los auriculares y lo dábamos todo en el escenario. La verdad, creo que fue gracias al apoyo que nos dábamos los miembros por lo que pudimos hacer una gira de estadios, y yo puse mi granito de arena.

La BTS WORLD TOUR «LOVE YOURSELF : SPEAK YOUR-SELF» fue uno de los momentos álgidos de la historia de BTS pero también, como dijo Jung Kook, coincidió con una época en la que necesitaban mostrarle al mundo por qué BTS era BTS. No faltaba gente para llenar aquellos estadios, pero el grupo necesitaba ofrecer un espectáculo irrepetible para dejar una impresión verdaderamente memorable en sus públicos. Jimin dice:

————No hay muchos artistas que puedan actuar delante de 50.000 personas, y quería dejar una impresión muy fuerte en todos los asistentes. «Somos muy buenos», «Somos un equipo realmente fantástico»; quería demostrárselo a todo el mundo.

Como Jimin había esperado, la BTS WORLD TOUR «LOVE YOURSELF : SPEAK YOURSELF» ofreció todo aquello de lo que BTS eran capaces. La actuación empieza con la canción «Dionysus», de *MAP OF THE SOUL : PERSONA*. Aparecen en escena dos esculturas de leopardos gigantescas y BTS subidos a una enorme plataforma ejecutan una actuación poderosa y cargada de energía mientras un sinfín de bailarines llenan el escenario. A esto lo sigue «Not Today», otra canción acompañada por los bailarines en un espectáculo a gran escala. Cuando se acerca el ecuador del concierto, los miembros brincan de un lado a otro del escenario cantando un *medley* de sus éxitos, incluidos «Dope», «Silver Spoon» y «Burning Up (FIRE)», mientras que, para los bises que empiezan con «Anpanman», el escenario se convierte en un patio de juegos.

La magnitud de la gira de los estadios, la explosiva ejecución de BTS y el repertorio que conduce hasta la luminosa y enérgica «Anpanman» convierten la BTS WORLD TOUR «LOVE YOURSELF : SPEAK YOURSELF» en una crónica de su travesía hasta el momento.

Y después de todas esas canciones llega la traca final, «Mikrokosmos».*

La historia de todos

«Mikrokosmos» adquiere un sentido extra especial cuando se ejecuta en un entorno del nivel de un estadio. En consonancia con la letra («Luz brillante de estrella», «Luces de las personas / todas son preciosas» y «Luz de estrella que brilla más luminosa todavía en las noches más oscuras»), las luces que sostenían todos los asistentes en la oscuridad, sobre todo las varitas luminosas Bomb oficiales de ARMY, realzaban de forma espectacular el mensaje de fondo de la canción. Desde la coreana Seúl* a la Riad saudí, ARMY se reúne en todas las ciudades para alumbrar la oscuridad.

Mientras suena la última canción del repertorio, «Mikrokosmos», es ARMY quien se convierte en el centro de la actuación, el verdadero protagonista. Y con la retransmisión en directo a través de V Live, los ARMY de todo el mundo pasan al centro del relato de la vida del grupo, conectados unos con otros, y dejan atrás un recuerdo colectivo. A medida que la gira se acercaba a su final, la estampa de un estadio inundado por las luces violetas de las Bombs de los fans se convirtió en una imagen distintiva que simboliza a ARMY.

Jimin, cuando habla de las giras de la época de *LOVE YOURSELF*, parece especialmente contenido y reflexivo. Dice:

———Creo que en aquel entonces lloré mucho. Porque fue maravilloso.

Cuando le preguntan qué lo conmovió tanto, responde:

———No lo sé. No es que sea un momento concreto … Es solo que me sentía agradecido, y apenado y endeudado y arrastrado por mil emociones.

Las personas por las que Jimin siente gratitud y pena son, por supuesto, ARMY.

———A veces, cuando ARMY nos animaba a voz en grito, a coro, sentía que mi alma estallaba a mi espalda. Es en momentos así cuando (toda la razón) se viene abajo.

La BTS WORLD TOUR «LOVE YOURSELF : SPEAK YOUR-SELF» fue un espectáculo de BTS, pero también una época, como rememora Jimin, en la que ARMY había logrado que BTS se «vinieran abajo».

Podría decirse sin miedo a exagerar que el 2019 de BTS, con el álbum y la gira de *MAP OF THE SOUL : PERSONA*, fue la culminación de un relato. Como dice el verso de «Make It Right»,* estaban en un tris de ser «un héroe de este mundo» cuando decidieron contar las historias de ARMY en *MAP OF THE SOUL : PERSONA* y rematar la BTS WORLD TOUR «LOVE YOURSELF : SPEAK YOURSELF» poniendo a ARMY en el centro.

BTS había querido demostrar su sitio en el mundo en el que se encontraban. En ese proceso, con la ayuda de las personas que los amaban, habían creado un universo en el que todos los congregados poseían su propia historia única. Ese fue el motivo, probablemente, de la atmósfera casi sacra de «Make It Right». La letra de SUGA en esta canción en concreto es como la historia de los propios BTS y una crónica de cómo encontraron la salvación a través de ARMY.

El motivo por el que sobreviví al infierno
No fue por mí, sino más bien por ti
Si lo sabes por favor sálvame la vida

El desierto que he atravesado sin ti me da sed
Así que abrázame ya
Sé que sin ti el océano será igual que un desierto

La primera versión de «Make It Right», una colaboración con el cantautor británico Ed Sheeran, apenas presentaba rap y era casi toda cantada. SUGA explica lo que pasó entre bastidores:

——Cuando se añadió el rap, la canción quedó un poco larga. Y desde la parte de Ed Sheeran sugirieron que podíamos hacer el rap un poco más melodioso.

SUGA tiene algo que decir acerca de las ventajas especiales de las que BTS dispone en lo tocante al rap:

——Si, por ejemplo, nos concedes a los raperos del grupo dieciséis compases, los tres podemos llenarlos a la perfección. Cada uno de nosotros tiene un estilo distintivo. Lo que de otra forma habría que expresar mediante tres o cuatro canciones, nosotros podemos decirlo en una sola. De forma concisa. Es una ventaja que tenemos, creo.

Para la época en la que se grabó *MAP OF THE SOUL : PERSONA*, los miembros de BTS habían desarrollado cierto nivel de confianza en su música, y podían permitirse la osada decisión de meter un rapeo largo en una canción bastante popera como es «Make It Right».

Sobre los cambios que experimentó en la época en la que se compuso esta canción, j-hope dice:

——Creo que empezamos a tener más visión de conjunto. Pensábamos en la clase de imágenes y sentimientos que inspiraríamos cuando saliéramos a escena los siete con esa canción. Maduramos algo más en ese sentido, nos volvimos un poco más refinados.

j-hope siempre ha sido un jugador de equipo que ha resultado vital a la hora de armonizar las diferentes voces del grupo. Sin embargo, coincidiendo más o menos con la producción de *MAP OF THE SOUL : PERSONA*, descubrió que podía expresar más cosas dentro de la música de BTS. El método de cantar poniendo énfasis en partes como «Todo es para llegar a ti» y «La respuesta a mi travesía», en «Make It Right», era un modo de cumplir con el papel que se le exigía dentro del grupo y expresar su personalidad como individuo.

El orgullo y la confianza en sí mismos que BTS sentían por esas fechas se hallaban en su apogeo. Como artistas que habían triunfado en una gira por estadios de todo el mundo, ¿qué más podían desear? Jimin responde:

————Hacerlo incluso mejor. Y, después, mejor todavía. Da igual lo impresionante que se vuelva tu puesta en escena, si no podemos hacer lo que hacemos, nada de eso importa. Pasmar al público con nuestra actuación, hacer que la gente grite: «¡Guau!», cuando nos ven en el escenario. Y transmitir, sin interferencias, la sensación de que estamos todos en la misma longitud de onda. Sin duda, eso es lo que significa «hacerlo bien».

Vida, arte, sueño

————Es cierto que sentía mucho rencor incluso entonces. Estaba hecho un lío, cómo había acabado con tanto … Era incapaz de poner en orden mis pensamientos.

Ese era el estado mental de SUGA cuando escribió la letra de «Make It Right». Desde el final de la serie *LOVE YOURSELF*, sentía la clase de ansiedad que es secuela de un gran éxito.

————Veía que terminaría mal, que tendría la clase de final que les ocurre a las personas de éxito. Era la sensación de que había gente esperándonos abajo, pensando: «¿Cuándo se van a caer de allí?» … No había comprendido que, incluso después de superar aquella situación, la ansiedad simplemente cambiaría de forma. De ahí que saliera esa letra.

Si «Make It Right» era la crónica de cómo ARMY había salvado la historia de BTS, para SUGA personalmente la canción era una historia en curso en la que él todavía buscaba la salvación.

No sería una exageración decir que el trabajo que rodeó a *MAP OF THE SOUL : PERSONA* permitió a BTS lograr todo lo que podían conseguir como artistas. Su álbum era un regalo dedicado a sus fans; con él ganaron el premio a Mejor Dúo/Grupo de los BBMA y crearon un «microcosmos» con todo su *fandom* en estadios de todo el mundo.

Pero SUGA luchaba sin tregua contra el miedo que acompaña a cualquier gran éxito. Tal y como Jimin soñaba con hacerlo mejor al bajarse del escenario, no habría un auténtico final feliz para BTS aunque conquistaran los estadios de todo el planeta. En lugar de eso, el futuro que ellos mismos habían pronosticado en «Dionysus»* se estaba volviendo cierto.

> *Apura de un trago (El dolor del trabajo creativo)*
> *Un bocado (El grito de la era)*
> *Apura de un trago (La comunicación conmigo)*
> *Un bocado (Vale, ahora fijo que estoy listo)*

...

Nuevos discos significan competencia, competencia conmigo mismo
Alza el vaso y celebra, un chupito
Pero sigo teniendo la misma sed de siempre

Del mismo modo en que la letra menciona el «dolor» y la «competencia», no era fácil lidiar con las realidades de su vida cotidiana.

————Ah, pensaba que me moría (risas).

Así vivió Jung Kook la gira por los estadios. Daba igual el modo en que escenificaran la actuación, era inevitable que acabasen destrozados de tanto correr de un lado a otro de aquellos enormes escenarios.

————Cada vez que vamos al *backstage*, tenemos que cambiarnos y retocarnos el pelo y el maquillaje. Pero a veces lo que hacíamos era tumbarnos, sin más. Porque no habíamos administrado nuestras fuerzas para que durasen toda la actuación … Cuando estás en el escenario, tus sensaciones van por delante de ti.

Este problema de conservar las fuerzas suficientes para aguantar el espectáculo nocturno ilustra que la gira por los estadios exigió una variedad todavía más estricta de autodisciplina que la de costumbre.

Pero la batalla más dura se libraba fuera del estadio. En 2019, en plena BTS WORLD TOUR «LOVE YOURSELF : SPEAK YOURSELF», Jin empezaba a descubrir que algo había cambiado en el mundo que lo rodeaba. Dice:

————Hasta cosas como ir a un parque de atracciones en mitad de la gira me causaban mucho dolor. A lo mejor iba con mi manager, escolta o intérprete, pero, aunque yo intentase que se lo pasaran bien, para ellos se trataba de trabajo y eso les hacía imposible relajarse. Básicamente, me divertía a solas.

Para cuando empezaron la gira, el interés en BTS había aumentado en una escala increíble en comparación con el año anterior. De saturar los servidores de Melon a su actuación en *SNL* y la gira por los estadios, su popularidad no había parado de crecer, y Big Hit Entertainment tenía que hacer todo lo posible por mantener a salvo a los miembros. Se volvió extremadamente difícil permitir que BTS disfrutara de algo de descanso y relax cuando estaban en el extranjero, y más aún en Corea. A decir verdad, se volvió extremadamente difícil que saliesen siquiera a la calle.

Jung Kook expresa un lamento parecido:

———Durante las giras, casi nunca salimos. Antes a lo mejor nos atrevíamos a dar una vuelta de vez en cuando, pero ahora hay un montón de cosas que tenemos que hacer. Y a la gente que trabajaba en la compañía también le cuesta relajarse estando con nosotros. Cuando podíamos pasearnos a nuestro antojo, salíamos con el equipo, nos grabábamos y era divertido. Pero ahora cuesta mucho hacer hasta cosas sencillas como esas.

La situación que rodeaba a la gira agudizó las inquietudes de Jin acerca de su lugar en BTS. Confiesa:

———Me encanta la música, me gusta de verdad, pero pensaba que no se me daba necesariamente bien. Durante nuestras giras, el resto de miembros, cuando se aburrían, pasaban el rato en sus habitaciones trabajando en una canción por diversión; en otras palabras, la música era su afición además de un trabajo, pero para mí no se trataba de algo que hiciera para divertirme … Porque no me veía como la clase de persona capaz de componer una canción por diversión. Por eso creo que me perdí un poco durante la gira.

Desde el debut del grupo, Jin había sentido un respeto reverencial por el resto de los miembros. Lo explica:

————Por ejemplo, cuando practicábamos un baile, algunos de los miembros dominaban al instante un paso que a mí me costaba varias repeticiones. Me desalentaba. «Guau, estos tíos tienen mucho talento. Vamos a las mismas clases, pero ¿cómo pueden sacarme tanta ventaja?».

Así que en Jin preponderaba el sentido de la responsabilidad de esforzarse al máximo como miembro de BTS por encima de la confianza en sus capacidades.

————No podría soportar que todos los demás estuvieran trabajando duro y yo me convirtiese en una especie de «eslabón débil» del grupo. Así que no tenía más remedio que trabajar por mi parte al máximo posible.

Sin embargo, alrededor de esa época, Jin superó sus propias expectativas; había compuesto él solo la canción «Epiphany», del álbum anterior *LOVE YOURSELF* 結 *'Answer'*, y, en las puestas en escena de «Dionysus», que exigían una andanada constante de movimientos poderosos, se turnaba con RM para dirigir al grupo. El hecho de que él y RM —que antaño, cuando el debut, habían tenido tantas inseguridades acerca de su manera de bailar— sacaran adelante aquel número era una muestra de lo duro que habían trabajado desde sus inicios.

Sin embargo, Jin solo veía ese esfuerzo como un deber, no como un logro especial. Cuenta al respecto:

————Dice un viejo proverbio que hasta las montañas y los ríos cambian en diez años, así que nosotros también debemos cambiar. Y siempre que hay una coreografía nueva, sé que tardaré más que todos los demás en pillarle el tranquillo, de manera que siempre pienso: «Tengo que dominar esto lo antes posible para que no haya problemas más adelante».

Y cuando el fruto de tanto practicar fue bordar una canción como «Dionysus», Jin solo tiene una cosa que decir, algo que suena a su filosofía vital, además de lo que siente sobre su trabajo:

—Estoy satisfecho con ella, en plan «Por lo menos he cumplido con mi parte». En realidad, de eso se trata. Estoy tan preocupado con no quedarme atrás del resto de miembros que, cuando logro sacar algo adelante, más que nada pienso: «Me alegro de haber trabajado lo bastante duro para cumplir con mi parte esta vez». Estoy seguro de que habría quien odiase esta manera de pensar, pero no puedo evitar que haya cosas que escapen a mis capacidades (risas). Creo que es algo positivo si, a pesar de todo, no paro de mejorar y sigo creciendo desde el lugar en el que me encuentro.

Salta a la vista que, para Jin, era importante tener equilibrio en la vida. El constante trabajo diario, el empeño en darlo todo para ser miembro de BTS hacían que regresar a una vida normal como individuo llevase mucho más tiempo. Pero en el caso de la BTS WORLD TOUR «LOVE YOURSELF : SPEAK YOURSELF», el cambio en las circunstancias de la banda se llevó por delante casi todo el tiempo transicional de Jin.

—En aquella época no había equilibrio en nuestras vidas. Y tampoco teníamos a nadie con quien discutir en serio esa inquietud. Era genial actuar y conocer a los fans, pero casi no teníamos tiempo para nada más.

Se volvió difícil verse con amigos con los que tenían una relación estrecha desde antes del debut, e iban acumulando estrés a causa de los cambios constantes de alojamiento cada vez que se trasladaban a una ciudad distinta durante la gira.

—En realidad, en las zonas en las que actuábamos no había demasiado estrés. Son sitios en los que todo está preparado. Podíamos pedir un médico si lo necesitábamos, y siempre había comida disponible si nos entraba hambre. El problema estaba en el cambio constante de espacios. Siempre que nos mudábamos de hotel, había que reinstalar nuestros ordenadores y todo lo demás, había que reordenar la habitación de acuerdo con nuestras necesidades … No se me da muy bien dormir en sitios desconocidos pero, de gira, cambias de cama cada dos o tres días. Y en Corea, si tienes hambre en mitad de la noche, puedes bajar a una tienda y listo, pero, de gira, no es tan fácil hacer cosas sencillas como esas.

Como mínimo, Jin mantuvo una semblanza de su vida anterior hablando con las personas anónimas con las que coincidía en los videojuegos a los que jugaba online entrada la noche en Corea.

SUGA, entretanto, tiene lo siguiente que decir acerca de las dificultades que experimentó durante la gira de 2019:

————Estaba resignado. En plan: «Qué le voy a hacer, sino aceptarlo». Nuestro calendario estaba tan apretado que era una cuestión de «¿Qué se romperá antes, mi cuerpo o mi cabeza?». Y mi cuerpo estaba tan cansado; mi cabeza no tenía fuerzas ni para sentir ansiedad. El problema era que, por culpa del *jet lag* que sufríamos durante nuestra gira mundial, me dormía de noche pero luego me despertaba a las dos de la madrugada. Eso me sacaba de quicio. Cuando acabamos con los conciertos en Estados Unidos y empezamos a actuar en Europa la cosa mejoró un poco en lo relativo a la diferencia horaria, pero antes de aquello hubo un mes en América en el que me costó muchísimo dormir. Daba igual si estaba nervioso o no, necesitaba dormir si quería actuar como era debido al día siguiente.

Para garantizar que tuvieran fuerzas físicas suficientes para volar en el escenario, los miembros batallaron contra sus problemas de sueño. Por otro lado, al final de cada actuación, tenían que lidiar con sus dudas acerca de si estaban viviendo como era debido, cómo iban a mejorar como artistas o cómo iban a procesar la experiencia surrealista de haber llegado tan lejos. En verdad fue una época que exigía un «mapa del alma».

Un mes

————Era un chico muy travieso. Incluso cuando ya estábamos seleccionados para el debut, lo único en lo que podía pensar era en cómo divertirme (risas). Incluso en la residencia de *trainees*, no paraban de ocurrírseme cosas como «¿Y si pido pollo frito y pizza y montamos una fiesta?».

V sigue rememorando desde sus días de *trainee* hasta el presente.

————¿Sabes cuando la gente se pone melancólica y dice: «Ojalá me hubiera grabado en la memoria más recuerdos cuando era estudiante»? Nosotros también lo hablamos mucho, pero al menos yo logré crear un montón de recuerdos. Porque pasé mucho tiempo en la escuela. Eso me hizo muy feliz. Porque me permitía recargar las pilas y podía trasladar toda esa energía a nuestros ensayos.

V menciona eso para explicar lo que quiere decir con la siguiente afirmación:

————Era, en realidad, una persona diferente.

Preguntado por cómo era de aprendiz, V, más que como una persona que lo daba todo incondicionalmente, se recordaba como alguien a quien tenía que «gustarle» algo para hacerlo. Necesitaba, por lo tanto, tiempo libre para recargar y hacer balance, tanto o más que práctica para mejorar. Él lo calificaba de «la adolescencia de la mente», lo que podía interpretarse como la determinación de conseguir la felicidad personal por encima del «éxito» material.

————Me digo mucho que me convertiré en mejor persona, pero creo que, para acercarme un paso más a esa persona mejor, antes tengo que sentirme feliz o recibir de alguna manera una especie de energía. Pasa lo mismo cuando me siento inspirado. Al principio de la pandemia, cuando se cancelaron todas nuestras citas y pudimos descansar un poco, de repente me entraron ganas de ver el mar de noche. Así que fui a Sokcho en mitad de la noche con un viejo amigo de la escuela. Encendimos bengalas, grabamos el sonido de las olas. Ver el océano de noche, cuando de verdad quería verlo, a diferencia de verlo cuando en realidad no quería, supuso una diferencia increíble. Cuando mi corazón se siente satisfecho de esta manera, anoto las emociones que me embargan y las pongo por escrito.

El método de V para buscar la inspiración a partir de su experiencia vital forma parte del secreto de la «magia» de BTS.

Para cuando BTS andaba promocionando *MAP OF THE SOUL : PERSONA*, los *idols* coreanos y cualquier artista que cayera dentro de la categoría del K-pop eran considerados iconos culturales que representaban al país en el extranjero. La industria del K-pop de la época, apuntalada por el éxito de BTS, había crecido con rapidez hasta convertirse en un verdadero coloso. Las cifras de ventas de *MAP OF THE SOUL : PERSONA* en su primera semana ascendieron a unos 2,13 millones de unidades, mientras que *MAP OF THE SOUL : 7*, del que hablaremos más tarde con mayor detalle, alcanzó los 3,37 millones en su primeros siete días apenas diez meses más tarde.

Otro ejemplo es el grupo de chicos de Big Hit Entertainment TO-MORROW X TOGETHER, que debutó en marzo de 2019 con el primer álbum *The Dream Chapter: Star*, que vendió 77.000 unidades en su primera semana, mientras que tres años más tarde su *minisode 2: Thursday's Child* llegaría a vender 1,24 millones de unidades.

La industria musical a escala mundial tuvo que aceptar aquel nuevo sistema centrado en el *fandom* que habían desarrollado la industria de los *idols* de Corea y *fandoms* como ARMY, y BTS se hallaba en pleno centro de aquel huracán, si es que no era su causa.

Sin embargo, tal y como la capacidad de ir a ver el océano de noche cuando le apetecía era un prerrequisito para la felicidad de V, era importante conceder a los miembros de BTS la libertad de hacer lo que les apeteciera. Como tomar fideos instantáneos juntos después de actuar en un estadio o jugar online con otros jugadores coreanos anónimos antes de calmarse lo suficiente para irse a la cama.

Así fue como, a la vez que el número de ARMY se ampliaba a un ritmo vertiginoso a lo largo y ancho del mundo, BTS conservó la capacidad de acercarse a ellos de un modo emocionalmente significativo. Hacer caso del corazón: V comenta lo que eso significa en términos de su actitud al salir al escenario ante unos públicos enormes.

——Estés o no bajo presión, lo que de verdad necesitas preparar es tu corazón. Pensar en esto o aquello no hará más que ponerte demasiado nervioso hasta para hacer las cosas que se te dan bien. Despréndete de la presión, deja atrás todo lo que has hecho antes y súbete a ese escenario con una única cosa, tu corazón.

El parón de un mes que BTS se tomó a partir del 12 de agosto de 2019 fue una decisión que adoptaron para encontrar nuevos modos de escuchar a su corazón mediante un pequeño descanso. A falta de apenas dos meses para inaugurar la BTS WORLD TOUR «LOVE YOUR-SELF : SPEAK YOURSELF» en Seúl, necesitaban tiempo para experi-

Creo que, para acercarme un paso
más a esa persona mejor, antes tengo
que sentirme feliz o recibir de alguna
manera una especie de energía.

—V

mentar las cosas que genuinamente deseaban experimentar, ya fuera el océano de noche, los juegos online o una reflexión sobre sus inquietudes musicales. Jung Kook explica las razones para aquel descanso:

———Estábamos agotados. Las actuaciones eran algo que siempre habíamos querido hacer y lo estábamos poniendo en práctica, pero nuestro calendario era tan despiadado … Temerosos de que nuestro afecto por el trabajo fuera a menos, que se convirtiera en simple «trabajo», decidimos entre todos que nos tomaríamos un poco de tiempo para nosotros mismos.

Como explicaría RM a sus fans a través de diversos medios y en múltiples ocasiones, se suponía que la serie *MAP OF THE SOUL* iba a ser una trilogía de álbumes formada por *PERSONA*, *SOUL* y *EGO*. Pero, con aquel parón, la producción de sus siguientes álbumes sufrió un retraso y por eso la trilogía se reconvirtió en la bilogía de *MAP OF THE SOUL : PERSONA* y *MAP OF THE SOUL : 7*.

Que BTS cancelara un álbum significaba renunciar a decenas de miles de millones de wones solo en ventas y, si se incluyen los ingresos auxiliares procedentes de giras y demás proyectos, por lo menos 100.000 millones de wones. Para quienes consideran la industria coreana de los *idols* desde un punto de vista puramente empresarial, es probable que la decisión no tenga demasiado sentido. Sin embargo, con independencia de lo grande que se hubiera vuelto Big Hit Entertainment como empresa y de los objetivos de ventas que se hubiera fijado, había cosas que tenían prioridad.

Quizá para los miembros un mes no supusiera tanto tiempo, pero fue un periodo lo bastante significativo para abordar con pausa una reflexión sobre la dirección que querían imprimir a sus vidas. Jin describe cómo recobró el estado psicológico que había perdido:

———Incluso en mitad de nuestra ajetreada agenda, siempre encontraba un momento para pensar: «¿Se me permite hacer esto?», cada vez que me tomaba un descanso. Intenté por todos los medios librarme de esa actitud en aquel momento. Descansar sin sentirme culpable, hacer todo lo que quería sin reprimirme.

Lo que Jin había deseado eran los pequeños placeres de la vida ordinaria. Jugó durante días enteros y se reunió con sus amigos. Hasta fue a una excursión de pesca con SUGA. Jin recuerda:

————Una vez habíamos ido a pescar como parte de un viaje para grabar contenido[44] y SUGA me dijo: «¿Por qué no intentamos pescar uno bien gordo en el río Han cuando volvamos a Corea?». Y acabamos yendo de verdad y lo de pescar estuvo divertido, pero también me encantó lo ricos que estuvieron el *hwe* y el *soju* que comimos en la barca. Y de ahí vinieron otras excursiones de pesca.

La actitud de Jin al disfrutar y valorar esos momentos ordinarios de la vida ejerció una influencia positiva en los demás miembros. Sonriente, Jin dice:

————SUGA comentó que, gracias a mí, su salud mental había mejorado un montón y que me estaba agradecido (risas).

Para SUGA, pescar no era un simple medio para tener un hobby relajante y tomarse un breve descanso:

————En realidad yo no sabía en qué consistía una vida ordinaria. Creo que se debía a que la música era a la vez mi afición favorita y mi empleo. Ahora sucede lo mismo, para ser sincero. Me despierto, voy derecho al baño y luego me dirijo al estudio. Incluso cuando leo un libro, lo hago en el estudio, juego a juegos en el estudio y todos esos días se repiten. Pero ahora tengo muchas más aficiones.

---

44 Para BTS *Bon Voyage*, emitido en V Live a partir de 2016 y actualmente disponible en Weverse.

Como tocar la guitarra … Intenté buscar un hobby fuera de la música, pero es que me lo pasaba demasiado bien tocando la guitarra.

SUGA todavía consideraba que la música era toda su vida. Sin embargo, como tenía tiempo libre para interesarse por otras cosas, su actitud hacia la música también se transformó. Él recuerda:

———Mis métodos de trabajo cambiaron con *MAP OF THE SOUL : PERSONA*. Antes de ese álbum, tenía la convicción de que debía hacerlo todo por mi cuenta, pero con «Ddaeng»[45]* dio la casualidad de que trabajé con EL CAPITXN. No teníamos mucho tiempo para trabajar en el tema, lo cual relajó un poco nuestra metodología. Eso nos permitió sacar más canciones, y me dio por pensar: «Aunque haya leves imperfecciones, qué se le va a hacer». Eso me liberó de mucho estrés y me permitió seguir trabajando. Pero cuando comparé los resultados con mi trabajo anterior, creado bajo un estrés enorme, en realidad no percibí una diferencia tan notoria. Entonces fue cuando me di cuenta: «Ajá, todo mi exceso de sensibilidad, tanta preocupación, a lo mejor se debían a que intentaba alcanzar un ideal que en verdad nunca fue alcanzable».

Esa experiencia constituiría el punto de partida para que SUGA se convirtiera en productor, además de miembro de BTS, lo que para él equivalía a regresar a sus propios comienzos como artista. En sus palabras:

---

45 Una «canción unitaria» entre SUGA, RM y j-hope, parte de un *mixtape* lanzado en junio de 2018 en el blog oficial de BTS para conmemorar el quinto aniversario del debut de la banda.

————En Daegu componía canciones, y por eso estaba tan decidido a producir. De modo que acepté algún encargo para gente de fuera. A fin de cuentas, aunque compusiera un montón de canciones, no podía meterlas todas en nuestros álbumes. Tampoco es que me planteara llegar a ninguna parte como productor necesariamente, pero, al mismo tiempo, no había motivo para rechazar encargos externos. Porque yo siempre andaba componiendo canciones; si quería que estas salieran a la luz, tendría que trabajar también de productor.

SUGA recuerda asimismo cierta conversación que sostuvo con Bang Si-Hyuk:

————Bang Si-Hyuk me dijo: «Tú nunca dejarás la música» (risas). Que nunca sería capaz de dejarlo por voluntad propia, que siempre volvería a ella. La música ya no me tortura, porque la he aceptado. Tenía la esperanza de no llegar a vivir nunca en un continuo forzarme y preocuparme a todas horas, y ahora eso se ha hecho realidad, porque pienso: «Y qué. Esto es divertido de por sí, ¿no?».

Retrato de una joven superestrella

j-hope tomó la vía del «trabajo» para encontrarse a sí mismo durante el parón. Pasó el mes libre preparando «Chicken Noodle Soup». (Feat. Becky G)˙ Pocos días después de que empezara el descanso, voló a Estados Unidos para grabar el vídeo musical y el 27 de septiembre, al poco de que BTS retomara sus actividades, lanzó la canción.

Con su habitual talante razonable, j-hope explica por qué escogió trabajar durante aquel periodo:

——————En cierto modo, aquello para mí era relajarme. Y siempre había querido viajar por mi cuenta al extranjero en algún momento, de manera que aquella oportunidad de ir a aprender cosas nuevas me ayudó a recomponerme. Para mí fue «trabajo», está claro, pero experimentar algo nuevo en el extranjero y compartirlo en un vlog* y también con ARMY fue mi propio proceso de recuperación. Compartir: «Estos son los pensamientos que tengo sobre mi trabajo».

En sus tiempos de *trainee*, j-hope había descrito la residencia como una «guarida del rap» en la que había aprendido a rapear, y allí estaba unos años más tarde, creando sus propias canciones y letras. Tras su primer *mixtape*, *Hope World*,** que llegó al público en marzo de 2018, j-hope lanzó «Chicken Noodle Soup» (Feat. Becky G) en septiembre de 2019. Pocos años más tarde, en julio de 2022, se convirtió en el primer miembro de BTS en sacar a la venta un álbum completo en solitario, con *Jack In The Box*.***

Para j-hope, el crecimiento personal siempre iría entrelazado con el acto creativo. Un mes después del lanzamiento de *Jack In The Box*, j-hope charla sobre la dirección del álbum y su motivación para crearlo:

——————Como conozco de sobra mis propias limitaciones y los problemas que llevo dentro, pensé que podría crear una música más seria si

* ** ***

los sacaba de mi interior. Después de mi primer *mixtape*, hacía mucho tiempo que no sacaba un álbum de verdad, de manera que se me ocurrió que quería demostrar que había mejorado un poco en lo mío.

Volviendo la vista a su trayectoria como artista, j-hope dice:

————Es cierto que mi trabajo tardó un tanto en desarrollarse, porque empecé en la música a través del baile. También reconozco que hay cosas que, directamente, no puedo hacer. Pero siempre me animo a aprender con rapidez, a crecer y volverme mejor artista. Sigo considerando mi crecimiento como artista como un proceso inacabado.

En su trayectoria artística, «Chicken Noodle Soup» (Feat. Becky G) se demostraría un hito importante. La experiencia de trabajar con bailarines de diferentes razas para el rodaje de su vídeo musical se convertiría en un impulso para combinar distintas culturas en una sola canción y así crear un conjunto nuevo. Al recordar el rodaje en sí, j-hope dice:

————Todos los que estábamos en el plató formábamos uno con el ambiente que se respiraba. Surgió una vibración natural que antes no estaba presente y que permitió que el rodaje fuese muy divertido. Becky G, que aparecía en la canción, me liberó para hacer todo lo que me apeteciese porque me dijo: «Intenta lo que quieras intentar, sea lo que sea, que yo te apoyo». Los bailarines aportaron sus propias experiencias, bailes y vibras al conjunto. Todos esos elementos se combinaron en «un baile de uno», un resultado que incorporaba lo que todos teníamos en común.

El acto de colaborar siempre había ejercido una notable influencia en j-hope:

————Si hubiese tenido que encontrar la respuesta a todas las preguntas por mi cuenta todo el rato, habría sido un camino muy difícil

La música ya no me tortura, porque la
he aceptado. Porque pienso: «Y qué.
Esto es divertido de por sí, ¿no?».

—SUGA

de seguir, pero creo que siempre me ha influido la gente que me rodeaba. Quien me tiene simpatía, quien sale a escena conmigo, quien me dirige, quien me apoya. Son ellos quienes son verdaderamente importantes para mí.

Esta quizá sea la respuesta que el propio j-hope encontró para la pregunta de por qué es la «esperanza» de BTS:

———Me estaba tomando algo con Bang Si-Hyuk y, aunque sea un poco embarazoso reconocerlo, una vez me dijo lo siguiente: «Para los demás eres la mismísima esperanza y, sin ti, no habría BTS» (risas). Yo dependía mucho de él y de los miembros de BTS, lo que suponía que una parte de mí siempre había buscado su aprobación. De manera que oírle decir aquello puso en orden mis pensamientos, un poco … En cualquier caso, estoy rodeado de buenas personas y nuestros fans me quieren, así que ¿cómo iba a fracasar?

Encontrar sus propias respuestas fue la tarea no solo de j-hope sino de todos los miembros. Al reflexionar sobre su condición de estrellas, BTS había buscado y encontrado en ARMY su sostén definitivo a lo largo de los años mediante la creación de *MAP OF THE SOUL : PERSONA*. Y a la pregunta de qué historia seguiría a aquella solo podía responderse buscando en el interior.

RM encontró su respuesta a través de la vida de otros artistas. Durante el descanso, se empapó de arte y visitó exposiciones de museos. Nos cuenta:

———Después de *MAP OF THE SOUL : PERSONA*, habíamos llegado a una nueva cumbre en términos de aceptación *mainstream*, y resulta que aquello coincidió, en mi caso, con un creciente interés en el arte. Siempre me había gustado ir a sitios por mi cuenta y disponer de tiempo para pensar, y normalmente lo hacía en la naturaleza, cuando de repente me entró el deseo de ver espacios que otros hubieran creado, o algo articulado en torno a un tema. Al principio, acudía a las exposiciones sin informarme demasiado, y fui a muchas de fotografía. Después recordé la visita al Art Institute of Chicago mientras estábamos de gira en 2018 y se me ocurrió ir a ver las exposiciones permanentes de Corea. Y así acabé empapándome de mucho arte de máximo nivel.

Las exposiciones de arte fueron la forma que tuvo RM de conversar consigo mismo. Prosigue:

————Creo que fue así como cobré conciencia de cómo pensar. Cuando empecé a tener artistas favoritos, descubrí nuevas maneras de comunicarme conmigo mismo. Una obra de arte es el resultado visual de un artista que ha pensado largo y tendido, ¿verdad? Con mucho ensayo y error detrás. Por eso siento semejante catarsis al contemplar los resultados de un artista que expone una obra como si dijera: «Esto es lo que pienso», después de atravesar todo ese proceso.

El proceso del propio RM, consistente en reexaminarse a través del arte, también forma parte de su cuestionamiento de la línea que separa al «artista» del *idol*, algo en lo que lleva pensando de forma constante desde su debut. Él dice:

————La fantasía es un componente importante del K-pop. 2019 fue una repetición interminable de mi pensar sobre ese aspecto, de mi intento de cerrar esa distancia. Entre mi personaje como miembro de BTS y la persona real que era o quería ser. Para ser franco, no pasaría nada si se me percibiera como un miembro más de BTS y punto. Fingir que soy otra cosa exigiría más esfuerzo, en cualquier caso. Y siempre que hablo con mis fans, les estoy tan agradecido que me dan ganas de abrazarlos a todos. Les digo: «Guau, muchísimas gracias», «Gracias a vosotros estoy vivo, respiro y hago música». Pero lo que me pregunto es: «¿Puedo hacer eso y al mismo tiempo seguir vendiendo la fantasía?». Sé que hay gente que piensa: «No sois personajes reales, dejad de fingir que lo sois», «Pero si os estáis forrando» y todo eso. Eso me hace pensar que estamos sobre un puente hecho de cristal que cruza esas fronteras. Y podemos ver lo lejos que está el suelo ahí abajo … Así que también da miedo. Porque bastaría una grieta para que cayéramos.

7

MAP OF THE SOUL : 7, que salió a la venta el 21 de febrero de 2020, quizá fuera el proceso de reflexión de RM sobre esos interrogantes. Él explica la estructura de la serie *MAP OF THE SOUL* a través de los papeles que representa en la canción que canta en solitario, «Intro : Persona», y otra que canta a dúo con SUGA, «Respect».·

———La serie empieza con la pregunta «Quién soy» y termina con «respeto».

El álbum estándar *MAP OF THE SOUL : 7* incluye las pistas «Intro : Persona», «Boy With Luv» (Feat. Halsey), «Make It Right», «Jamais Vu» y «Dionysus» de su miniálbum *MAP OF THE SOUL : PERSONA*. Todas las canciones a partir de la sexta, «Interlude : Shadow», son nuevas.

Tras empezar con la frase «Quién soy», el álbum describe una travesía que conduce hasta el mundo exterior a través de «vosotros», es decir, ARMY, durante la cual, en «Interlude : Shadow», contemplan desde arriba una sombra, «tan oscura como intensa es la luz», que ha seguido a su éxito. Desde ese momento en adelante, cada miembro se zambulle en lo más hondo de su ser.

Jung Kook hace un gran esfuerzo por recordar la época en la que estaban creando *MAP OF THE SOUL : 7*:

———Había cierta confusión interna. Todavía me veía como alguien con algunas carencias, pero allí estábamos, volando de un lado a otro en avión, dando conciertos y ganando premios, y la gente me amaba y yo tenía que estar a la altura de sus expectativas … Afrontaba todo ese caos de mi vida con cierta incomodidad. No sabía dónde me había equivocado y me preguntaba cómo podría haberlo hecho mejor.

Jung Kook, que solo tenía veintidós años cuando le llegó el superestrellato mundial y la producción de *MAP OF THE SOUL : 7*, oscilaba entre extremos. Por medio de su canción en solitario «My Time»,˙ de este álbum, confesaba ese problema:

> *Mi yo más joven creció sin darse cuenta*
> *(como un niño que se ha perdido)*
> *Eso me tiene oh hecho un lío*
> *Esta sensación de caminar de un lado a otro*
> *No sé qué hacer con ella / ¿Estoy viviendo esto como es debido?*
> *¿Por qué soy el único en un tiempo y un espacio diferentes?*

MAP OF THE SOUL : 7

THE 4TH FULL-LENGTH ALBUM
21. 2. 2020

TRACK

01 Intro : Persona	07 Black Swan	14 Inner Child
02 Boy With Luv (Feat. Halsey)	08 Filter	15 Friends
03 Make It Right	09 My Time	16 Moon
04 Jamais Vu	10 Louder than bombs	17 Respect
05 Dionysus	11 ON	18 We are Bulletproof : the Eternal
06 Interlude : Shadow	12 UGH!	19 Outro : Ego
	13 00:00 (Zero O'Clock)	20 ON (Feat. Sia) (Digital Only)

VIDEO

 COMEBACK TRAILER :
Shadow

 «ON»
Kinetic Manifesto Film

 «We are Bulletproof : the Eternal»
MV

 «Black Swan»
Art Film

 «ON»
MV

 COMEBACK TRAILER :
Ego

 «Black Swan»
MV

Al recordar aquella época, Jung Kook dice:

————El reloj de Jung Kook el cantante y el de Jung Kook el individuo no estaban sincronizados, pero no creo que hubiera nada que yo pudiera hacer. Nadie puede vivir exactamente como quiere. En lugar de eso, lo que puede hacerse es encontrar una clase diferente de felicidad en algún otro aspecto … Creo que hay que aguantar y sobrevivir a algo así si se quiere subir al siguiente nivel.

Teniendo en cuenta que el álbum previo, *MAP OF THE SOUL : PERSONA*, había alcanzado la cúspide de la popularidad *mainstream*, cualquier cosa que sacaran luego estaba predestinada a dar que hablar en la industria musical global. Ese fue el momento en el que BTS optó por llenar el grueso de su siguiente trabajo a base de pistas cargadas con sus pensamientos y sentimientos más personales.

Jimin describe su canción en solitario «Filter» y el proceso de elaboración del álbum como «una conversación que sostuve conmigo mismo»:

————Me devanaba los sesos pensando en si debía separarme de mi personaje como *idol* o considerarlos una sola entidad.

Jimin, por esas fechas, le daba muchas vueltas a la clase de persona que era y se estaba volviendo. A lo largo de aquel periodo, le dio por pensar en cómo sería el Park Jimin ideal.

————Creo que la clase más ideal de persona es una que sea honesta. En el pasado tendía a agobiarme por los pequeños detalles y a menudo dudaba en tomar la palabra aunque tuviera algo que decir. Quería que la gente sonriera y tenerla cerca de mí, y por eso a veces recurría a la exageración. Actuaba como otra persona, en otras palabras. Después, a partir de 2019, empecé a callar cuando quería estar callado y a intentar manifestarme en contra de las cosas que me parecían mal. Y fue entonces cuando empecé a verlo claro. No era que no quisiera estar solo, lo que pasaba era que no quería que me dejaran atrás.

En una entrevista que concedió por aquella época a *Weverse Magazine*, Jimin se describe como una persona que quiere recibir amor.* Que, por motivos que es incapaz de entender, siempre ha querido el amor ajeno, un deseo que ha sido una influencia constante en su vida. Jimin dice:

————No lo sé. Creo que nací así, sin más (risas).

Habla desde un punto muy hondo de su interior:

————Debió de arraigar en mí como una especie de obsesión. Que si no actuaba como la gente quería que lo hiciese o no daba tanto como los otros esperaban, sería una persona despreciable.

La actitud de Jimin también se dejaba entrever en su modo de llevar la vida de artista. En el escenario lo daba todo, buscando el amor de su público, y eso reclamaba una parte importante de su ser. Jimin prosigue:

————Pero, por suerte, creo que mi yo *idol* y mi yo verdadero no son tan diferentes. En realidad, nunca he tenido que decirles a los demás: «Yo también soy una persona, entendedlo, por favor». Claro, hay detalles personales sobre mí que no quiero necesariamente revelar al mundo, pero el trabajo al que me dedico ahora es algo que escogí hacer, y lo que veis es como soy de verdad.

Un artista que alcanza la perfección sobre el escenario: ese era el personaje de Jimin, y su canción en solitario «Filter»** reflejaba su deseo de mostrar su mejor versión en escena para recibir el amor de los fans.

Mezcla los colores de la paleta, elige tu filtro
Qué versión de mí quieres
La que cambia el mundo, soy tu filtro
Ponlo del color de tu corazón

Jimin dice:

————Quiero enseñar a los fans un montón de rostros diferentes, mostrarles cómo cambio sin parar. Esta canción es como una historia que me retrata con mucha precisión, y por eso pude abordarla con sentido del humor cuando empezamos a trabajar en ella.

RM explica lo franco que fue con su historia en el álbum *MAP OF THE SOUL : 7* y, al mismo tiempo, cómo la expresó mediante la música.

————Por ejemplo, antes, me contentaría con decir: «Estos son mis pensamientos» o «Creo que debo de ser alguien que a veces es contradictorio o hipócrita», pero he crecido hasta el punto en que puedo expresar: «Lo he pensado y a lo mejor estoy más cerca de ser una persona así o asá».

Como sucedió con el proceso que atravesó Jimin para completar *MAP OF THE SOUL : 7*, este álbum muestra cómo la introspección de los miembros se expresa en su trabajo artístico.

La canción «Black Swan»,˙ que sirvió de *teaser* para *MAP OF THE SOUL : 7*, trata de cómo los miembros de BTS se definen como artistas.

Por suerte, creo que mi yo *idol* y mi
yo verdadero no son tan diferentes.
El trabajo al que me dedico ahora
es algo que escogí hacer, y lo que
veis es como soy de verdad.

—Jimin

En ella, se preguntan de qué vivirían si «El corazón ya no se acelera» «Cuando oye sonar la música».

Si esto ya no resuena
Ya no hace vibrar mi corazón
Quizá sea así como llegue mi primera muerte

Si la canción «Dionysus» trataba de sus cavilaciones acerca de qué más necesitaban hacer por su arte, «Black Swan» versaba sobre avanzar en el cumplimiento de su destino pese a todo.

Las olas pasan
Oscuras y feroces
Pero nunca me volverán a arrastrar

En la coreografía de esta canción, los ritmos hiphoperos de «Black Swan» se ven intensificados con elementos de danza contemporánea, que se combinan con los clásicos movimientos y dinamismo de BTS; tocan la música *mainstream* y la clásica, lo comercial y lo artístico, y sin dejarse encasillar del todo en ninguna de las dos opciones, crean una tercera y única estética. En su primera representación de «Black Swan», emitida el 28 de enero de 2020, en *The Late Late Show with James Corden*, bailaron vestidos con ropa sencilla y descalzos, en un gesto sumamente simbólico.[46]

---

46 El proyecto de arte contemporáneo *CONNECT, BTS* de BTS y Big Hit Entertainment también puede encuadrarse en ese afán de conectar el arte *mainstream* con la vanguardia. El proyecto, que trasciende nacionalidad, género y generación, convocó a artistas y comisarios de talla mundial para que aportasen piezas que extendieran al arte contemporáneo la filosofía y el mensaje de la música de BTS, incluyendo «afirmación de la diversidad», «conexión» y «comunicación». Estrenado en Londres el 14 de enero de 2020, *CONNECT, BTS* también se pudo apreciar en Berlín, Buenos Aires, Nueva York y Seúl.

Además, antes del estreno del VM,* «Black Swan» se lanzó como un *art film*** en el que no aparecen BTS. Se hicieron nuevos arreglos a la canción para convertirla en una pieza clásica y siete bailarines de la MN Dance Company de Eslovenia realizaron una actuación. No incluir a los miembros del grupo en un vídeo creado en apariencia para promocionar a esa banda era una decisión atrevida para un grupo de *idols* coreano. Lo que sí demostraba era cómo «Black Swan» se movía con libertad entre el arte y la industria, borrando la frontera que los divide.

———Fue una canción difícil.

Es la opinión de j-hope sobre las cualidades únicas de la coreografía de «Black Swan».

———Así que abordé el aprendizaje de la coreografía con la actitud de intentar aprender el máximo posible y traté de descubrir lo que podía hacer por la canción en la medida de mis posibilidades, hasta el punto de que me pregunto qué hacían todos los demás (risas). Jimin, al menos, está tan especializado en el baile que puede expresar todo lo que quiera, pero me pregunto qué pensaban todos los demás mientras se aprendían la coreografía … Aquel baile no era fácil.

Jimin dice del baile de «Black Swan»:

———Preparar esa canción me hizo pensar: «¿Por qué nunca habíamos visto las canciones que hacemos, los vídeos musicales y las actuaciones con que las acompañamos, como obras de arte?». «Black Swan» me hizo sentir como si hubiéramos creado una verdadera pieza de arte.

·

··

Para Jimin, «Black Swan» también fue una canción que le abrió los ojos a nuevos horizontes en cuanto a su capacidad para actuar.

————Cuando recibimos nuestra coreografía, yo probablemente fuera el que se sintió más emocionado de todos los miembros. Porque pensé: «Esto puedo hacerlo muy bien». Tenía la impresión de que era algo que no habíamos bailado nunca, me ilusioné mucho. Y me encantaba la sensación de cubrir un abanico más amplio del espectro del baile. A lo mejor los artistas profesionales de la danza no ven lo que hacemos como auténtica danza contemporánea, pero, para nosotros, incorporar elementos de baile artístico nos ayuda a ampliar nuestro registro en lo tocante a expresar las canciones … Me sentía agradecido, simplemente, de que pudiéramos hacer eso.

Él había estudiado danza contemporánea y aprendido hiphop para debutar como *idol*, había trabajado duro en incontables escenarios para ampliar el registro de lo que podía hacer y, en aquel momento, en el apogeo del éxito comercial, logró condensar todo lo que había hecho hasta entonces en una sola obra.

La producción de *MAP OF THE SOUL : 7* es el proceso de cómo cada miembro de BTS, al volver la vista hacia la trayectoria que habían seguido y sus personajes como *idols*, llegó a aceptar su vida como artista.

Desde esa perspectiva, la canción «Friends»,* que también figura en el álbum *MAP OF THE SOUL : 7*, es el polo opuesto de «Black Swan» y una especie de contrapeso. Canción que cantan a dúo Jimin y V, «Friends» habla de cuando los dos se encontraron por primera vez en

«Un Seúl especialmente resplandeciente» y repasa los altibajos de ser «Mejores amigos un día, enemigos al siguiente» hasta por fin llegar a ese nivel de amistad en que «Lo sé todo sobre ti».

De acuerdo con V, «Friends» se creó a partir de la amistad, muy real, que le unía con Jimin. V explica la génesis de la canción:

————Lo único que quería era hacer una canción con Jimin. Me cae muy bien como persona, sobre todo el Jimin que actúa en el escenario. Y por eso empecé a pensar: «Si Jimin y yo hacemos una canción juntos, ¿tendría que intentar parecerme un poco a él?». Pensé en escoger una canción que exigiera una actuación dramática, pero Jimin me dijo: «Tú y yo tenemos muchas anécdotas en común y somos de la misma edad, ¿por qué no hacemos una canción a partir de eso, solo como amigos?». Después me presentó unas primeras ideas para la pista y la verdad es que me encantaron. Así que le dije: «Mira, acábala, haz el favor» (risas). Jimin se metió tanto en el proyecto que la hizo mejor incluso de lo que ya era.

Teniendo en cuenta su primer encuentro, se trataba de un giro sorprendente de los acontecimientos. V siempre había considerado a Jimin alguien que era diametralmente opuesto a él.

————Soy muy diferente de Jimin. Cuando éramos aprendices, él estaba desesperado por debutar, y yo era más en plan «Si me echan, supongo que es mi destino».

Según V, «Friends» es una canción que trata de cómo esas dos personas tan distintas llegaron a aceptar sus diferencias.

————Al principio no le entendía. Claro, yo era demasiado joven para ser muy comprensivo con los demás y además todavía no había conocido a mucha gente … Pero sentía mucha curiosidad y no paraba de pensar: «¿Por qué trabaja tan duro?». Porque Jimin lo da todo, pero todo, en todas y cada una de las canciones. Y llegué a comprenderlo: «Este chico se toma muy en serio cada salida al escenario. Y le preocupa constantemente que su actuación decepcione a la gente». Pensé largo y tendido acerca de Jimin en este sentido, y resulta que él también había pensado en mí. Y en cuanto comprendí que a mí se me daban bien unas cosas mientras que a Jimin se le daban bien otras … empecé a entenderlo. Es algo que me fascina. Que dos personas que no tienen nada que ver puedan pensar: «Vaya, no pegamos de ninguna manera», pero, nada más ver cómo cada uno compensamos las carencias del otro, lleguemos a vernos con más respeto y admiración todavía.

Dos personas totalmente distintas que aceptan sus diferencias y se hacen amigas puede parecer un cliché de película o de drama, pero, si las dos son miembros de BTS, se convierte en un relato épico. Así es como «Friends» se convirtió en una de las canciones que retrata la amistad entre dos personas concretas más famosas del mundo.

El proceso que condujo hasta el lanzamiento de «Friends» sirvió también para que Jimin y V se redescubrieran a sí mismos como artistas el uno a través del otro. Si la ambición de Jimin era ser el mayor artista posible en el escenario, V quería volcarse en expresar sus emociones como artista. V dice:

———No necesito un estudio. Si solo pudiera componer canciones en un estudio, le pediría uno a la compañía, pero únicamente puedo crear buenas canciones cuando siento una necesidad genuina, así que… Si hablamos de melodías, las que más me gustan son las que me vienen de forma natural.

De su canción en solitario «Inner Child»* en *MAP OF THE SOUL :*
7, V comenta:

————Se suponía que la canción iba a ir acompañada de un espectáculo.
Algo con lo que asombrar a los fans en una actuación en vivo.[47]

«Inner Child» también acabó siendo una historia de los sentimientos
que experimentó mientras la componía. En sus palabras:

————Quería llenarla con el dolor que sentía. Es una canción muy animada, pero la letra en realidad es triste.

> *El tú de ayer*
> *Ahora lo veo todo*
> *Cuántas espinas en la rosa que brota*
> *Quiero darte un abrazo*

«Inner Child», dependiendo de quién la escuche, puede entenderse
como una canción para ARMY, que ha apoyado fielmente a BTS desde
el principio, o, como su título apunta, puede interpretarse como un
tema sobre el delicado niño interior que todavía existe dentro de V. En
cualquier caso, la canción es la manera que tiene V de extender su ánimo
a todo aquel que la escucha.

---

47 La pandemia de la covid-19 hizo imposible que «Inner Child» se ejecutara en directo para los
fans. Al final, pudo disfrutarse por internet en los conciertos *BTS MAP OF THE SOUL ON:E*
del 10 y el 11 de octubre de 2020.

Jin, en su canción en solitario «Moon»,* quería expresar sus sentimientos hacia ARMY.

————Quería una canción alegre, a toda costa. Con una letra que hablase directamente a los fans. Así que se me ocurrió «Orbitaré a vuestro alrededor / Estaré a vuestro lado» para el estribillo. Cuando estábamos decidiendo la letra, insistí en que incluyéramos esta parte. Porque contenía mis sentimientos sinceros, tenía muchas ganas de que estuviera allí.

En la canción, Jin se describe como una luna que orbita constantemente alrededor de ARMY, y quería transmitir la alegría de la canción también en su puesta en escena.[48]

————Esta es la canción que me hizo pensar: «Tengo muchas ganas de bailar en solitario por una vez». O sea que preparé la coreografía y todo.

Jin tenía ideas concretas sobre esa coreografía. Al igual que el resto de miembros, estaba agotado por su calendario interminable y, de vez en cuando, le asaltaban las dudas. Pero escogió, una vez más, el amor de los fans, y expresar su gratitud por ese amor.

RM no paraba de cuestionar las limitaciones que obstaculizaban su camino como *idol* o superestrella dentro de la industria musical *mainstream*. Jin trabajó duro para transmitir su sincera gratitud a los fans. Y eso tal vez defina a BTS: buscan en lo profundo de su interior tanto

---

48 Esta canción también se emitió en *streaming* como parte de *BTS MAP OF THE SOUL ON:E*.

como *idols* como en calidad de artistas, hablan con franqueza de esos asuntos y, al final del proceso, regresan a la relación que los une con sus fans.

MAP OF THE SOUL : 7 emplea el abanico más amplio dentro de ese patrón, y fue el álbum más complejo y estructuralmente variado en términos de su composición. «Intro : Persona», «Interlude : Shadow» y «Outro : Ego» servían de postes indicadores en el camino al autodescubrimiento de los miembros, mientras que las canciones en solitario y por unidades, que contenían sus pensamientos e historias personales, eran confesiones acerca de dónde se encontraban en ese momento y de dónde veían, y del acto de buscar respuestas a sus preguntas vitales. Los periplos de estos siete *idols* y artistas son tan espectacularmente variados como los géneros del hiphop, el rock, la EDM, el pop y sus diversas combinaciones con los que se expresan. Al mismo tiempo, *MAP OF THE SOUL : 7*, como ejemplifica «Black Swan», trata en último término de aunar todos esos elementos dispares para cuestionar lo que significa vivir como artista y el proceso por el que se obtiene la respuesta.

SUGA, en «Interlude : Shadow»,* cuenta la historia de un deseo de triunfar, pero viendo «sombras a mis pies» y comprendiendo que «puedo saltar en el aire pero también caerme». Su miedo era algo que lo agobiaba desde el éxito de BTS, pero le planta cara en «Interlude : Shadow» y empieza a zafarse de él. SUGA dice:

————La canción fue escrita en un estado de haber aceptado por completo la situación. Quería que fuera, casi, un conjunto de directrices. Habrá otros artistas exitosos en el futuro, y espero verlo, pero es posible que se sientan como me siento yo ahora. La ansiedad que siento. Pero no todo el mundo te dice: «Tener éxito da miedo…» (risas).

SUGA empezó a aceptar tanto las alegrías como el sufrimiento que proporciona la música e intentó reconciliar las muchas emociones de la vida dándoles forma de música.

————El mayor motivo por el que estudié psicología fue que resulta muy útil para mi música. Puede aprenderse mucho del estudio de las definiciones formales de las emociones. Tengo dos sueños, y uno de ellos es ser un anciano de pelo blanco que todavía se mantiene en pie en el escenario, toca su guitarra y canta, pero el otro es sacarme el título para ejercer como psicoterapeuta. Porque quiero ayudar a quienes vengan detrás de mí que se dediquen a un trabajo parecido al nuestro. Lo he mirado y requiere mucho tiempo, de manera que no será fácil empezar enseguida, pero la verdad es que me gustaría mucho sacármelo en algún momento. Y como tengo esas aspiraciones, eso me hace pensar que no voy a dormirme en los laureles en el futuro inmediato.

Como en el tema final de *MAP OF THE SOUL : 7* y canción en solitario de j-hope «Outro : Ego»,˙ todo termina sin que nada quede tallado en piedra en el momento presente. En la canción, j-hope repasa todo lo que el grupo ha experimentado desde su debut y dice:

Ahora no me importa, son todo
Decisiones de mi destino, y aquí estamos

Al haber aceptado el presente, j-hope promete no rehuir el camino que tiene por delante. Aunque sea imposible conocer las respuestas en vida, esa determinación de seguir avanzando al compás del enérgico ritmo de EDM representa exactamente la vida que BTS había llevado durante casi siete años. De «Outro : Ego», j-hope tiene lo siguiente que decir:

————Quería infundirle mi estado de ánimo y mi vibra, crear una canción que solo pudiera haber hecho yo.

El estado de ánimo y el método de j-hope también formaban parte de cómo había vivido como miembro de BTS. Por ejemplo, antes de cualquier ensayo de baile, siempre sigue una rutina:

————Ahora que tengo ya experiencia con el baile, hay cosas que mi cuerpo puede determinar por sí solo. Y hay cosas que necesito hacer por mi cuerpo. Tengo que comer bien y disponer de energía suficiente antes de bailar, y luego hacer mis estiramientos. Tiendo a tener las piernas un poco más flojas, de forma que es muy importante que caliente con ellas. Como sé todo eso, me preparo con más cuidado. Y después de ensayar, meto la mitad inferior de mi cuerpo en remojo para relajarme. Todo eso se ha convertido en rutina.

j-hope afronta esas repeticiones de la vida con la siguiente actitud:

————Eso no quiere decir que lo sepa todo de antemano cuando empiezo a trabajar. Los resultados son importantes, claro, pero el proceso también tiene mucha importancia, y yo intento mantener mi propio equilibrio por medio de la experiencia directa. Pasa lo mismo con el baile. Creo que tiendo a calibrar mis movimientos volcándome en ello con todo el cuerpo. Hay que echarle esfuerzo.

«ON» y...

El tema principal de *MAP OF THE SOUL : 7*, «ON»,˙ parece concentrar la vida de todos los miembros en una sola actitud. Si los miembros, cada uno con su particular manera de pensar, trayectoria artística y solución al problema de qué hacer con su vida, pudieran comprimirse en una canción, sería esta. «ON», por lo tanto, contiene el estado mismo en el que consiguen avanzar a pesar de llevar todo ese bagaje a las espaldas.

———Esta canción, en pocas palabras, dice: «¡Danos todo el sufrimiento, que lo aguantaremos!», pero el sufrimiento en cuestión puede hacerse un poco duro (risas).

j-hope se ríe, pero esta es, en verdad, la manera en que los siete han llevado su vida como miembros de BTS.

Si abordásemos el álbum desde una perspectiva narratológica, esta canción habría sido suficiente aunque solo hubiese tratado de la superación de todos los miedos y la promesa de ser héroes para siempre. Pero «ON» también dice:

> *Donde reside mi dolor*
> *Deja que me tome un respiro*

Como da a entender la letra, la canción versa sobre su presente, en el cual, para bien o para mal, deben cargar con el peso de sus propias vidas y seguir adelante.

Este fue un punto de inflexión para BTS. Con el álbum *MAP OF THE SOUL : 7* y, en especial, el tema principal «ON», BTS se convirtieron no en los héroes de un mítico relato sobre una búsqueda, sino en un equipo que habla de las situaciones actuales en las que se encuentran inmersos.

Ya lo habían hecho en el pasado, pero sobre todo con *MAP OF THE SOUL : 7* la historia del álbum se convirtió en la realidad de los miembros del grupo. El método de transmitir su mensaje «siendo muy sinceros» ha permitido que BTS meta en sus letras la historia de su vida a medida que se va desarrollando. Sus álbumes posteriores *BE* y *Proof* también tratan de las realidades y emociones que los miembros experimentaban en el momento de la producción, contadas de una manera franca y sincera.

«ON», por consiguiente, no establece ninguna conclusión sobre la vida, ni en la canción ni en sus puestas en escena; solo la determinación de que seguirán avanzando. Al compás del tambor, los miembros ejecutan una enérgica marcha cargada de potentes pasos de baile de principio a fin.

La actuación de danza que acompaña a «ON» es un desafío artístico en el sentido de que ensalza y refina más todavía su presencia en escena, que nunca para de mejorar. Si se tiene en cuenta la idea de resistencia y determinación que transmite el tema, casi parece una especie de ritual diseñado para elevar un mensaje de súplica a los cielos.

El «*ON*» *Kinetic Manifesto Film: Come Prima*· que se lanzó unos días antes del estreno del vídeo musical de «ON» no se grabó en un estudio de sonido o un estadio, sino en las anchas llanuras. La escala es majestuosa, pero la actuación, que tiene como telón de fondo un horizonte infinito, no solo es una experiencia de coreografía ejecutada a la perfección para el espectador, sino una genuina expresión del mensaje de la canción: que están decididos a sobrevivir a cualquier cosa que les eche encima la vida.

————Qué dura era (risas).

Así resume Jimin la actuación para «ON».

————Para cuando acababa, casi no podíamos respirar. «IDOL», que es anterior, ya había supuesto un desafío novedoso para nosotros. Los movimientos eran enormes, había muchos saltos y además era complejísima. Pero esta canción era todavía más ambiciosa, con más bloqueos, y todos los gestos tenían que ser tajantes; eso era «ON». De modo que fue duro, pero creo que los resultados fueron increíbles, asombrosos. Me sentí muy agradecido con el grupo por sacarlo adelante.

No es de extrañar, pues, que «ON» marcase uno de los puntos álgidos de BTS en cuanto a puesta en escena. Como la escala de su coreografía era demasiado grande para la mayoría de programas musicales de televisión, BTS tenía que aportar escenarios aparte para representar «ON» a menos que estuvieran actuando en un estadio. Y eso, en sí mismo, solo fue posible gracias al peso que tenía el grupo dentro de la industria musical y también, por qué no decirlo, a su contrastada capacidad para llevar a buen puerto una actuación de esa magnitud.

La actuación de «ON» se estrenó en *The Tonight Show Starring Jimmy Fallon*, de la NBC, el 25 de febrero de 2020. La cadena estadounidense tuvo que alquilar la estación de tren Grand Central entera, la más grande del mundo y un símbolo de Nueva York. BTS no solo hizo una demostración de su fuerza en la industria musical de Estados Unidos, sino también de las cualidades que les habían llevado hasta un escenario tan importante.*

Cuando terminó la actuación y Jimmy Fallon fue corriendo hacia ellos, los miembros de BTS estaban tan agotados que apenas se aguantaban de pie. Jimin recuerda:

———Bailar sobre suelos duros crea cierta incomodidad. Y opino que hay espacios que tienen el tamaño perfecto para nosotros y que, cuando ese tamaño se supera, me siento un poco abrumado por el entorno. Por eso metemos más fuerza en nuestros movimientos, lo cual nos agota más.

Jimin explica luego por qué la actuación en la estación Grand Central revistió una especial dificultad:

———Era inmensa. Sabíamos de antemano lo grande que era y lo que significaba actuar allí, pero una vez que estuvimos en persona y vimos con nuestros propios ojos lo enorme y asombrosa que resultaba, nos sentimos intimidados. Además, el suelo resbalaba mucho, así que no podíamos despistarnos.

Sin embargo, cada vez que BTS se las veía con esa clase de dificultades, siempre lo daban todo en su actuación y conseguían conmover a quienes lo presenciaban. En cuanto hubieron terminado, Jimmy Fallon corrió hacia ellos entre exclamaciones de ánimo, para presentar su nuevo álbum y abrazar a cada uno de los miembros mientras expresaba el asombro que le inspiraba lo que acababa de presenciar.

«ON» estaba destinada a convertirse en una canción icónica del catálogo de BTS. Era el tema principal de su nuevo álbum y la actuación que la acompañaba dejó sobrecogidos a todos los públicos. Fue un acontecimiento especial cuando se presentó en televisión, e hizo que todo el mundo empezara a desear experimentar su efecto pleno cuando la ejecutaran en un escenario como parte de una gira por estadios. El propio Jimin ardía en deseos de ponerla en escena en los conciertos.

————«ON» era la clase de actuación que me moría de ganas de mostrar a la gente. Cuando acudimos a la ceremonia de los Grammy en 2020,[49]* fue una pena, porque yo no paraba de pensar: «Ojalá hubiéramos podido hacer "ON" para toda la gente que está aquí, hubieran flipado…» (risas).

Jimin está a punto de añadir algo, cuando le cambia la cara; adopta una expresión de calma, o quizá sea de ambivalencia.

————Pero, claro, eso resultó imposible.

49 En 2019, BTS habían sido los primeros artistas coreanos en asistir a la ceremonia de entrega de los premios Grammy, y en la gala de 2020 actuaron en el escenario con Lil Nas X.

CAPÍTULO 7

Dynamite

BE

Butter

Butter

Proof

WE
ARE

‖‖ ‖ ‖   ‖   ‖   ‖   ‖   ‖   ‖ ‖‖‖

SOMOS

||| | | | | WE ARE | | | | |||

«Rebanado»

El 30 de noviembre de 2021, desde un hotel de Los Ángeles, V inicia esta entrevista en un estado de excitación.

─────¡La actuación es muy divertida!

Era la respuesta a la pregunta de cómo iba el concierto. A dos años de la 2019 BTS WORLD TOUR «LOVE YOURSELF : SPEAK YOURSELF», el 27 y 28 de noviembre y el 1 y 2 de diciembre, BTS celebró el BTS PERMISSION TO DANCE ON STAGE—LA,* un concierto en vivo.[50] V, que normalmente habla con voz calmada durante las entrevistas, describe este día como si estuviese encendido:

─────Fue como llevar dos años congelado en el mismo sitio y, después, volver a ponerte en movimiento. Como volver a lo que era la «normalidad» para nosotros. Estoy muy contento de que volvamos a tener esta sensación.

Desde comienzos de 2020 hasta finales de 2021, un periodo en el que BTS no pudo verse con su público, su popularidad y posición dentro de la industria no hizo más que crecer. Su sencillo digital «Dynamite», publicado el 21 de agosto de 2020, encabezó la Billboard Hot 100 durante tres semanas, dos de ellas consecutivas, y «Butter», publi-

---

50 Este concierto se celebró primero en internet el 24 de octubre de 2021, en el Estadio Olímpico de Jamsil en Seúl. Aunque en principio había sido diseñado para que fuera una actuación presencial en vivo, la situación de la pandemia en Corea en esas fechas hizo necesario que se sustituyera por una representación online.

cado el 21 de mayo de 2021, encabezó la misma lista durante diez semanas en total, siete de ellas seguidas. Y el álbum *BE*, lanzado entre *Dynamite* y *Butter* el 20 de noviembre de 2020, llegó a ocupar ese año el segundo puesto en ventas en la Gaon Chart, con 2.692.022 copias vendidas en un solo mes. Por supuesto, el álbum que más vendió fue *MAP OF THE SOUL : 7*, que se lanzó el 21 de febrero de 2020 y que vendió 4.376.975 copias.

―――――Aparte de en la apertura, creo que cuando se oyeron más gritos fue cuando hicimos la transición de «Dynamite» a «Butter».

Lo que RM dice del concierto de *BTS PERMISSION TO DANCE ON STAGE—LA* demuestra el importante lugar que BTS ocupó en el mundo de la música popular desde el lanzamiento de «Dynamite» y «Butter». El éxito mundial de estas dos canciones no solo consolidó a BTS como los artistas con el *fandom* más entregado del mundo, sino que también les convirtió en las superestrellas más famosas en cuanto a alcance popular. Este concierto contó con la aparición de invitados sorpresa como Megan Thee Stallion o Chris Martin, de Coldplay,[51] y reunió a un público de 210.000 personas en los cuatro días. Jin habla de nuevo sobre lo que es actuar ante un público en vivo:

―――――¡Yo estaba emocionado! Quizá fuera porque no suelo pensar demasiado en el pasado ni obsesionarme con recuerdos tristes, pero este concierto me hizo sentir como si hubiésemos regresado dos años atrás. Como si nunca hubiésemos dejado el escenario. Pero reunirnos con los fans fue muy emocionante. Los miembros de la banda lo estuvimos hablando desde antes de la primera actua-

---

51 Megan Thee Stallion apareció con BTS en el escenario para cantar «Butter» en el segundo concierto (28 de noviembre) y Chris Martin actuó en «My Universe» con BTS en el cuarto concierto (2 de diciembre).

ción. Nos preocupaba que empezáramos a llorar en medio de nuestro número de apertura, «ON». Yo sentía mucha curiosidad y me preguntaba: «¿Esta gente se va a echar a llorar de verdad?». Pero, por suerte, nadie lloró (risas).

Jin tampoco lloró, pues estaba convencido de que un artista debe mantener cierta actitud sobre el escenario. Y continúa diciendo:

————Intenté no ponerme demasiado sentimental mientras estaba en el escenario. Estaba muy contento de ver a los fans pero, ante todo, tenía que concentrarme en la actuación. Y, luego, los miembros del grupo empezaron a hablar con el público y me emocioné mucho. «Ah … Esto es muy fuerte. Como una película. Sí, esto es lo que he echado de menos». Pero sigo dándole vueltas a eso, que jamás podré actuar bien del todo, así que me esfuerzo al máximo por olvidarme de esas sensaciones cuando estoy en el escenario.

Pero hasta el momento en que estuvieron de vuelta en el escenario, los miembros habían albergado una sombra de duda durante todo el tiempo. Al empezar en 2020 cuando se les impidió ver a sus fans, esta duda no se pudo disipar simplemente mirando sus teléfonos para ver su asombroso puesto en las listas. Y más allá de la pandemia, Jimin siempre había confiado en encontrarse con el público en un concierto en vivo.

————No pude llegar a entender de verdad lo de la posición en las listas hasta que estuvimos con un público en vivo. Y por muy bien que nos fuera en las listas, yo … lo que más deseaba era verme con los fans en persona. Lo único en lo que podía pensar cuando por fin pudimos actuar fue: «Qué contento estoy de que podamos vernos en persona».

Jimin también dice lo siguiente sobre el efecto que la pandemia provocó en su vida:

Dynamite

DIGITAL SINGLE
21. 8. 2020

TRACK

01 Dynamite

02 Dynamite (Instrumental)

03 Dynamite (Acoustic Remix)

04 Dynamite (EDM Remix)

VIDEO

 «Dynamite»
MV TEASER

 «Dynamite»
MV (B-side)

 «Dynamite»
MV

 «Dynamite»
MV (Choreography ver.)

─────Bueno…, no creo que tenga muchos recuerdos de la pandemia. Como si ese tiempo hubiese quedado «rebanado» de mi memoria. Yo solo sentía que pasaba el tiempo. Fue duro en algunos momentos, y lo superamos, pero, al recordar esa época, siento tristeza. Por supuesto, nos fue bien en las listas durante esa época pero, para empezar, no estuvimos presentes para ocupar esos puestos. Nos sentíamos completamente satisfechos y agradecidos por el amor y el apoyo que recibimos incluso antes de eso. Porque también pasaron cosas buenas entonces. Intento pensar que «no fue una época carente de sentido», pero la verdad es que siento que fue una parte de mi vida que me «rebanaron».

200417 RM

─────¿Queréis que conectemos la transmisión en directo de YouTube y no pensemos en nada más? ¿De verdad creéis que podemos hacer eso? (risas)

Esas fueron las palabras de RM después de su primera transmisión en directo a través del canal de YouTube de BTS el 17 de abril de 2020.[*] Todavía con la sensación de la transmisión del día anterior, RM ve que BTS ha entrado ahora en un nuevo territorio que no resulta nada familiar para ellos.

─────Cuando advertimos a Bang Si-Hyuk de que podíamos terminar diciendo todo tipo de cosas durante la transmisión, con-

Ante todo, tenía que concentrarme en la
actuación.
Y, luego, los miembros del grupo
empezaron a hablar con el público y me
emocioné mucho.
«Ah ... Esto es muy fuerte. Como una
película. Sí, esto es lo que he echado de
menos».

—Jin

testó: «Claro, adelante». El primer episodio me tocó a mí, así que pensé: «Eh, da igual. Vamos a decir algo», y hablé de que estábamos preparando nuestro álbum. Y me encantó.

En esta transmisión, RM hizo dos promesas a la gente que le estaba viendo en directo. Una era que, por ahora, los miembros de BTS se turnarían al menos una vez a la semana para compartir sus rutinas diarias en YouTube. La segunda fue el lanzamiento de su nuevo álbum, titulado *BE*.

Esto era algo inaudito para BTS. El grupo era conocido por desarrollar una temática de forma muy pormenorizada en cada álbum, conectando todo el contenido, incluidos los vídeos y las fotos, de una manera orgánica, y sus métodos de compartir el mensaje de sus álbumes se ampliaban, a la vez, en cuanto a variedad y escala. *MAP OF THE SOUL : 7* supuso la cumbre de esos esfuerzos. En este álbum, BTS continúa haciendo introspección mientras conecta su trabajo con proyectos externos como la exposición global de arte contemporáneo *CONNECT, BTS*.

Y ahora, este mismo equipo saltaba a la transmisión en *streaming* en YouTube sin ninguna temática ni plan establecido a solo dos meses del lanzamiento de *MAP OF THE SOUL : 7* y haciendo un anuncio sorpresa de un nuevo álbum. Prácticamente, estaban improvisando. Pero nadie podía prever cómo iba a ser el mundo tras la pandemia. Las actividades promocionales de *MAP OF THE SOUL : 7* habían quedado estancadas, el estreno de abril de la BTS MAP OF THE SOUL TOUR en Seúl· había sido borrado de sus agendas y su gira internacional también había quedado congelada. Estaban luchando contra el mismo problema que todos los artistas del mundo entero, que era enfrentarse a un futuro incierto. j-hope dijo esto en plena pandemia:

———Yo quería pasar cada año posterior dando las gracias por mi vida y sintiéndome afortunado, pero … Vaya … no sé por qué este año está siendo tan horrible.

No había nada que hacer. Parecía como si el tiempo se hubiese detenido, pero no el sufrimiento, y no había forma de estar seguros de ningún plan para el futuro ni de qué mensaje enviar al mundo. Lo único que podían hacer era encender sus cámaras y esperar a que llegaran sus fans, dondequiera que estuvieran. Tal y como había sido durante su debut.

Un registro de mañanas

La transmisión en *streaming* en tiempo real en YouTube supuso una nueva experiencia tanto para BTS como para ARMY. SUGA encendía su cámara y pintaba un cuadro* casi en silencio y j-hope mostraba una sesión entera de ensayos, de principio a fin, incluido el calentamiento y el perfeccionamiento de sus movimientos de baile.** Estas retransmisiones, con las etiquetas de «#Conéctate» y «#SigueAdelante», permitieron a BTS compartir su vida diaria con sus fans y mostrarles lo que hacían desde el comienzo de la pandemia y qué actitud trataban de cultivar.

La rutina que j-hope realiza antes de bailar era producto de alguien que ha dedicado mucho tiempo y esfuerzo a conocerse a sí mismo, y compartirla era como contar a los demás, sin palabras, quién era por dentro. La pintura de SUGA era igual. Según explica:

————«¿Qué debería hacer durante una pandemia?». Eso era lo único que podía pensar todo el tiempo. Las giras tienen una agenda establecida que debes limitarte a cumplir, pero todo eso se había hecho añicos. Pensaba: «Si nunca más puedo volver a pisar un escenario, ¿quién soy?». Así que mi respuesta fue que tenía que hacer lo que se me ocurriera. El hecho de pintar casi hace que te olvides de tus preocupaciones. Era un recurso que me permitía alejarme de cualquier pensamiento negativo que apareciera en mi cabeza.

El título* que SUGA le puso a la obra en aquel momento simbolizaba también lo que había querido expresar y compartir con los fans:

————Se llamó «Mañana», pero también se titulaba «Preocupación». Cuando recuerdo mis momentos de angustia, los peores suelen ser sobre las 5 de la mañana. Y esa es la razón por la que el color que menos me gusta es ese tono azulado que hay justo antes de que el sol empiece a salir … Pero cuando pintaba, no tenía ningún plan en mente. Solo quería hacer lo que se me ocurriera y no tenía ni idea de que iba a terminar con un color azul tan oscuro.

Expresar las emociones que alguien siente al vivir su vida, hasta el punto de que ni siquiera el artista sabe lo que va a terminar apareciendo en el lienzo: la pintura de SUGA y su método de revelación del proceso se parecen al modo en que se produjo *BE*. Durante la pandemia, BTS preparó su álbum mientras hacía públicos sus debates sobre la dirección y los métodos de producción. Las sensaciones de los miembros del grupo mientras pasaban la pandemia se convirtieron en canciones y eligieron las mejores de ellas y, durante varias reuniones, los miembros se repartieron entre sí los distintos roles necesarios para crear el álbum. Tal y como habían hecho durante la época del edificio Cheonggu, compusieron su álbum como si se tratara de una «producción de industria artesanal».

Lo único que había cambiado era la razón por la que preparaban un álbum. Lo que habían querido cuando se reunían en aquel estudio diminuto y en la sala de ensayos del edificio Cheonggu era la validación de un éxito garantizado. Creían que, una vez que lograran el éxito, el mundo les enseñaría quiénes eran. Pero, aun habiendo logrado ese éxito, BTS había decidido hacer algo más con su música. Según dice j-hope:

————Estoy sentado en el estudio con la mirada perdida y pensando: «Eh…, ¿qué canción debería componer ahora?». Iba y venía de la casa al estudio preguntándome: «¿Qué tipo de vida he tenido hasta ahora y qué era lo que pensaba mientras tenía esa vida?», y, de vez en cuando, veía actuaciones que habíamos hecho para televisión. Después, pensaba: «Ah…, es verdad, eso era yo» o «¿Cómo era la vida entonces?». Y a raíz de eso surgió una especie de determinación: que debía tratar de registrar, como si fuera un diario, las canciones y emociones que solamente puedo expresar en esta etapa de mi vida. «Aunque los resultados sean buenos, malos o mediocres, hagámoslo. Vamos a intentar acercarnos más al oyente mostrando y compartiendo pequeñas partes de mí que han estado ocultas hasta ahora».

BE

20. 11. 2020

TRACK

01 Life Goes On
02 Fly To My Room
03 Blue & Grey
04 Skit

05 Telepathy
06 Dis-ease
07 Stay
08 Dynamite

VIDEO

 «Life Goes On»
MV TEASER 1

 «Life Goes On»
MV TEASER 2

 «Life Goes On»
MV

 «Life Goes On»
MV : on my pillow

 «Life Goes On»
MV : in the forest

 «Life Goes On»
MV : like an arrow

Fly To My Room

Puede alguien dar marcha atrás en el reloj
Todo este año se ha perdido
Sigo todavía en la cama

La canción «Fly To My Room»ᵗ del álbum *BE* refleja claramente los sentimientos que estaban experimentando los integrantes de BTS durante la pandemia. El tiempo pasa volando para ellos, pero nada parece ir a mejor. Jimin recuerda esa época en la que empezaba a ser evidente que la pandemia no iba a desaparecer pronto:

————Pensaba mucho. Sé que esto es un poco exagerado, pero incluso tuve pensamientos como: «Me he esforzado mucho para formar parte de este grupo, pero ¿y si el equipo desaparece...?». Fue muy duro.

Pero «Fly To My Room» habla también sobre tratar de cambiar, al menos, una actitud cuando resulta imposible cambiar las circunstancias:

No hay otra forma / Esta habitación es todo lo que tengo
Entonces da igual / convertiré este lugar / en mi mundo

La preparación de *BE* supuso tomar una serie de infinitos desafíos que, de lo contrario, habrían ahogado el impulso de sus vidas, y tratar de convertirlos en combustible que ardiera con más fuerza. Porque si no podían hacerlo, todo se volvería de lo más insoportable. Como dijo Jimin, vivir siendo parte integrante de BTS implicaba tener que actuar en directo y verse con ARMY. Tal y como venía a decir la letra de «Disease», ̇ otra canción de *BE*, «Ahora puedo dormir todo el día sin problema», la pandemia les proporcionó algo más de tiempo comparado con antes. Pero para entonces ya se habían acostumbrado al hábito de trabajar y el no hacerlo les provocaba cierta angustia. Siguiendo con la misma canción: «Siento como que debería estar trabajando / Pero aquí estoy, engullendo tres comidas al día».

Durante la pandemia, Jin dijo esto con respecto a los sentimientos encontrados de esa época:

————Todas esas cosas que siempre quería hacer antes, ir a pescar o pasarme todo el día jugando, o ver a mis amigos … Cuando nuestra agenda se hizo pedazos, pasé unas tres semanas haciendo todo eso. Pero incluso entonces me sentía bastante angustiado, pensando: «¿Está bien seguir sin hacer nada?». Me resultaba demasiado confuso permitirme estar sentado, descansando. No dejaba de pensar: «Tengo que hacer esto, todavía tengo que hacer aquello». Pero, por otro lado, el trabajo que estoy haciendo ahora me parece diferente. Quizá sea porque no estamos de gira, pero, aunque estemos trabajando, es como si estuviese descansando.

Desde su debut con *2 COOL 4 SKOOL* hasta *MAP OF THE SOUL : 7*, los logros de BTS a lo largo de esos siete años siguieron la progresión de lo que casi podría considerarse una epopeya clásica. Una banda de siete jóvenes a los que nadie prestaba atención, salvo los pocos que los menospreciaban, abriéndose paso entre distintas dificultades y respondiendo con amor a todas las personas que les ofrecían cariño y apoyo a lo largo del camino. Pero no solo continúa su historia tras haber triunfado como héroes, sino que la realidad les sigue poniendo delante todo tipo de obstáculos que nadie podría haber imaginado jamás. *BE* es la historia de cómo la vida («Life») como artista y como persona sigue («Goes On») de la forma más inesperada.

————Siempre hablaba de lo difícil que era todo. Por supuesto, contaba con muchas personas a las que estar agradecido, como ARMY y los miembros, y los *hyungs* que se mantuvieron a mi lado incluso cuando yo estaba deprimido. Me sentía tan agradecido que hay una canción compuesta para ellos. Pero la más triste de verdad la incluimos en *BE*.

La canción «triste» a la que se refiere V es «Blue & Grey».˙ V había estado trabajando en su *mixtape* durante la producción de *BE*. De las muchas canciones en las que estuvo trabajando durante esta época tan complicada, «Blue & Grey» se adentra especialmente en lo que había sentido desde su debut con BTS y la pandemia:

Todos parecen felices
¿Puedes mirarme? Porque estoy triste y gris
Las lágrimas reflejadas en el espejo significan
Mis colores ocultos tras la sonrisa triste y gris

No sé cuándo se estropeó todo
Desde pequeño, tengo un signo de interrogación azul marcado en
la cabeza
Quizá es por eso por lo que viví a tope
Pero al recordar mientras estoy aquí solo
Esa sombra amenazante me devora

Los sentimientos que V expresa en «Blue & Grey» eran, sin duda, lo que había sentido durante la preparación de *BE*. Y añade:

————¿Sabes? Mis pensamientos … con la canción quería que la gente nos entendiera mejor y supiera lo profundos que eran nuestros sentimientos. Todo el mundo lo ha pasado mal, por supuesto, pero yo quería capturar y compartir el dolor y los pensamientos que tuvimos mientras crecíamos y recorríamos nuestro camino hacia el éxito. Supongo que se podría decir que quería dejarlo patente. Dar a conocer mis sentimientos. Yo no soy de los que habla directamente sobre sus sentimientos, pero se me ocurrió que, aun así, podría hablar de ello en la canción.

«Blue & Grey» sirve como una línea divisoria dentro de *BE*. La determinación por librarse de la pandemia en «Life Goes On»* solo es posible tras cambiar la perspectiva que se tiene de la pandemia en «Fly To My Room». Y «Fly To My Room» solo es posible después de la experiencia de mirar dentro de la propia tristeza, como en «Blue & Grey». Las tres canciones —«Life Goes On», «Fly To My Room» y «Blue & Grey»—

que componen el principio de *BE* se adentran en las oscuras emociones y acontecimientos que experimentó BTS desde el comienzo de la pandemia. Y una vez que pasa la lúgubre soledad de «Blue & Grey» como una noche oscura, se pueden escuchar las primeras palabras de «Skit»:*

> *¡Enhorabuena!*
> *¡Abran paso al artista número uno en Billboard!*

Ser dinamita

De no ser por la pandemia, quizá BTS no habría cantado nunca «Dynamite». La última escena del vídeo de «ON», el tema principal de *MAP OF THE SOUL : 7*, es un cartel con las palabras «NO MORE DREAM» («No hay más sueños»), donde las palabras «NO MORE» van diluyéndose poco a poco para dejar «DREAM».** Al igual que la canción «Boy With Luv» (Feat. Halsey) y «Boy In Luv» o la de «ON» y «N.O» están conectadas, se suponía que «DREAM» era la respuesta a «No More Dream», el tema principal del álbum de debut.

Los jóvenes que en su debut habían buscado amor y gritaban «¡No!» a un mundo que trataba de obligarlos a vivir los sueños de otros habían alcanzado un estatus de superestrellas tan alto que apenas podían ver el suelo, tal y como se encontraban al final del vídeo de «ON». Y fue en ese momento cuando BTS había planeado interpretar la canción que resumiera el peso de los años anteriores mientras se hacían un nombre.

Pero, igual que le pasó al resto del mundo en aquel momento, la historia de BTS dio un giro inesperado. Si *BE* es un disco de cómo cambiaron su situación y sus sentimientos durante la crisis sanitaria mundial, «Dynamite» supuso el primer gran desafío que se les presentó durante la pandemia.

Empezó con lo que Bang Si-Hyuk llamaría «una sensación». Bang Si-Hyuk estaba pensando en todo lo que cambiaría para BTS por culpa de la pandemia y la principal de sus preocupaciones era el «desfase horario».

En la época de *MAP OF THE SOUL : 7*, BTS se había convertido en una banda que hacía giras por estadios de todo el mundo. Siete años después de su debut, estaban en el punto más alto de su potencial y su habilidad artística había madurado. Pero, al mismo tiempo, BTS estaba creando otro furor. Los medios de comunicación se estaban centrando en la reacción apasionada de ARMY ante las series de *LOVE YOUR-SELF* y *MAP OF THE SOUL*, y esto les había llevado a un nivel de exposición sin precedentes en los medios estadounidenses, como fue su actuación en *SNL*, lo que suponía, a su vez, que ahora les prestaba atención gente de todo el mundo.

Para los que ya eran seguidores del K-pop a través de contenidos de YouTube y similares, BTS ya eran unas superestrellas. Pero para quienes los veían por primera vez en televisión gracias a programas como *SNL* o leían sobre ellos en artículos de medios de comunicación, BTS era algo completamente nuevo que había salido de Corea del Sur.

De no ser por la pandemia, este «desfase horario» en su exposición podría haberse resuelto con bastante facilidad. Sacar álbumes y hacer más giras por estadios habría servido de mucho para justificar su popularidad gracias a estos esfuerzos y a su habilidad artística, y la reacción explosiva por parte de los fans en cada ciudad de la gira habría proporcionado una gran oportunidad para demostrar al mundo qué tipo de grupo era en realidad BTS.

Pero, por culpa de la pandemia, BTS no pudo llegar a ver a los fans que los esperaban y la oportunidad de dar a conocer al mundo la fama, el talento y la historia de la banda desapareció. Por muchos éxitos que acumularan en YouTube, no iban a poder llegar a un público aún mayor sin actuaciones en directo. Sobre todo, para un grupo que ya tenía un enorme *fandom* en todo el mundo como BTS, que necesitaban algo más para subir al siguiente nivel.

Bang Si-Hyuk, que intuyó este problema, tomó dos decisiones. La primera fue apartarse un poco del rol de productor de *BE* y dejar que los miembros de BTS tuvieran mayor responsabilidad a la hora de decidir la dirección del álbum. En lugar de seguir un plan extremadamente pormenorizado, el álbum estaba compuesto de lo que los miembros habían experimentado y sentido a lo largo de la pandemia. La segunda, que lanzarían una «dinamita» a todo aquel que empezara a descubrir a BTS. Que en este momento en que BTS atraía más atención que nunca en todo el mundo lanzaran al público una canción que encantaría a cualquiera y en cualquier lugar, dándole la oportunidad de convertirse en nuevo fan.

Cantar en inglés

———Cuando la oí por primera vez, la canción me pareció estupenda. Pero iba a ser la primera canción en inglés que lanzábamos y que había compuesto alguien externo, así que estábamos un poco preocupados. «¿Se convertirá la canción en algo bonito y fuerte?».

RM había estado un poco preocupado por «Dynamite» cuando la publicaron el 21 de agosto de 2020. Aparte de sus actividades en Japón, BTS siempre había lanzado canciones en coreano y el hecho de haber logrado fama mundial con canciones en coreano era un elemento de enorme orgullo para ellos y para ARMY. Aunque no había ninguna ley que prohibiera cantar en inglés, probar a hacer algo tan novedoso iba a provocar dudas en todos. Pero también estaba claro el motivo por el que BTS tenía que publicar «Dynamite». Sobre la reacción mundial ante la canción, RM dice:

———El *fandom* debía de estar deseándolo más de lo que creíamos. Fue en una época en la que las emociones de todos estaban muy contenidas por la pandemia, y por eso fue por lo que la gente tuvo una respuesta tan ferviente en internet. Y probablemente fuera más fácil el acceso gracias a que se trataba de una canción en inglés. Eso me hizo pensar que: «Me he preocupado sin motivo». ARMY siempre es más increíble de lo que pensamos.

Siete meses después del comienzo de su producción, *BE* se publicó el 20 de noviembre de 2020. Si BTS no hubiera lanzado «Dynamite» ese verano, no habría tenido casi ninguna oportunidad de actuar durante esos siete meses. Con el veto a cualquier actividad no esencial en todo el mundo por culpa de la pandemia, la privación que habrían sentido los fans por la falta de actuaciones en vivo se habría acentuado aún más. Jin recuerda aquella época:

————Antes de empezar con la promoción de «Dynamite» hubo un periodo de tres o cuatro meses en los que no subimos a ningún escenario. Casi llegué a pensar: «Ese tipo de cosas no forma parte de mi trabajo».

Aunque «Dynamite» es prácticamente el opuesto emocional de *BE*, también era el toque final que lo completaba. Como *BE* era una crónica sincera de sus experiencias y pensamientos en torno a la pandemia, «Dynamite» era una divertida canción de disco-pop que hablaba del deseo de salir como si la pandemia hubiese terminado. En la rueda de prensa por «Dynamite» celebrada por internet el 21 de agosto de 2020, Jimin explicó:

> *Estábamos deseando subir al escenario … Como grupo que debe verse y comunicarse con sus fans, pienso sinceramente que nos sentíamos vacíos y desesperados. Necesitábamos buscar la forma de superar ese vacío y esa desesperación y pensamos que sería además una buena oportunidad, un nuevo desafío.*

BE era la realidad de la pandemia mientras que «Dynamite» era el sueño de todos los que esperaban que llegara el fin de la pandemia. Aunque es cierto que «Dynamite» era el opuesto de *BE*, también era un tipo de canción sobre la pandemia y este sencillo digital se incluyó en *BE* como su pista final, aportando al álbum un giro al final de su narrativa. Desde la primera canción, «Life Goes On», hasta «Fly To My Room» y «Blue & Grey», el tono cambia rápidamente con «Skit», que contiene un momento bullicioso en el que se felicita a BTS por su número uno en la Billboard Hot 100, seguido por «Telepathy»,* canción en la que SUGA expresa su anhelo por alguien a quien no puede ver y su esperanza por volver a estar juntos, encendiendo una luz de esperanza a través de la oscuridad. j-hope tiene un momento animado en «Disease», en el que da rienda suelta a sus sentimientos encontrados por no tener que trabajar debido a la pandemia, y el «Stay»** de Jung Kook imagina un momento en el futuro en el que BTS y ARMY se volverán a encontrar en un concierto, infundiendo a *BE* de un tono de esperanza y determinación. Con la adición final de «Dynamite», *BE* se convierte en una crónica de la vida durante la pandemia y del proceso en que superamos sus dificultades.

> *Como es un vídeo de BTS y no solo mío, quería capturar no solo los pensamientos de un miembro sino la situación en la que estábamos todos, introducir el estado en que nos encontrábamos y mostrarlo de una forma directa. Que, aunque todos los que lo vean puedan tener sus propios pensamientos, nosotros también sentimos lo mismo que los demás y que estamos en el mismo barco que el resto.****

Esa era la intención de Jung Kook tal y como declaró en *Weverse Magazine* sobre la dirección del vídeo de «Life Goes On». Resulta interesante que los vídeos de «Life Goes On» y «Dynamite», primera canción y última de *BE*, respectivamente, muestran el interior de la habitación de Jung Kook.* «Life Goes On» tiene un tono más intenso y refleja el inicio de la pandemia, mientras que, en «Dynamite», Jung Kook baila alegremente en el mismo espacio y con una atmósfera más ligera.

BE también pasa de la realidad de «Life Goes On» al sueño esperanzado de «Dynamite». Tal y como Jung Kook insinúa, en BTS compusieron sus canciones conscientes de que lo que estaban viviendo no era probablemente muy distinto a lo que estaba pasando el resto del mundo y decidieron terminar el ejercicio con la esperanza que se muestra en «Dynamite». Estas dos líneas de emoción componían la crónica de BTS del primer año de la pandemia.

Fuegos artificiales lanzados en un mundo en silencio

Independientemente de la reacción ante «Dynamite», BTS había trabajado en esa canción de una forma algo distinta a sus anteriores trabajos, acercándose a ella con más alegría. Jin describe cuáles eran los ánimos mientras preparaban la canción:

————En otro momento, trabajábamos con una disciplina muy estricta, pero con «Dynamite» fue más como trabajar en un tema extra.

Los miembros de la banda habían estado trabajando en *BE* y este periodo de descanso injustificado les había proporcionado más tiempo para preparar el lanzamiento de «Dynamite». Fue una especie de situación ideal en la que se sentían más ligeros de lo habitual al tener más tiempo para preparar algo y que saliera del todo bien.

————Todo el mundo se sentía estupendamente (risas).

j-hope, que es quien da el tono a los ensayos de baile de BTS, recuerda cuando estaban ensayando la coreografía de «Dynamite»:

————Para entonces, ya habíamos madurado mucho. Todos sabían muy bien cómo abordar la coreografía y darle su propio toque. Todos se habían convertido en verdaderos campeones (risas). Y por eso no veíamos ninguna dificultad en la interpretación. El baile parece ligero y fácil, pero la ejecución perfecta de cada movimiento era determinante en esta canción y nos esforzábamos por ser lo más precisos posible.

El vídeo de «Dynamite» contiene movimientos de disco sobre el ritmo alegre de la canción.˙ Era una coreografía con la que cualquiera podría divertirse al seguirla. Pero BTS, en medio de la atmósfera divertida y libre de los visuales, infundía una sensación de dinamismo en la interpretación a través de una sincronización perfecta de movimientos en distintos momentos del vídeo. El estribillo está especialmente compuesto para provocar movimientos de baile disco, pero desde el momento en que ejecutan todos a la vez su afiladísimo baile grupal, dan a la actuación su potente sello habitual.

«Dynamite» era la introducción perfecta de BTS para aquellos que empezaban a conocer al grupo. La canción era una nueva línea de salida para la banda que ya había conseguido un enorme seguimiento a lo largo de sus siete años de actividad.

————Teníamos la sensación de que a los fans les iba a encantar «Dynamite». Pero sentíamos curiosidad por saber si a la gente que no pertenecía a ARMY en Estados Unidos y en otros países le gustaría también la canción.

Tal y como deja entrever Jung Kook, nadie podría haber previsto la reacción general del público ante «Dynamite». La canción «ON» de *MAP OF THE SOUL : 7* había entrado en el número cuatro de la Billboard Hot 100 en su primera semana, lo que hacía que resultara bastante lógico suponer que a la nueva canción le iría, al menos, igual de bien. «ON» era una canción con letra en coreano y estaba hecha para un escenario enorme, lo que implicaba que tenía limitaciones en cuanto a su viabilidad como una canción simplemente para ser escuchada. Pero, aun así, había llegado al número cuatro, lo cual era buena señal de cuál sería el recibimiento de «Dynamite». Sin embargo, sencillamente no había ninguna garantía de saber lo bien que de verdad le podría ir a esta nueva canción.

La noche que se señaló para el debut de «Dynamite» en la Billboard Hot 100, j-hope se había acostado temprano sin molestarse en quedarse despierto para ver qué puesto lograría en la lista. Hasta que se despertó a la mañana siguiente no supo que todo su mundo había cambiado.

————Estaba dormido cuando se anunció (risas). Así que no me enteré de inmediato, y, cuando me lo contaron al despertarme, me sorprendió. «Hemos llegado al número uno. Hemos hecho algo absolutamente grandioso».

V recuerda las reacciones de todos los miembros tras recibir la noticia del número uno:

————Todos nos pusimos contentos. Unos reían y otros lloraban y todo era…, cómo decirlo… «Ah…, que no hemos estado todo el tiempo en un callejón sin salida». Que nuestro camino conducía de verdad a algún sitio, que no habíamos tratado de hacer algo que sencillamente era imposible. Y entonces me di cuenta: «Desde el principio, hemos tenido la oportunidad y una pequeñísima posibilidad de conseguirlo».

Pero no dispusieron de mucho tiempo para disfrutar el triunfo. La pandemia había creado un ambiente de trabajo completamente nuevo para ellos. j-hope explica lo que ocurrió ese día:

———En cuanto supimos que teníamos un número uno, se estableció toda una agenda (risas). Nada más enterarnos de que había una agenda, dijimos: «¡De acuerdo, vamos!».

Encabezar la Billboard Hot 100 era un suceso de tal magnitud que los miembros del grupo se habían echado a llorar al saber lo que había ocurrido. Pero, debido a la pandemia, no pudieron ir a Estados Unidos ni interpretar «Dynamite» en un concierto en vivo. Esta fue la razón por la que incluso a ellos les resultó difícil creer que era verdad.

———Habíamos soñado muchas veces con llegar al primer puesto de la Billboard Hot 100. Nos imaginábamos: «¿Qué se sentirá cuando lleguemos a ese nivel?». Pero llegar a la cima durante la pandemia hizo que fuera un poco surrealista. Estábamos contentos pero, un rato después, fue como… «Pues así es», ¿sabes?

Jin compara esa sensación con otros momentos en que ganaron sus muchos premios:

———De todos nuestros premios, listas y cosas así, este fue el que parecía menos real. Todos nuestros premios, como los BBMA, nos parecieron muy reales en su momento, pero no este. Hasta el punto de pensar: «¿Está bien que aceptemos esto?». Probablemente se debió a que estábamos muy aislados físicamente del mundo exterior.

Un grupo coreano había llegado con una canción al número uno de la Billboard Hot 100 estando todavía en Corea. La popularidad de la canción continuó. «Dynamite» siguió ocupando el número uno por segunda semana consecutiva y volvió a ocupar el puesto más alto en su quinta semana, llegando a pasar un total de trece semanas en el top 13.

La industria *idol* de Corea hizo uso con gran eficacia de su conocimiento sobre canales de promoción en plataformas de internet como YouTube. Fue así también como BTS pudo retomar una ajetreada agenda promocional, como mencionaba j-hope. Solo que el método de esta labor de promoción era muy distinto a como lo habían hecho antes y empezaba a una escala mundial.

————Fue como ser otra vez un grupo nuevo. Porque tuvimos que trabajar durante mucho tiempo.

RM recuerda el trabajo en torno al lanzamiento de «Dynamite» como una experiencia única en la carrera de BTS. Desde el momento en que se lanzó la canción, estuvieron dedicados a la promoción durante dos meses enteros. Este fue el periodo de promoción más largo que habían vivido nunca y en el que no tenían que hacer conciertos en vivo. Pero, aun así, sí que debían actuar, grabando actuaciones para cada presentación de la canción como si rodaran cada vez un nuevo vídeo musical, utilizando distintas localizaciones y puestas en escena. Estas presentaciones se transmitían a través de distintas redes y YouTube.

En la que hicieron para *America's Got Talent*, un popular programa de audiciones, interpretaron la canción con un estilo retro en un parque temático de Corea.· Para el canal de música NPR de YouTube, grabaron para la serie de Tiny Desk Concert —titulada «Tiny Desk (Home) Concert» en esta ocasión— en una tienda de discos de Seúl.[*] Para los MTV Video Music Awards de 2020, donde estrenaron su versión de la canción para su interpretación en un escenario, la ciudad de Nueva York y la de Seúl se unieron en una sola gracias a la magia de los efectos especiales,[**] mientras que la actuación de los BBMA de 2020 se grabó en el Aeropuerto Internacional de Incheon.[***]

Que todas estas actuaciones se grabaran sin público en vivo suponía una limitación pero, por otro lado, esas limitaciones obligaban a todos los participantes a experimentar cosas que nunca antes habían probado en anteriores programas de televisión ni en entregas de premios. Aunque lamentaban no poder actuar en vivo ante sus fans, BTS consiguió dar cada vez un giro distinto a su interpretación de «Dynamite».

Esta idea de grabar una presentación distinta cada vez para diferentes ocasiones constituía en sí misma toda una aventura. La aparición en los MTV Video Music Awards implicó dos meses de conversaciones entre BTS y la MTV para llegar a un acuerdo respecto a este nuevo tipo de intervención. Con los BBMA tardaron un mes en definir el concepto visual en el que un vídeo de la banda instrumental que tocaba en Nueva York pudiera ser insertado por detrás de los miembros de BTS, que interpretaban la canción en el Aeropuerto Internacional de Incheon en Corea.

El momento cumbre de las actuaciones de «Dynamite» fue en la «Semana BTS» dentro del programa *The Tonight Show Starring Jimmy*

Fallon, donde BTS actuó en un escenario distinto en cada episodio desde el lunes hasta el viernes para este programa nocturno tan popular de Estados Unidos, una aparición que afianzó el estatus de BTS en ese país.

Para la «Semana BTS»,˙ se hicieron dos versiones de «Dynamite», una en la que BTS, Jimmy Fallon y los Roots (la banda que actúa en directo en *The Tonight Show Starring Jimmy Fallon*) hacían una versión *a cappella* mezclada con distintos efectos de sonido, y otra que tenía un estilo más retro y se grabó en una pista de patinaje sobre ruedas. También interpretaron «HOME» de *MAP OF THE SOUL : PERSONA* y «Black Swan» de *MAP OF THE SOUL : 7*. En el salón principal Geunjeongjeon del palacio Gyeongbokgung interpretaron «IDOL» y en el pabellón Gyeonghoeru del mismo edificio histórico, «Mikrokosmos». La Administración del Patrimonio Cultural de Corea, que ayudó a BTS con el rodaje de estas presentaciones en los recintos del palacio, declaró a través de sus redes sociales que suponía un encuentro entre el mayor atractivo del patrimonio cultural coreano que era el palacio Gyeongbokgung y BTS, un grupo de artistas que es muy querido en todo el mundo. Aquellas actuaciones causaron también una gran impresión a Jung Kook:

————Hicimos muchas presentaciones de «Dynamite», pero las más memorables fueron las del aeropuerto de Incheon y las de Gyeongbokgung. Porque, hay que decirlo, son lugares icónicos.

La noticia de estas acciones estaba corriendo como la pólvora entre la industria musical por sus presentaciones tan innovadoras, y su importancia iba creciendo cada vez más con cada presentación. La estética se mezcló a la perfección con la funcionalidad cuando BTS actuó en el mismo aeropuerto que conectaría a Corea con el mundo de no ser por la pandemia, sirviéndose en su lugar de los medios de comunicación para conectar al artista con el fan.

BTS y «Dynamite» sintetizaban lo que implicaba hacer música para las masas en la época de la pandemia. Los artistas y los fans no se podían ver, pero era posible conseguir un éxito global solamente a través de actuaciones online emitidas en programas de televisión locales o en plataformas de *streaming* como YouTube o Netflix. Una canción como «Dynamite» podía llegar a lo más alto de la Billboard Hot 100 a pesar de que su promoción se realizara físicamente en Corea. El ciclo promocional de «Dynamite» y el otro gran éxito mundial coreano, *El juego del calamar*, que se lanzó un año después, parecían los mensajeros de una nueva era.

————Grabamos aquello vestidos con *hanboks* y se me ocurrió que quedaría bien hacer la reverencia tradicional (risas).

Esta fue la razón por la que Jimin y los demás miembros del grupo hicieron varias reverencias durante su interpretación en Gyeongbokgung,˙ quizá como tributo a los fans, con los que no podían verse. A pesar de los vehementes elogios que llegaban de todo el mundo, seguía habiendo cierto punto de frustración en Jimin y los demás por no poder respirar el mismo aire que sus fans.

————En ciertos aspectos, «Dynamite» fue nuestra forma de compensar la situación. Como no nos era posible mostrar a los fans algo que pudieran ver con sus propios ojos, intentamos sacarle el mayor partido. Lo cierto es que resulta más difícil grabar cosas sin público que con una actuación en directo.

Los dos meses de promoción de «Dynamite» supusieron para BTS una experiencia sin precedentes, en el sentido de que tuvieron un éxito mundial pero les era imposible sentirlo en sus propias carnes. Aun así, tuvieron que trabajar cada día para mostrarse al mundo. Su agenda de «álbum, gira, álbum, gira» se había convertido en «álbum, grabaciones, álbum, grabaciones».

A medida que «Dynamite» iba llegando a su fin, Jin empezaba a tener los siguientes pensamientos:

————Habíamos trabajado mucho y habíamos hecho una gran variedad y cantidad de cosas esta vez pero, curiosamente, no fue como si de verdad hubiésemos estado «activos» ahí fuera. Yo estaba viendo un día la televisión y salió un grupo de *idols* que decía: «Debutamos este febrero pasado pero nunca hemos actuado para un público en vivo». Eso me hizo pensar: «Me pregunto qué sensación tendrán». También grabamos nuestras actuaciones para muchos programas, pero era como si estuviésemos haciendo un V Live. Como mucha gente las veía en sus teléfonos la sensación no era como si nos reuniéramos con nuestros fans, y así es como hicimos «Dynamite». Dedicamos mucho esfuerzo y los resultados fueron estupendos, pero faltaba esa otra emoción que debíamos recibir. Y por eso, cuando vi que esos artistas habían debutado durante la pandemia, pensé: «Qué triste que nunca hayan llegado a experimentar esa maravillosa emoción».

Incluso con «Dynamite» en lo alto de la Billboard Hot 100 durante tres semanas y siendo un éxito en todo el mundo, los miembros del

En ciertos aspectos, «Dynamite»
fue nuestra forma de compensar
la situación.
Como no nos era posible mostrar a
los fans algo que pudieran ver con
sus propios ojos, intentamos sacarle
el mayor partido. Lo cierto es que
resulta más difícil grabar cosas
sin público que con una actuación
en directo.

—Jimin

grupo no estaban disfrutando tanto la respuesta entusiasta a la canción y se preocupaban más por cómo asimilar los frutos de su esfuerzo. Según dice SUGA:

————Creo que todos pensamos lo mismo. Era un tipo de resultado que nunca habíamos logrado antes, pero estamos muy bien entrenados para tener los pies en el suelo con todo eso … No es que nos hayamos entrenado para ello de forma deliberada, pero bueno (risas). No es que no sintiéramos nada, sino más bien … «Estoy contento, pero vamos a ver qué necesitamos para volver a hacerlo». Hubo muchos momentos estupendos y, como músico, era muy importante vivirlos por completo, pero a medida que los experimentaba me di cuenta de que sería más sensato volver a poner los pies en la tierra lo antes posible. No había necesidad de seguir flotando en el aire. Y los demás miembros del grupo tampoco lo hacían.

Tal y como dice SUGA, BTS cumplía con su labor sin importar cuál fuera la respuesta del resto del mundo, yendo a trabajar cada día al estudio, como siempre. Como a «Dynamite» la siguieron «Savage Love», de Jawsh 685 y Jason Derulo, en la que SUGA y j-hope participaron en un remix, y «Life Goes On» de *BE*, llegando ambas canciones al número uno de la Billboard Hot 100, BTS se convirtió en el mayor fenómeno musical del mundo. Además, «Dynamite» llegó al número dos durante la primera semana tanto en la nueva lista Billboard Global 200 como en la Billboard Global Excl. US. BTS supuso un nuevo paradigma para la industria musical estadounidense, a la que le costaba no fijarse en el mercado musical mundial. Probablemente, este fue el motivo por el que la Federación Internacional de la Industria Fonográfica concedió a BTS un premio al Mejor Artista Global del Año. Un galardón concedido por la obra musical que había vendido más copias en el mundo y que por primera vez ganaba un artista no occidental. j-hope resume el año 2020, una época caótica para todo el mundo, de la siguiente forma:

———De verdad, fue como si nos llovieran los premios. Nos sentíamos muy honrados y habíamos hecho cosas nuevas y aunque, en general, daba vértigo, creo que ese año sucedieron cosas muy positivas. Y en lo personal, la pandemia supuso un tiempo en el que eché la vista atrás hacia todo lo que había hecho hasta entonces y me di cuenta de que «esta labor ha sido valiosa, al fin y al cabo». Y yo había compuesto una canción que refleja eso. Así que, aunque hubo tropiezos, creo que para BTS fue un año en el que la banda dio otro paso de gigante.

Gente que reza

El 3 de noviembre de 2020, SUGA se sometió a una operación de hombro. Era para tratarse el hombro izquierdo, lesionado en un accidente de tráfico durante sus años de *trainee*.

———Estuve muy preocupado después de aquella operación. No me resultaba fácil mover el brazo los días siguientes a la intervención. Pensé que debía concentrarme en la fisioterapia antes de volver a trabajar.

SUGA tenía razón en que necesitaba tiempo para curarse y dejó de participar en las actividades de BTS a finales de 2020 para ir a fisioterapia. En cuanto al tiempo, esto duró desde primeros de noviembre hasta finales de diciembre, lo cual supuso algo menos de dos meses. Pero, para SUGA, esta situación fue un punto de inflexión. La lesión del hombro de SUGA simbolizaba un periodo de su vida, una huella de aquellos años antes de debutar en los que se había esforzado mucho ante la incertidumbre de si podría tener la oportunidad de dedicarse al trabajo que tanto le gustaba. Su operación y el tratamiento posterior supusieron la despedida a esos años. Algo que le había estado ahogando durante mucho tiempo empezaba poco a poco a aflojarse.

SUGA habló con detalle sobre su lesión de hombro durante una aparición en *You Quiz on the Block*, de tvN. Los fans ya sabían algo sobre ese asunto y SUGA se había referido brevemente a su lesión en la canción «The Last»* en su *mixtape Agust D*, pero esta era la primera vez que hablaba detenidamente de ella en público. Jimin habló también de la precariedad de la época anterior al debut en la que tuvieron que demostrar lo que valían. Jimin explica las razones por las que se mostraron tan sinceros en su aparición en *You Quiz on the Block*:

—————Cuando éramos *trainees*, alguien que ya no trabaja en la compañía me dijo: «Quizá deberías ir haciendo las maletas». ¿Cuál podría ser la razón? (risas). En cualquier caso, yo había llegado a Seúl sin nada, pero parecía que no iba a conseguir debutar con BTS. La compañía estaba preparando a un grupo de chicas justo a nuestro lado. «¿Qué va a ser de mí…?». Estaba muy preocupado. Pero en la residencia todos eran muy simpáticos conmigo y yo no paraba de hacerles preguntas. Así que le dije a RM: «*Hyung*, ¿cómo puedo tener carisma?» (risas). Y él contestó: «Eh, no es que yo lo tenga tampoco. Creo que ese tipo de cosas exigen que antes haya que madurar un poco» (risas).

Cuando le preguntaron si podría explicarle al Jimin del pasado cómo tener carisma, Jimin se ríe y contesta:

———No tengo ni idea. Le diría que deje de pensar en tonterías y se concentre en su formación (risas).

Jimin podía ahora volver la vista atrás al pasado del grupo y reírse un poco. Durante la pandemia, habían obtenido aún más éxito que antes y, como artistas y personas adultas, comenzaron a pensar en un futuro mejor. Del mismo modo que SUGA empezaba a pensar en lo que quería hacer en el futuro como músico:

———De hecho, me pregunto si hablar sobre metas y cosas así se ha convertido en algo con poco sentido. Casi me estoy planteando: «¿Qué más tengo que hacer?». Mi mayor meta es trabajar como miembro de BTS durante mucho tiempo. Creo que, a medida que nos vamos haciendo mayores, todo el grupo tenemos el objetivo común de trabajar juntos. Pensamos mucho en cómo podríamos trabajar con más diversión y más felicidad.

Durante los premios MAMA de 2020, BTS presentó «ON» en el Estadio Mundialista de Seúl.* Para adecuarse al tamaño del estadio, actuaron con aún más bailarines de los que habitualmente necesita «ON» y ofrecieron un espectáculo basado en la idea de una banda de marcha añadiéndole una nueva coreografía que le encajara.

Esta versión de «ON» que estaban mostrando a un público que no se hallaba presente y que, más bien, habrían interpretado durante una gira mundial, era casi más una oración que una actuación. Un deseo de que en algún momento pudieran tener un concierto así, de que la pandemia terminara y de que todos pudiéramos volver a reunirnos. Este fue quizá, como dijo SUGA, el primer paso como grupo para actuar «con más diversión y más felicidad».

Aquella primavera de 2021 en la que nadie sabía cuánto tiempo más duraría la pandemia, Jimin dijo esto sobre lo que el grupo había deseado compartir con los demás:

——Que escucharan nuestras canciones, que les gustaran y que disfrutaran de ellas con nosotros … ¿No sería eso todo? El éxito, la fama y el dinero que hay detrás no son lo más valioso de nuestras vidas. Yo solo quiero tener una actuación más, charlar con más gente. Aunque no podamos tener conversaciones largas ni profundas con cada individuo, al menos una conversación en la que podamos mirarnos, gritar juntos e intercambiar miradas, ese tipo de conversación. Eso es lo más valioso.

Buscar esperanza

El trabajo de BTS desde el éxito mundial de «Dynamite» fue una lista de todas las cosas que tenían que hacer e hicieron para que el deseo de

Butter

DIGITAL SINGLE
21. 5. 2021

TRACK

01 Butter

02 Butter (Hotter Remix)

VIDEO

 «Butter»
MV TEASER

 «Butter» (Hotter Remix)
MV

 «Butter»
MV

 «Butter» (Cooler Remix)
MV

Butter

SINGLE ALBUM
9. 7. 2021

TRACK

01 Butter
02 Permission to Dance

03 Butter (Instrumental)
04 Permission to Dance (Instrumental)

VIDEO

 «Butter»
MV TEASER

 «Permission to Dance»
MV TEASER

 «Butter»
MV

 «Permission to Dance»
MV

Jimin se cumpliera. El sencillo digital de «Butter»,* lanzado el 21 de mayo de 2021, entró en el número uno de la Billboard Hot 100 y permaneció en ese puesto durante siete semanas seguidas y hasta un total de diez. Y así fue como BTS se convirtió, junto a los Beatles, en uno de los únicos siete artistas en la historia de la Billboard hasta el momento que habían logrado, al menos, cuatro números uno en un año.

La posición en la lista no era lo único que dejaba claro que BTS se había convertido en un fenómeno único. Apenas unos días después del lanzamiento de «Butter», McDonald's anunció también el menú BTS, que se vendió durante cuatro semanas desde el 27 de mayo en sus establecimientos de cincuenta países, haciendo del grupo uno de los pocos que pudo poner su nombre a un plato de su franquiciado mundial.

El complemento de «Butter» que se añadió a su racha de éxitos de ese año fue cuando salió «Permission to Dance»** el 9 de julio y también encabezó la Billboard Hot 100. Esta canción, que desde el mismo título conseguía encarnar todo lo que BTS representa, es una oda a lo pasado e infundía un espíritu de determinación para superar la pandemia:

No hay por qué preocuparnos
Porque cuando caemos sabemos cómo aterrizar
No necesitamos hablarlo demasiado, solo hacerlo esta noche
Porque no necesitamos permiso para bailar

Tal y como demuestra la letra, en BTS sabían que, aunque iban a bajar de su altura, sabían cómo aterrizar y no caer. Era este el resultado de la resiliencia y esperanza conseguidas a lo largo de incontables dificultades. Introdujeron esta actitud en una melodía que pudiera gustar fácilmente a cualquiera y en la que reflejaban las vidas de personas que continuaban avanzando a pesar de la pandemia. En la actuación se incluían mensajes expresados en el Sistema de Signos Internacional, y a lo largo del concierto *BTS PERMISSION TO DANCE ON STAGE–LA* a finales de 2021, pudieron por fin hacerlo ante un público en vivo. Jung Kook cuenta sus pensamientos de ese día:

————Estábamos eufóricos. Y también agotados. Las piernas apenas me sostenían en pie durante «Permission to Dance», pero no paré de reír. «Qué canción final tan estupenda para este concierto», pensé. Y todos cantando juntos al final, fue genial.

El mensaje que había tras «Permission to Dance» solo podría estar completo después de que por fin se interpretara ante un público en vivo. Esta canción era un consuelo no solo para sus oyentes, sino también para BTS, un consuelo muy tangible para cualquiera que hubiese pasado por lo mismo que ellos antes incluso de que llegara la pandemia. Jimin explica sus sensaciones al interpretar «Permission to Dance»:

————Es una canción muy luminosa pero … mis ojos no paraban de inundarse de lágrimas. Hicimos esta canción y nos pusimos en fila para nuestro último saludo, y lloré de verdad. Creo que fue porque las emociones de la canción las estaba sintiendo de verdad en ese momento. Es una gran canción.

Cuando BTS trabajaba en *BE* en 2020, habían incluido en el álbum sus pensamientos y sensaciones sobre cómo sus vidas se habían detenido de forma abrupta, mientras que con «Dynamite» habían lanzado un mensaje de esperanza. Y el verano del año siguiente, sus canciones hablaban de la diversión y la esperanza que todavía podía haber en la época de la pandemia. Estas canciones, lanzadas a lo largo de un periodo de dos años, representaban los sentimientos de innumerables personas de todo el mundo que, a su vez, respondieron a su mensaje. Un mensaje cuyo remitente era BTS.

Suave como la mantequilla, firme como BTS

La sucesión de éxitos recientes que comprendían «Dynamite», «Butter» y «Permission to Dance» trajo muchos y nuevos desafíos para el grupo. El primero tenía que ver con su forma de cantar y bailar. Jimin lo explica así:

————Cuando estábamos grabando «Permission to Dance», tuve la sensación de que no me era fácil expresar mis emociones. También me preocupaba que mis intenciones no quedaran bien patentes al cantar en inglés. Aunque terminó gustándome mucho la canción una vez estuvo terminada.

Aunque «Permission to Dance» es una canción ligera y desenfadada, los miembros tuvieron que esforzarse mucho por hacer que sonara como ellos querían. El factor del inglés también implicaba que RM, SUGA y j-hope iban a tener que centrarse más en cantar que en rapear. Claramente, la canción presentaba distintos desafíos para todo el grupo.

«Butter» muestra de manera especial en qué decidió concentrarse BTS cuando cambiaron a una letra enteramente en inglés. Cuando se compuso, la canción no incluía ninguna parte de rap. Pero durante la grabación, RM insertó un rap y creó lo que es la versión actual. RM habló más tarde de esta decisión en *Weverse Magazine*:*

> *De no haber sido así, habría parecido incompleta. Pensé que de verdad necesitábamos una parte de rap. Al final, en algunos aspectos somos diferentes de las estrellas pop estadounidenses. Porque nuestro ADN es diferente.*

En el rap que añadió RM se incluye lo siguiente:

> *ARMY nos guarda la espalda cuando lo digamos / Vamos*

Mientras que «Butter» es un clásico bombazo de verano que expresa la sensación de alegría al bailar bajo el sol, la letra que incluye el rap muestra cómo ha conseguido BTS ganarse el cariño de sus fans. Con el rap, «Butter» se convirtió no solo en otro momento veraniego sin más, sino en un punto en la historia del grupo al que se ha llegado durante una época de conflicto y cambio. El rap añade también la fuerza tan propia del grupo a una canción que, por lo demás, es «suave como la mantequilla».

Desde 2013 hasta 2021, BTS ha sido una fuerza constante que incluso al tiempo parece haberle costado seguirle el paso. BTS se vio reaccionando a estos rápidos cambios mientras que, al mismo tiempo, se esforzaba por no perderse en el intento.

El vídeo de la actuación que hicieron j-hope, Jimin y Jung Kook

—apodados los «3J» por sus iniciales— con un rap en el que participó Megan Thee Stallion* formó parte de ese esfuerzo. Jimin dice que esta interpretación empezó siendo idea de j-hope:

———j-hope sugirió: «¿No estaría guay que hiciéramos algo especial para los fans?» y Jung Kook propuso que yo participara con ellos. Dijo: «Lancémonos igual que hacíamos antes y enseñemos a los fans lo que llevan un tiempo sin poder ver», y nos pusimos a ello.

Sobre la actuación, Jung Kook dice:

———Cuando j-hope lo sugirió, yo sentí la necesidad de hacerlo. Solo cuando de verdad deseamos hacer algo conseguimos los mejores resultados y la premisa de este plan era estupenda y toda la idea parecía divertida. Como cuando ensayábamos nuestros movimientos y aprendíamos a bailar. Era una sensación distinta a la de la preparación para nuestros álbumes.

Como se trataba de un proyecto casi espontáneo, no tuvieron mucho tiempo para montar la actuación. Pero los tres ensayaron mucho, casi hasta el punto de que resultaba violento. Al recordar esa época, j-hope dice:

———Tuvimos que hacerlo en el tiempo libre de que disponíamos tras nuestra agenda habitual. No contábamos con mucho tiempo. A mí no me gustaba hacerles esto, pero les dije a los dos más jóvenes que teníamos que ensayar siempre que pudiéramos. Pero, como lo hacíamos de forma voluntaria, la sensación era muy distinta. Cada pequeña parte rebosaba de nuestra pasión.

Como pudimos ver en las imágenes de fuera de cámara,** los tres consiguieron encontrar otro día para volver a grabar tras terminar el rodaje de la actuación. Jimin explica qué ocurrió:

————No habíamos conseguido ensayar ni una semana. Pero aun así … supongo que siempre pasa lo mismo, pero ¿sabes eso de que cuanto más haces una cosa, más te obsesionas con que sea perfecta? «Una vez más», «Solo una más» y terminamos añadiendo todo un día más de grabación. Si los tres estamos bailando y resulta que uno de nosotros no parece estar igual de bien, lo volvíamos a grabar entero. O nos gustaba la coreografía de una parte pero no de la siguiente y teníamos que volver a grabarla.

La pequeña actuación había partido de una decisión voluntaria, pero eso no la convertía necesariamente en un juego de niños. Jimin dice que este vídeo en particular, los ensayos y la grabación le sirvieron de mucha ayuda a la hora de aliviar su angustia con relación a la pandemia:

————Durante la pandemia, me preocupaba que, en lugar de tener un intercambio de emociones con nuestros fans … terminara siendo algo unilateral. Porque estábamos haciendo esto de componer canciones y sacar los vídeos de las actuaciones. Y esto supuso para mí una valiosa oportunidad y me sentí increíblemente agradecido con j-hope. Si no se le hubiese ocurrido entonces, probablemente yo no habría hecho nada, como es habitual. Pero hacer ese vídeo me motivó de verdad.

Cuanto más grababan, más se veían los tres inmersos de nuevo en el baile y encontraban una salida a su arte. Jung Kook pudo analizar sus habilidades artísticas de una forma más pormenorizada gracias a este trabajo:

————Fue divertido y, a la vez, fue como… «Ah…, ¿esto es todo lo que sé hacer?» (risas). No era fácil aprenderte la coreografía y ponerte a bailar. Mi cabeza lo entendía, pero yo me veía chirriar en los espejos de la sala de ensayos (risas). Así que dije: «Tengo que ensayar más». Habíamos hecho hasta entonces todo tipo de coreografías, pero nunca me había centrado en un estilo de baile en particular. Esta experiencia hizo que me diera cuenta de que tenía que ponerme en serio a aprender a bailar. Porque nuestros cuerpos casi se acostumbran con el tiempo a nuestra coreografía grupal. Si quería poder aprender un nuevo baile y dominarlo rápido, tenía que entrenar mi cuerpo para avanzar.

Jimin pensaba lo mismo. A la vez que elogiaba los puntos fuertes de Jung Kook, su única crítica se la reservaba solo para sí mismo:

————Era difícil hacerlo. j-hope está ya por encima de la media en muchos tipos de baile. Y Jung Kook es buenísimo en esta coreografía. Jung Kook pillaba de inmediato lo que a mí me costaba tres días aprender… (risas). Como era distinto al tipo de baile al que yo estaba acostumbrado, me resultaba difícil hasta tal punto que no me gustaba cómo lo hacía. La coreografía exige flexibilidad, ligereza y fuerza al mismo tiempo … La verdad es que no era fácil.

La razón por la que dedicaron tanto esfuerzo a una coreografía que apenas duraba un minuto la explica Jung Kook de una forma que muestra lo lejos que había llegado BTS en su evolución artística:

————Habíamos decidido la versión final y terminamos de grabarla, pero yo seguía sin sentirme satisfecho con el resultado. Había muchos detalles pequeños que no quedaban bien. «No podemos lanzarlo así», pensaba. Así que sacamos tiempo en nuestras agendas para ensayarlo un poco más. Porque, de lo contrario, yo creía que me arrepentiría. Porque si nos esforzábamos solo un poco más, podríamos sacar algo mejor.

BTS ya no hacía nada por obtener la aprobación externa ni por demostrar su valía. Ahora estaban más centrados en evaluarse a sí mismos y tratar de alcanzar un nivel de excelencia donde pudieran sentirse satisfechos con los resultados.

Esta era también la única forma que tenían de superar sus dificultades particulares en ese momento. La pandemia les había arrebatado la oportunidad de empatizar con un público en vivo y calibrar la eficacia de sus interpretaciones. Podían ver las respuestas en internet, pero les resultaba duro verse privados de poder compartir la experiencia en vivo sobre el escenario.

El concierto online de *BTS MAP OF THE SOUL ON:E** de los días 10 y 11 de octubre de 2020 intensificó más que nunca esta sensación. En aquel momento, Jimin habló del problema fundamental de tener que actuar para un público invisible:

———Yo aprendo mucho durante las giras. Cotejo todas las valoraciones de los fans con mis propias notas sobre la actuación y oriento mis ensayos hacia ello. Pido consejos a los demás miembros del grupo. Superviso las partes en las que canto … Pero no hay forma de hacer eso ahora. Estamos ensayando mucho y me divierto cuando grabamos mientras pienso en cosas como: «¿Cómo debería sonar mi voz al cantar en inglés?». Pero no tengo respuestas.

Al principio, les resultaba difícil evaluar su propio trabajo y sus avances en las actuaciones especiales de «Dynamite», «Butter», «Permission to Dance» y «Butter» (Feat. Megan Thee Stallion), así como el concierto online de *BTS MAP OF THE SOUL ON:E*. A pesar de eso, se esforzaron por verse de la forma más objetiva posible y tratar de redefinir lo que implicaba interactuar con su público en una época en la que artistas y fans ya no podían verse en persona. Las palabras de V, pronunciadas alrededor de esa época, son prueba de por qué BTS es BTS:

————Intentamos superarlo. Porque no podíamos quedarnos atrapados para siempre en sentimientos negativos. Ahora lo que yo pienso es que … si vierto estos sentimientos en algo, si cojo esto que he sentido o mi estado de ánimo y lo convierto en canción, me siento un poco mejor. Quizá me preguntaréis si deseo poder compartir más con nuestros fans, pero ahora me siento bien en ese aspecto. No pasa nada si no lo mostramos todo. Lo único que quiero es … Lo más importante para mí es que ARMY y nosotros podamos sobrevivir a esto para vernos de nuevo en nuestro próximo concierto. Creo que puedo esperar hasta entonces sin venirme abajo.

BTS UNiverse

El fenómeno global de BTS que brilló durante la pandemia siguió propagándose más allá de los veranos de 2020 y 2021 hasta el otoño de este último. A finales de ese año estaban ocurriendo cosas aún más importantes. El 20 de septiembre de 2021, BTS habló para la juventud y las generaciones futuras en las Naciones Unidas, durante el evento del Momento ODS,* y unos días después, el 24 de septiembre, lanzó «My Universe»,** su colaboración con Coldplay. Esta canción pasó también al número uno de la Billboard Hot 100. No solo se había convertido BTS en un grupo que podía colaborar con auténticas leyendas vivas como Coldplay, sino que también alcanzó el estatus de ser nombrado por el presidente coreano Enviado Presidencial Especial para las Generaciones Futuras y la Cultura y hablar ante las Naciones Unidas de esperanza y visión para los jóvenes de todo el mundo.

BTS ya no necesitaba de adjetivos ni demás calificativos para identificarlos, pues la yuxtaposición de las tres letras de su nombre ya contaba con suficiente fuerza. Un mínimo comentario del grupo dicho de pasada en V Live (ahora Weverse Live) era suficiente para propagarse por la prensa coreana y las redacciones de otros países.

El evento en las Naciones Unidas y la colaboración con Coldplay*** fueron importantes para ellos en el sentido de que, más allá de la reacción del público a su trabajo, estas dos acciones les ayudaron a encontrar un sentido a la labor que estaban haciendo tras el periodo de pandemia para crecer como artistas y como personas.

————Chris Martin es uno de los artistas extranjeros más honestos que he conocido nunca.

RM comparte su impresión del líder de Coldplay y de la experiencia de trabajar con él en «My Universe»:

————Hemos conocido a distintos tipos de artistas extranjeros. Están los que son como: «Ah, chicos, ahora sois famosos, supongo que hay que felicitaros. A por ello» y que parece que nos miran un poco por encima del hombro, y aquellos a los que solo les importa el trabajo y dicen: «¡Quiero hacer una canción con vosotros!». Y hay una tercera categoría de personas que ocupan un extraño lugar entre estas dos. Pero Chris Martin no pertenecía a ninguna de las tres. Fue una excepción.

A los miembros de BTS siempre les había gustado la música de Coldplay y Jin incluso decía que era su grupo favorito. V también tenía a Chris Martin como referente. Cuando Coldplay propuso hacer una colaboración en «My Universe», BTS no se pudo negar. Pero el verdadero proceso de colaboración con Martin fue más allá de las expectativas del grupo. RM continúa hablando de sus impresiones:

————Estábamos en pandemia pero él insistió en venir. Decía que nunca había hecho ninguna colaboración de manera virtual. Y, sin más, dijo: «¿Vosotros no podéis venir, chicos? Entonces iré yo». Nos quedamos muy sorprendidos. En aquella época, había que pasar una cuarentena al entrar en Corea y eso habría supuesto para él un tiempo considerable, pero terminó viniendo. Y, cuando por fin pudimos vernos después de todo aquello, se mostró mucho más llano de lo que nos habíamos esperado.

Jung Kook se quedó también profundamente impresionado con la actitud de Martin. Lo describe como una oportunidad de volver a plantearse su actitud como artista:

————Me quedé boquiabierto cuando dijo que vendría a Corea para dirigir las voces. Pensé: «Guau … ¡Cuánto tiene que gustarte la música para hacer algo así! ¿Alguna vez he puesto yo tanta pasión en algo…?».

No solo eso, sino que Martin también ensayó y actuó con los miembros del grupo para el concierto *BTS PERMISSION TO DANCE ON STAGE–LA*, entregándose a cada aspecto de la colaboración. Al año siguiente, en 2022, Coldplay participó también en la canción en solitario de Jin, «The Astronaut»,* y Jin voló a Buenos Aires, Argentina, para subirse al escenario con Coldplay en su MUSIC OF THE SPHERES WORLD TOUR e interpretar esta canción.**

Con respecto a la influencia que tuvo Chris Martin sobre él, Jimin dice:

———Él ya era una leyenda pero, aun así, hizo todo eso por nosotros … Esa positividad resultaba abrumadora. Y como tenía mucha más experiencia en la industria de la música, aprendimos mucho de él. Cosas como qué actitud tener como artistas cuando nos dirigimos a los fans. Es un cantante estupendo, por supuesto, pero fue también su forma de estar en el escenario y lo que sentía por los miembros de su banda lo que lo hizo tan guay.

En una conversación entre BTS y Chris Martin sobre cierto contenido original de YouTube, RM menciona que, a veces, se pregunta: «¿Puede una canción como esta cambiar el mundo?». En BTS se estaban planteando qué significado podría tener su habilidad artística en el mundo y su encuentro con Martin se convertiría en una de las cosas que les ayudarían a entender mejor sus posibilidades. Sobre el motivo por el que hablaron de cosas así en aquel momento, RM dice:

———Esta música … yo quería creer que la música de este archivo podría tener validez durante mucho tiempo, pero el mundo cambia muy rápido y yo no puedo dejar de pensar: «¿Y si la desechan en solo uno o dos años?». Así que me pasé al bando de tratar de ser más universal y duradero. Mi música puede estar llena de sentido para alguien o no … Pero se me ocurrió que estaría bien que fuera más…, un poco más atemporal.

Si trabajar con Chris Martin había supuesto para ellos una oportunidad para plantearse su actitud como artistas, el evento ante las Naciones Unidas sobre los Objetivos de Desarrollo Sostenible fue la ocasión de que se plantearan sus ideas sobre problemas mundiales como jóvenes que están viviendo en la época actual. En su presentación, hablaron de la necesidad de convertirse no en la generación perdida que no había podido aprovechar muchas oportunidades de crecer y progresar, sino en la Generación Bienvenida que cree en las posibilidades y la esperanza, que habla de problemas medioambientales y que insta a la gente a vacunarse contra la covid-19.

Jung Kook dice lo siguiente con respecto a esta visita a las Naciones Unidas que tuvieron tres años después de la primera:

———Sinceramente, había mucha presión (risas). Una experiencia estupenda, y no se trata de subirte a ese estrado solo porque quieres hacerlo. Sobre todo, pensé: «Mis ideas pueden ser bastante normales, ¿está bien que yo aproveche esta oportunidad solo porque me la han concedido?».

Pero las palabras de Jung Kook demuestran precisamente que había cosas que solo BTS podía hacer y lo que habían aprendido de esta experiencia. Jin explica su forma de plantearse la presentación.

———No intentamos hacer nada sofisticado. Nuestro deseo era simplemente que la gente se interesara más por estos asuntos gracias a nosotros. Que eran problemas a los que es muy difícil acceder y quizá nosotros podíamos hacer que resultara más fácil hablar de ellos.

El hecho de que fueran el grupo de *idols* más famoso del mundo, que estuviesen en posición de colaborar con Coldplay y que fueran invitados a hablar en las Naciones Unidas significaba que el grupo podría convertirse en una puerta de acceso a casi cualquier cosa del mundo. La presentación en las Naciones Unidas fue un ejemplo de cómo podía BTS utilizar su influencia para fines positivos. Sobre esto, SUGA dice:

————Supone mucha presión hablar para la juventud de todo el mundo. ¿Cómo podíamos hacerlo? Además, tenemos una vida muy distinta a la de la gran mayoría de los jóvenes del planeta. Yo no había pensado mucho en el cambio climático ni en el medioambiente, mis ideas sobre eso eran difusas, como: «Ah, la tecnología solucionará eso algún día». Pero supe que había problemas muy graves. Así que ¿no iba a poder ayudar a que la gente se familiarizara más con ellos? … De tal modo que, si la gente se interesa aún más por estas cuestiones gracias a nosotros, ¿no hacía nuestra fama que fuese responsabilidad nuestra ocuparnos de eso?

Respecto a lo que sentía mientras se preparaba para la presentación, Jimin dice:

————Sí que me sentía un poco raro. Quizá porque había pasado mucho tiempo desde el comienzo de la pandemia, pero había cosas en las que yo decía: «Bueno, da igual», y no les hacía caso. Lo cual hacía que prestara menos atención a muchas cosas que pasaban en el mundo … Pero mientras me preparaba para el discurso, me quedé bastante sorprendido al ver que había gente aún más joven que yo que mostraba un enorme interés por los problemas medioambientales. Eso me hizo pensar: «¿En serio?», y me puse a buscar cosas en internet y me sorprendí mucho. Sentí vergüenza de mí mismo. «Aquí están todos estos jóvenes esforzándose por mejorar nuestras vidas, ¿cómo he podido ser tan vago? Cuando todo lo que tenemos ahora ha sido posible gracias a otras personas». Sinceramente, me quedé impactado y doy gracias por ello.

La actuación de «Permission to Dance» en la que BTS muestra la Asamblea General de las Naciones Unidas y otras partes de su sede central* supuso una oportunidad de hacer visible su crecimiento interior. Actuar en el interior de la sede de Naciones Unidas no fue solo una ocasión extraordinaria, sino que el proceso de grabación no resultó fácil. Como necesitaban grabar por la noche, cuando la sala de la Asamblea General estaba vacía, BTS tuvo que ir directo a trabajar nada más aterrizar en el aeropuerto. El horario de la grabación se extendió desde la una de la noche hasta la madrugada. El segundo día grabaron, sobre todo, en exteriores, pero tenían que cumplir muchas normas sanitarias para prevenir enfermedades. Sobre las dificultades que tuvieron durante aquel rodaje, Jimin cuenta:

———No fue el mejor ambiente de grabación, sinceramente. El micrófono no dejaba de apagarse en mitad de la canción y teníamos que seguir estrictas normas anticovid, lo que implicaba que ni siquiera nos permitían beber agua dentro. Así que nos preocupaba mucho cómo saldría todo al final, pero al día siguiente, cuando estábamos grabando en exteriores con los bailarines, fue muy divertido. Los bailarines parecían tan contentos que yo mismo me animé. Fue un gran subidón. Aun cuando la canción era nuestra (risas).

La actuación en las Naciones Unidas fue el primer escenario de BTS en el extranjero desde el inicio de la pandemia y eso solo ya era motivo suficiente para que los miembros del grupo disfrutaran de la experiencia. Ya estaban acostumbrados a centrarse en lo divertido de una actuación más que en las limitaciones de su entorno. Tal y como dice j-hope:

————Estaba claro qué era lo que queríamos mostrar con esa actuación y teníamos fe en que, si nos ceñíamos a lo planeado y la grabación iba bien, saldría algo bonito. Así que cada uno nos esforzamos mucho en nuestras distintas partes para plasmar en la grabación las mejores imágenes. Creo que conseguimos un buen resultado porque éramos muy conscientes de la importancia de esta actuación.

Tal y como deja entrever la actitud de j-hope, BTS se había convertido en un grupo de artistas que pensaban mucho qué querían expresar en su trabajo y que sabían qué tenían que hacer para lograr los mejores resultados posibles. Tras haber llegado a un punto en el que cualquiera de sus movimientos influía en la industria musical global, BTS sabía cómo actuar conforme a esa influencia. En su canal de YouTube, las Naciones Unidas publicaron la actuación de «Permission to Dance» y escribieron el siguiente pie de foto:

El fenómeno del K-pop BTS interpreta su exitosa canción «Permission to Dance» en un vídeo producido en las Naciones Unidas. Este vídeo va acompañado de los comentarios de la banda en el Momento ODS y tiene la intención de llamar

la atención de su público sobre la importancia de cumplir la
promesa de los Objetivos de Desarrollo Sostenible y de llamar
a la acción.

En el vídeo, los miembros de BTS cantan y bailan en la sala de la Asamblea General y en el parque que hay en el exterior del edificio, haciendo realidad el contenido casi surrealista de este pie de foto a la vez que hacen uso de su influencia para concienciar sobre asuntos importantes, una loable utilización de su estatus como «fenómeno». Y, justo cuando habían alcanzado un nuevo hito en ese estatus, el mundo empezaba por fin a abrirse de nuevo.

Artista del Año

El 21 de noviembre de 2021, en la ceremonia de los AMA celebrada en el Teatro Microsoft de Los Ángeles, BTS fue premiado en las categorías de Grupo/Dúo de Pop Favorito, Canción Pop Favorita y, el mayor galardón, Artista del Año. SUGA recuerda lo que sintió aquella noche:

————Nuestro debut en Estados Unidos había sido en ese mismo escenario, pero ahora recibíamos el premio de Artista del Año … Y yo pensé: «¿Se han equivocado?» o «¿El mundo me está gastando una broma?».

Pero por encima de eso, para SUGA supuso lo siguiente:

————Resultaba casi fascinante ver de nuevo al público en vivo. Más tarde, nos dijeron que una buena parte había ido solo por vernos a nosotros. Lo mismo había pasado cuatro años antes pero, aun así, la sensación era distinta. Yo pensaba: «¿Ha cambiado algo entre medias o tanto tiempo ha pasado desde que no veía a tanta gente en persona…?».

BTS podía por fin actuar por primera vez para un público en vivo en los AMA de 2021 desde el inicio de la pandemia. Nada menos que en el primer escenario donde habían hecho su debut en Estados Unidos cuatro años antes, acompañados por más gritos aún que en la ocasión anterior. Fueron las estrellas *de facto* de los AMA de ese año.

Que a BTS le concedieran este honor no solo se debía a que habían interpretado «My Universe» con Coldplay y «Butter».* Los AMA habían invitado también a New Edition y a New Kids on the Block para que actuaran y, con la entrega del premio a Artista del Año a BTS, la ceremonia de ese año se había convertido en un tributo a las *boy bands*. La ceremonia supuso, en efecto, el paso del testigo de las leyendas americanas a BTS.

Esto cimentó su puesto en la historia de la música no solo de Corea, sino también de Estados Unidos, y los fans que se habían congregado allí para presenciar esta coronación habían acompañado a la banda durante su ascenso, lo cual era la razón misma por la que BTS podía subir al escenario ese día. RM habla de la sensación que tuvo entonces en Estados Unidos:

———Era como si hasta entonces hubiésemos sido unos forasteros o un caso atípico, pero, ahora, no es que fuéramos necesariamente populares, pero sí que éramos más bienvenidos.

Cuando BTS ganó su primer premio importante en una ceremonia coreana en 2016, casi se volvieron locos de alegría. Pero ahora, aunque se alegraban de los premios, habían madurado lo suficiente en su actitud como para pensar seriamente en lo que esos galardones significaban para ellos. Según explica Jin:

————Estábamos igual de felices por el premio de Artista del Año en los AMA como lo habíamos estado con cualquier otro premio importante en Corea. Pero esta vez sí que teníamos algunas expectativas de que podíamos ganar (risas). Porque yo había pensado: «¿Qué deberíamos hacer si ganamos?». Si los premios anteriores nos habían causado una alegría desmesurada, ahora podíamos estar contentos pero también controlar nuestras emociones un poco mejor.

La serie *LOVE YOURSELF* había desatado una reacción en cadena que les había llevado hasta la estratosfera y, entre medias, habían aprendido a mantener la altura. Incluso durante la época en que fueron premiados en los AMA, no dejaron de pensar en sus siguientes pasos. V habla de lo que significaron para ellos los premios de los AMA:

————Tenemos que asimilar lo intenso y maravilloso que es este premio para nosotros. Siempre habíamos corrido hacia delante sin detenernos y, en el camino, nos habían concedido muchos premios y habría resultado muy fácil olvidarnos de su valor. Debemos tener cuidado con eso. Dar valor de verdad a esos premios, saber dónde estamos. Más aún cuando, durante la pandemia, nuestra popularidad nos había parecido algo tan abstracto.

En el discurso de agradecimiento del grupo por el premio de Artista del Año, Jung Kook calificó este galardón como «el comienzo de un nuevo capítulo». BTS tenía que pensar qué implicaría este nuevo capítulo. Jung Kook explica así su discurso de agradecimiento:

————¿Quién iba a pensar que podíamos ganar el premio al Artista del Año en una ceremonia de Estados Unidos? Era de lo más sorprendente. Sentí escalofríos. Dije que era el comienzo de nuestro nuevo capítulo y, en ese momento, pensé de verdad que sería así. Un momento en el que no podía saber bien cómo sería, pero en el que pensé: «Va a haber algo más después de esto».

BTS PERMISSION TO DANCE ON STAGE–LA, celebrado solo dos días después de conseguir el premio a Artista del Año en los AMA, fue como el comienzo de este nuevo capítulo en el que podían volver a reunirse con un público en vivo por primera vez en dos años. Los conciertos les permitían demostrar a ARMY cómo habían madurado durante la pandemia y también anunciar el comienzo de una nueva era. Si a BTS le quedaba algo por probar, era demostrar al mundo lo que podían hacer en un escenario en vivo. RM describe la dirección de ese concierto:

————Como habíamos estado dos años sin poder actuar ante el público, queríamos hacer un concierto que fuese una especie de regalo. Para mostrarle a todo el mundo todo lo que no habíamos podido enseñar antes, y que pensábamos que les iba a gustar, solo que mucho, muchísimo más fuerte.

Para este concierto, eliminaron todas las canciones en solitario y el repertorio se compuso por entero de las canciones grupales, sin que ninguno de los miembros hiciera una pausa para un descanso individual. SUGA cuenta que:

————El repertorio nos hizo pensar: «¿De verdad vamos a poder hacerlo?» o «Si de verdad lo hacemos, ¡vamos a morir!» (risas). Pero era nuestro primer concierto en persona en dos años … Nos deshicimos de todas las puestas en escena y efectos estrambóticos

Dije que era el comienzo de nuestro
nuevo capítulo y, en ese momento,
pensé de verdad que sería así.
Un momento en el que no podía
saber bien cómo sería, pero en el que
pensé: «Va a haber algo más después
de esto».

—Jung Kook

y concentramos todo el concierto en nosotros siete de principio a fin. Para nosotros era una apuesta. Porque durante los ensayos de baile decíamos cosas como: «Eh, ¿podemos de verdad hacer esto?» o «Solo lo sabremos cuando estemos en el escenario».

Aunque el repertorio era tan ambicioso como dice SUGA, especialmente en cuanto al agotamiento físico que supondría, esa ambición también era necesaria, tal y como explica SUGA:

————El punto central del repertorio era: «¡Vamos a reunir en una sola canción nuestros mayores éxitos!».

Lo cierto fue que en *BTS PERMISSION TO DANCE ON STAGE–LA* apareció todo lo que había hecho a BTS grande y exitoso. Empezó con «ON» y echó a arder con «Burning Up (FIRE)», «Dope» y «DNA» antes de pasar a los éxitos recientes de «Boy With Luv» (Feat. Halsey), «Dynamite» y «Butter». Esto dio paso a una serie de potentes números que empezaron con «I NEED U» y siguieron hasta «IDOL», mientras que entre medias metieron cortes enlazados del álbum *BE*. Al terminar con «Permission to Dance» como bis final, la historia de BTS desde el pasado hasta el presente quedaba representada a lo largo de este único repertorio. Jin lo explica con más detalle:

————Fue, en realidad, una crónica de BTS. La mayoría de los conciertos consisten en el álbum más reciente. Pero en este concierto estuvieron todos los éxitos que habíamos acumulado explotando a la vez (risas). En el público probablemente había muchos que se habían hecho fans con «Dynamite», «Butter» o «Permission to Dance». Pero, para nosotros, hay canciones como «Dope», «Burning Up (FIRE)», «IDOL» o «FAKE LOVE». Así que las incluimos todas también y formamos una especie de repertorio de temas principales. Fue mucho más divertido para el público y una buena forma de que los fans recién llegados conocieran más nuestro trabajo.

Había cierta preocupación sobre si conseguirían llevar a buen puerto un repertorio así. Pero Jung Kook explica por qué no tenían otra opción más que hacerlo de esta forma:

————Queríamos dar a la gente el mejor concierto posible con el tiempo y el espacio que nos habían concedido y, sobre todo, queríamos demostrarles que los siete íbamos a estar en el escenario todo el tiempo. Estábamos preocupados. Aunque los siete estuviéramos juntos en aquel escenario, no había forma de predecir a cuánta gente del público le gustaría o le desagradaría.

Jung Kook no tenía por qué haberse preocupado. La respuesta fue explosiva. Las entradas de las cuatro fechas en el Estadio SoFi se vendieron de inmediato y, desde el momento en que empezaron, las ovaciones y gritos ya no pararon. La maniobra de tener a los siete en el escenario a la vez tuvo su recompensa, pues pudieron desplegar un espectáculo de imparable energía que fue elevando su intensidad. SUGA habla de la seguridad que sintió durante esta actuación:

————¿Sabes que en la segunda mitad del concierto, prácticamente, vamos a toda velocidad desde «Airplane pt.2» hasta «IDOL»? Llegué a pensar que si no éramos capaces de hacer bien esa parte no tenía sentido que la gente fuera a ver el concierto. La primera mitad consistió más en el baile y la segunda consistió en pasarlo bien con el público. Y fue esa la parte en la que me sentí más seguro. Creo que ahí fue donde sacamos todos nuestros puntos fuertes. Sin movimientos establecidos, solo correr de un lado a otro y dar todo lo que teníamos sobre el escenario. Luego terminas con una especie de actuación salvaje y haces cosas que no te esperas (risas). Creo que son las partes así las que hacen que nuestros conciertos sean tan especiales.

El número de apertura fue, de nuevo, «ON», el tema principal de *MAP OF THE SOUL : 7*. BTS podía por fin exhibir la excepcional puesta en escena de la canción delante de un público en vivo. Era como si para ellos todo volviera a la normalidad y se lanzaron de lleno a ello. Jimin recuerda cómo se sentía cuando empezó el concierto:

————Ya conoces esa parte del número de apertura, «ON», en el que aparecen unas pantallas LED y salimos al escenario. Podemos ver la reacción del público desde detrás de la pantalla. Pero la primera noche estábamos demasiado nerviosos como para darnos cuenta. Lo único que podíamos hacer mientras nos preparábamos para salir era calentar y pensar en nuestra coreografía y movimientos. Cuando el concierto empezó de verdad, nos quedamos atónitos. Porque, a lo largo de toda la pandemia, nos habíamos acostumbrado a tener solamente la cámara delante de nosotros. Pero fue la segunda noche cuando pudimos ver a la gente a través de una rendija entre las pantallas LED. Estaban cantando, gritando, moviendo sus Bombs de ARMY … Fue entonces cuando pensé: «Vale, hacemos esta actuación para poder verlos». Y: «Hemos vuelto».

Hacer un concierto entero con los siete miembros de la banda sobre el escenario de principio a fin fue una hazaña increíble, sobre todo teniendo en cuenta que era el primer concierto en vivo en dos años. Pero V sabía que, a veces, la felicidad puede hacer que cualquiera supere los límites físicos:

————Estaba teniendo problemas en la pierna justo antes de los conciertos. Así que estaba muy preocupado. «¿Y si empeora?». «¿Y si me vuelve a doler?». Pero en cuanto empezaron los conciertos y vi a los fans, yo… estaba muy feliz. En serio, estaba tan feliz que, con dolor o sin él, me puse a volar por el aire. Solo veía la felicidad que tenía justo delante de mí y no sentía el más leve dolor ni ninguna otra emoción. Y luego volví al hotel y empecé con la fisioterapia (risas).

Todavía abrumado por aquel primer concierto en persona en dos años, V continúa:

————Hay una parte de «IDOL» en la que corremos mucho de un lado a otro y la verdad es que me puse a correr en esa parte, lleno de emoción. Podía destinar toda esa felicidad al placer. Si las actuaciones virtuales implicaban poner expresiones y gestos ante la cámara, este concierto consistía en dejar todo eso de lado y empezar de nuevo a partir de la auténtica felicidad. No tenía por qué calcular ninguno de mis movimientos, podía ser natural. La pandemia había sido muy dura, pero me había hecho apreciar lo valioso que es hacer conciertos en vivo. Es importante tener siempre en mente que hacer álbumes y actuar son experiencias valiosas. En serio, si pudiera volver a hacer esos conciertos en mis sueños, lo haría.

Al contrario que V, j-hope se esforzó por mantener sus emociones bajo control mientras actuaba. Dice que, aunque estaba deseando actuar de nuevo ante un público en vivo, se centró más en dar un concierto que contentara a los fans.

————También quería decir: «¡Eh, da igual! ¡Vamos a pasárnoslo bien!» (risas). Pero no podía. Se trataba de una actuación muy importante para un público muy importante y mi prioridad era dar un espectáculo lo más perfecto posible. Eso era lo que pensaba todo el tiempo. Quería ser más profesional que nunca. Así que, sobre todo, pensaba: «No nos emocionemos demasiado, vamos a demostrar un poco de control en este primer concierto».

j-hope añade:

————Sinceramente, si no hacía eso, habría perdido el control de verdad.

Así es BTS. Entregarse a la felicidad de haber superado la pandemia y dar el primer concierto al otro lado hasta el punto de ir más allá de los límites físicos, mientras que, al mismo tiempo, contienes las lágrimas para dar el mejor espectáculo posible a los fans. Esta mezcla de candente energía y gélida profesionalidad permitía a BTS subir al siguiente nivel.

Lo que j-hope cuenta de la experiencia en las Naciones Unidas describe tanto el camino que tuvieron que recorrer hasta entonces como su innovadora actitud con respecto al futuro:

————Al final, el hecho de que recibiéramos una invitación como esa fue un honor increíble. Pero, aun así, me da cierta vergüenza y me siento abrumado. Porque soy una persona de lo más normal y corriente. Un simple ciudadano de Gwangju, con una educación muy normal, tanto que he tardado un tiempo en asimilar todo esto. Pero estar siempre agradecido por lo que se me ha concedido es mi lema y mi sello personal, así que, ya esté haciendo música con BTS o yendo a las Naciones Unidas, intento analizar mis responsabilidades siempre que puedo desde mi lugar. Al final, sí que tengo claro mi cometido con respecto a mi trabajo.

Premios Grammy

Continuaron con sus conciertos en 2022. Los de *BTS PERMISSION TO DANCE ON STAGE–SEOUL* se celebraron el 10, 12 y 13 de marzo y los de *BTS PERMISSION TO DANCE ON STAGE–LAS VEGAS* el 8, 9, 15 y 16 de abril en el Estadio Allegiant. BTS pudo encontrarse por fin con sus fans coreanos,[52] y los conciertos de Seúl sirvieron también como anuncio del final de la pandemia en Corea. Los programas de televisión empezaron a recibir de nuevo a público en vivo en los estudios y los artistas retomaron sus giras. Nacía una nueva era para BTS y otros artistas del K-pop.

La 64.ª edición anual de los premios Grammy celebrada el 3 de abril de 2022 en el MGM Grand Garden Arena de Las Vegas tuvo un carácter distinto a las ceremonias de los Grammy anteriores. Programada en principio para el 31 de enero, su fecha para dar la bienvenida a su primer público en vivo en dos años tuvo que ser retrasada dos meses con la promesa de contar con actuaciones en vivo. El año anterior, en la 63.ª edición anual de los premios Grammy, BTS había participado con un vídeo de «Dynamite» en la gala de los premios y, para esta ocasión, estaban programados para interpretar «Butter» en vivo. Por segundo año consecutivo, fueron nominados a mejor Dúo/Grupo Pop.

---

52 Habían pasado dos años y cinco meses desde la BTS WORLD TOUR «LOVE YOURSELF : SPEAK YOURSELF» de los días 26, 27 y 29 de octubre de 2019 en el Estadio Jamsil. Sin embargo, debido a otra oleada de infecciones de la covid-19, se pidió al público que no gritara ni ovacionara durante los conciertos.

Pero al igual que en los AMA de 2021 del noviembre anterior, cuando ganaron el premio a Artista del Año, j-hope trató de no darle demasiada importancia a los premios:

———Fue un premio inesperado y, al recordarlo, me hace pensar: «Vaya, eso es importante» … Pero, sinceramente, ahora intento no darles demasiada importancia a los premios. Quizá crea que mientras siga trabajando duro y me sienta agradecido con lo que me dan, las recompensas importantes terminarán llegando de la forma que sea. Y la razón fundamental por la que ganamos premios es por el amor que recibimos y eso es posible gracias a nuestros fans … Creo que los premios son importantes en la medida en que nos hacen saber lo mucho que nuestros fans nos quieren.

Tras superar la compulsión de tener que demostrarle algo al resto del mundo, BTS empezó a dejar de buscarse objetivos que impresionaran a los demás y sustituirlos por valores propios. El álbum en solitario de j-hope *Jack In The Box* fue quizá parte de ese proceso. Para los miembros de BTS, los premios siempre supondrían un gran honor, pero intentaban no buscar en ellos el significado a su trabajo. Tal y como bromea RM al referirse a los premios y elogios:

———No es como si los Grammy fueran amigos nuestros ni nada por el estilo… (risas). Es solo que todos dicen sin parar: «Grammy, Grammy», pero ya es increíble que nos hayan nominado. Y, de todos modos, ¿a quién le importa que no ganemos? Supongo que puedes ponerlo en un estante y decir durante unos segundos: «Soy un artista que ha ganado un Grammy» (risas).

En realidad, BTS había esperado ganar un Grammy en 2021. Estaban nominados por primera vez como Mejor Interpretación de Pop de Dúo/Grupo y Big Hit Entertainment había encargado una tarta con forma de Grammy. Era algo normal en cualquier sello con un artista nominado a algún premio importante, pero, debido a la pandemia, los miembros de BTS tuvieron que esperar la noticia en Corea y no en la sede misma de la ceremonia y el ajetreo del personal de Big Hit les hizo sentir tan nerviosos como los demás por el resultado. Los integrantes de la banda incluso se levantaron a las dos de la mañana para ver la ceremonia. Sobre lo que sentían en aquella ocasión, V comenta:

————Básicamente pensábamos: «No pasa nada si no ganamos», pero, el día mismo de la ceremonia, la gente de la compañía no dejaba de darnos esperanzas (risas). No paraban de ir y venir y trajeron una tarta y nosotros decíamos: «¿De verdad vamos a ganar…?». Todos estaban en aquella habitación y al final… (risas).

Como contraste, los ánimos durante la 64.ª ceremonia anual de los premios Grammy de 2022 eran diferentes, pues BTS tenía que acudir en persona a Las Vegas, donde no podía acompañarlos un enorme séquito y las medidas sanitarias por la pandemia obligaron a que el personal que podían llevar fuera el mínimo. Al menos, BTS pudo prepararse para subir al escenario con unos ánimos más calmados de lo habitual. Y tras haber ganado el premio a Artista del Año en los AMA y actuado en la *BTS PERMISSION TO DANCE ON STAGE–LA* y *BTS PERMISSION TO DANCE ON STAGE–SEOUL*, tenían nuevas prioridades. Lo de recibir premios en las ceremonias suponía una feliz ocasión, pero ya no era algo a lo que aspirar. Jung Kook explica lo que esperaban conseguir como artistas en los Grammy:

————Habría estado bien ganar un premio, claro, pero creo que, en realidad, no estábamos centrados en eso. Ya era una experiencia suficientemente valiosa actuar en ese escenario y nos sentíamos agradecidos a los fans por ello. Más que en ganar, yo pensaba:

«Quiero salir de aquí habiendo dejado algo valioso con nuestra actuación». Estábamos nerviosos por el premio, por supuesto. Pero, sinceramente, ya era bastante satisfacción haber actuado allí.

El problema fue que esta actuación resultó ser una pesadilla en cuanto a logística. En ese momento, era casi un sello característico de BTS que cada actuación exigiera una cantidad de esfuerzo absurda y la ceremonia de los Grammy no era distinta. Tanto j-hope como Jung Kook habían dado positivo en covid-19 antes de la ceremonia y tuvieron que guardar cuarentena en Corea y en Estados Unidos, respectivamente. Cuando pudieron salir, solo tuvieron un día para ensayar con los demás.

Y la coreografía de «Butter» era la más difícil que habían hecho nunca en una ceremonia de premios. Como finalmente resultó, la parte central de la coreografía* consiste en que los miembros se reúnen en el centro del escenario y se quitan las chaquetas a la vez de manera que las mangas se quedan entrelazadas unas a otras. Había otros aspectos de esa actuación que también resultaban complicados, pero podían superarse con esfuerzo. Pero este truco en particular podía salir mal en la propia actuación y, de hecho, estuvo saliendo mal hasta el último ensayo.

El truco de la chaqueta no era el único problema. La actuación de «Butter» en los Grammys era tan elaborada como un número musical de Broadway y, en ella, BTS fingía ser una banda de espías o ladrones que asaltaban una galería de arte. Al comienzo, Jin está sentado ante unas pantallas de seguridad mirando a los demás miembros,[53] que finalmente van entrando en el escenario.

Jung Kook entra en el escenario suspendido desde el techo, mientras que V está entre el público e intercambia unas palabras con Olivia Rodrigo, que está sentada a su lado, antes de sacar una tarjeta que él lanza al escenario y que Jung Kook supuestamente recoge y la inserta en un lector de tarjetas, tras lo cual todos los miembros excepto Jin suben al escenario. La coreografía consiste en esquivar unos rayos láser de seguridad mientras van haciendo más trucos de cartas hasta culminar con un gran final con los siete miembros y bailarines de apoyo.

No solo tuvieron que alejarse mucho de la coreografía original de «Butter», sino que también tenían que ejecutar trucos de magia e interpretar personajes a la vez. Eran tantos elementos los que podían salir mal que prepararse para ello debió de ser muy estresante. V, que se encargaba de un momento crítico de la actuación en la que une el número del principio con la parte en la que empieza la canción, dijo que no susurró nada al oído de Olivia Rodrigo y que solo fingió decir algo. Contó lo nervioso que estaba en *Weverse Magazine*:

---

53 Jin se había lesionado el dedo índice izquierdo y acababa de someterse a una operación y participó en la actuación todo lo que pudo dadas las circunstancias.

Tenía la sensación de que no iba a lanzar a tiempo la tarjeta
si de verdad me ponía a hablar. Fui contando «uno, dos,
tres, cuatro» en mi mente, esperando el momento de lanzarla.
Tenía auriculares en los dos oídos y la verdad es que tampoco
podía oír lo que Olivia Rodrigo decía. Sinceramente, estaba
temblando. Estábamos tan preocupados de que no nos saliera
el truco de la chaqueta que solo podíamos hablar de eso justo
antes de subir al escenario. Lo habíamos ensayado solamente
una vez con todos los miembros juntos el día de antes y esa
era la mayor preocupación.

Ver a BTS ejecutar esa actuación en los premios Grammy fue
como ver una serie al estilo de *Misión Imposible* con movimientos
muy coreografiados. Cuando V lanzó su tarjeta y Jung Kook fingió
cogerla en el aire empezaron las ovaciones y el ruido fue en aumento
a medida que el grupo subía al escenario. Después llegó la parte del
baile en la que los miembros esquivaban rayos láser y hacían trucos
de cartas. Cuando la tensión llegaba a su clímax, se quitaron las chaquetas.

Todo el mundo sabe qué ocurrió a continuación: las chaquetas se
entrelazaron por arte de magia. Fue uno de los grandes momentos de
BTS. Desde su debut hasta esto, en el escenario de los premios Grammy,
habían pasado por buenos y por malos momentos, pero, cuando actua-
ban, siempre se entregaban de lleno. Si Dios existía, claramente BTS era
bendecido en el escenario. O más bien, gracias a su determinación y
esfuerzo, volaron tan alto como pudieron y acariciaron el rostro de la
divinidad.

Billboard nombró esta actuación como la mejor de la noche, mientras que *Rolling Stone* la colocó en el número trece de su lista de mejores actuaciones en los Grammy de todos los tiempos. La aprobación de estos dos gigantes del periodismo musical estadounidense masivo no fue lo más importante, pero sí una muestra suficiente de lo que BTS había logrado en aquel escenario. SUGA habla sobre esa noche y sobre el mercado musical estadounidense en general:

———Puesto que Estados Unidos es el mercado musical más importante del mundo, estábamos un poco asustados al principio. Pero, al recordarlo, me pregunto: «¿Por qué nos sentíamos tan intimidados?». No hace falta decir que nuestro objetivo ahora no es ganar premios, sino ser como cualquier otro artista legendario y continuar trabajando como BTS todo el tiempo que nos sea posible. La verdad es que no hay muchos artistas que cuenten con una época dorada muy larga. Pero eso no significa que los artistas dejen de hacer música de la noche a la mañana ni que los grupos desaparezcan sin más. Pensamos muy seriamente en seguir en el escenario el mayor tiempo posible y lo más felices que podamos.

INTRO : We're Now Going to Progress to Some Steps

Uno de los momentos más memorables de la pandemia para BTS fue aparecer en *In the SOOP BTS ver.*,[54*] una serie de televisión en la que los miembros de la banda salen de la ciudad para pasar unos días de descanso en medio de la naturaleza. BTS grabó esta serie dos veces, en 2020 y 2021. El hecho de que grabaran una serie implicaba que se trataba de trabajo, pero había algo en esta aventura que la diferenciaba de otras cosas que tenían en su agenda. SUGA recuerda la primera grabación de *In the SOOP*:

———En cierto sentido, fue para nosotros una oportunidad de salir juntos de viaje. Porque estábamos preparándonos para hablar de «Dynamite» y un montón de cosas más. Guardo estupendos recuerdos de ese viaje. Preparábamos juntos las comidas, hablábamos, bromeábamos. Como éramos conscientes de lo raro que era pasar un tiempo así juntos, ninguno quería desperdiciar ni un segundo. Así que nos esforzamos en prestar atención a lo que los demás decían en todo momento. La grabación de *In the SOOP* exige tener que levantarse por la mañana y pensar en lo que vas a hacer ese día. Después, es como: «Nunca he tenido tanto tiempo

---

54 Emitida en JTBC y Weverse, con la temporada uno estrenada el 19 de agosto de 2020 (ocho episodios) y la temporada dos el 15 de octubre de 2021 (cuatro episodios). Ambas temporadas disponibles en Weverse.

libre, ¿qué hago?», y, luego, se te ocurre algo y pasas todo el día haciéndolo. Me di cuenta de lo maravilloso que es pasar así el día.

Hubo una época en la que vivían en la residencia esperando ansiosos su debut, cuando aparecieron por primera vez en los AMA y las manos les temblaban por los nervios, o cuando iban ascendiendo y pensaban que algún día todo se vendría abajo. Y, luego, llegó la pandemia. Pero durante todo ese tiempo, BTS había conseguido sobrevivir y había encontrado su camino, y SUGA se había convertido en el tipo de persona a la que le gusta entregarse a días de tranquilidad, haciendo cosas normales con los demás miembros de la banda.

Jimin sonríe al hablar de *In the SOOP* y de sus sentimientos hacia SUGA y los demás miembros mientras lo grababan:

———Normalmente, SUGA es bastante callado y pensativo, pero *In the SOOP* le sacó de su ensimismamiento, igual que a los demás ... No sé, sentí como que: «Estoy muy contento de que seamos las personas que somos». Me sentía muy agradecido a todos ellos. Hablábamos de nuestros conflictos internos, algunos por primera vez, y escuchamos con atención las historias de cada uno.

El último comentario de Jimin sobre *In the SOOP* es básicamente el sentido que cada miembro de BTS encontró en los demás:

———Pasamos tiempo juntos como verdaderos hermanos.

El 2 de abril de 2021, algo importante pasó en la industria musical coreana popular: una compañía llamada HYBE compró Ithaca Holdings, una compañía de medios de comunicación estadounidense. Ithaca Holdings fue fundada por Scooter Braun, que representaba a Ariana Grande y Justin Bieber, y la compañía era propietaria a su vez de filiales como Scooter Braun Project y Big Machine Label Group. HYBE dedicó aproximadamente un billón de wones a su adquisición. Y como podría saber cualquiera que muestre un mínimo interés por el K-pop, HYBE era en realidad el nuevo nombre de Big Hit Entertainment desde el 31 de marzo de 2021.

Los miembros de BTS habían llegado a la capital procedentes de distintas ciudades fuera de Seúl, habían debutado como grupo *idol* de una pequeña compañía y habían llegado a cotas que nadie jamás se habría podido imaginar. Habían actuado en el escenario de los premios Grammy y habían lanzado un álbum de antología con cuarenta y ocho canciones titulado *Proof* para conmemorar los casi diez años desde su debut. Y mientras crecían, Big Hit Entertainment también fue volviéndose más grande cada año que pasaba. Compró varias empresas, creó una plataforma de internet llamada Weverse en la que podían reunirse todos los fans y la fusionó con V Live.

Al igual que BTS pasó de ser un verdadero marginado a un auténtico caso atípico que demostró ser la excepción de todas las reglas de la industria, HYBE también se convirtió en un caso atípico en la industria coreana del entretenimiento de masas y del K-pop. BTS y HYBE ya no eran marginales, pero tampoco tan grandes como la industria masiva. Eran un mundo aparte.

Pero más allá de esos logros terrenales, estaba el verdadero regalo especial, lo más importante que los miembros del grupo habían conseguido: se tenían los unos a los otros. j-hope sintetiza el verdadero significado de BTS de la siguiente forma:

———Somos básicamente una familia, si lo piensas. Los he visto más a ellos que a mi verdadera familia durante los últimos diez años … Si alguno de ellos enferma o se siente feliz o triste, yo me siento igual de inmediato. Ocurrió así, de repente. Cuando sufren, yo quiero estar a su lado, y cuando disfrutan, quiero reír con ellos, y cuando están preocupados, quiero escucharlos … Creo que eso es lo que somos los unos para los otros.

j-hope hizo una ampliación de la portada de BTS para la revista *TIME*[55] en tamaño póster y pidió a todo el grupo que se la firmara antes de firmarla él mismo para enmarcarla y colgarla en su sala de estar. Estos siete desconocidos habían llegado de todas partes del país hasta Seúl y se habían convertido en familia. Dentro del sistema de la industria musical coreana más comercial, donde convergen enormes cantidades de capital, recursos humanos, planes de marketing y tecnología, BTS encontró entre sus miembros, por irónico que parezca, a una familia. La primera línea de su primer álbum, «Intro : 2 COOL 4 SKOOL»˙ (Feat. DJ Friz), de *2 COOL 4 SKOOL*, resultó ser profética:

We're Now Going to Progress to Some Steps[56]

Este avance estuvo marcado no por estadísticas, premios ni otras evidencias externas, sino por el crecimiento de una comunidad erigida en torno a cada uno de sus miembros y de sus fans, un avance plagado de alegrías y penas y con un futuro por delante. j-hope, que había llegado desde Gwangju hasta Seúl la Nochebuena de 2010 con el único

---

55 BTS se convirtieron en los primeros artistas musicales coreanos que aparecieron en la portada de la revista *Time* en su edición global el 22 de octubre de 2018. *Time* elogiaba a BTS como los líderes de la próxima generación y los entrevistó en un artículo titulado «Cómo BTS está conquistando el mundo».

56 *Ahora vamos a avanzar unos pasos.*

sueño de convertirse en un artista con un disco, habla de sus esperanzas en el futuro de BTS:

————Incluso ahora, por así decir, en nuestro grupo … Todavía ponemos mucho esfuerzo. No nos rendimos y, al pensar en nuestros fans que nos apoyan, decimos: «Vamos a intentarlo, pase lo que pase». Y eso también da miedo. Porque no puedes evitar pensar que algún día todo se vendrá abajo. Pero nos sentimos orgullosos unos de otros. Siempre hemos hecho todo lo que hemos podido, y continuamos haciéndolo. Creo que eso merece cierto respeto. Y cada uno tiene sus propias ideas y todos son muy buenos (risas). ¡Cómo he conseguido conocer a gente así…! Puede que haya momentos en los que no conectemos del todo, pero siempre los hemos superado mediante la comunicación y me siento bendecido por haberles conocido en esta vida. Siempre deseo expresar mi agradecimiento a los demás miembros y seguimos adelante con la idea de que: «Si ARMY puede sonreír y disfrutar, esa será nuestra verdadera felicidad».

Proof

ANTHOLOGY ALBUM
10. 6. 2022

TRACK

CD 1

01 Born Singer
02 No More Dream
03 N.O
04 Boy In Luv
05 Danger
06 I NEED U
07 RUN
08 Burning Up (FIRE)
09 Blood Sweat & Tears
10 Spring Day
11 DNA
12 FAKE LOVE
13 IDOL
14 Boy With Luv (Feat. Halsey)
15 ON
16 Dynamite
17 Life Goes On
18 Butter
19 Yet To Come (The Most Beautiful Moment)

CD 2

01 Run BTS
02 Intro : Persona
03 Stay
04 Moon
05 Jamais vu
06 Trivia 轉 : Seesaw
07 BTS Cypher PT.3 : KILLER (Feat. Supreme Boi)
08 Outro : Ego
09 Her
10 Filter
11 Friends
12 Singularity
13 00:00 (Zero O'clock)
14 Euphoria
15 Dimple

CD 3 (CD Only)

01 Jump (Demo Ver.)

02 Young Love

03 Boy In Luv (Demo Ver.)

04 Quotation Mark

05 I NEED U (Demo Ver.)

06 Boyz with Fun (Demo Ver.)

07 Tony Montana (with Jimin)

08 Young Forever (RM Demo Ver.)

09 Spring Day (V Demo Ver.)

10 DNA (j-hope Demo Ver.)

11 Epiphany (Jin Demo Ver.)

12 Seesaw (Demo Ver.)

13 Still With You (Acapella)

14 For Youth

VIDEO

 «Proof» LOGO TRAILER

 «Yet To Come»
(The Most Beautiful Moment)
MV TEASER

 «Yet To Come»
(The Most Beautiful Moment)
MV

CRONOLOGÍA

Crónica principal de BTS incluidos lanzamientos de álbumes, conciertos, premios y otras actividades

2013

- Lanzamiento del álbum de sencillos *2 COOL 4 SKOOL* —— 12 de junio de 2013 ————————————————
- Debut —— 13 de junio de 2013 ————————————————
- El *fandom* pasa a llamarse oficialmente «ARMY» —— 9 de julio de 2013
- Lanzamiento del miniálbum *O!RUL8,2?* —— 11 de septiembre de 2013
- Premio al Mejor Artista Novel en los Melon Music Awards (MMA) de 2013

2014

- Premio a Mejor Artista Novel en los Golden Disc Awards de 2014 ——
- Premio a Mejor Artista Novel en los Seoul Music Awards ————
- Lanzamiento del miniálbum *Skool Luv Affair* —— 12 de febrero de 2014 —
- Ceremonia de lanzamiento del club de fans ARMY — 29 de marzo de 2014
- Lanzamiento del álbum estándar *DARK & WILD* —— 20 de agosto de 2014
- Primer concierto en solitario como grupo: BTS 2014 LIVE TRILOGY : —— EPISODE II. THE RED BULLET ————————————————

2015

- Concierto de 2015 BTS LIVE TRILOGY EPISODE I : «BTS BEGINS»——
- Lanzamiento del miniálbum *THE MOST BEAUTIFUL MOMENT IN LIFE PT.1* 29 de abril de 2015 ————————————————
- Delegado coreano en los MTV Europe Music Awards (EMA) de 2015— para mejor actuación mundial ————————————————
- Concierto de 2015 BTS LIVE THE MOST BEAUTIFUL MOMENT IN—— LIFE ON STAGE ————————————————
- Lanzamiento del miniálbum *THE MOST BEAUTIFUL MOMENT IN LIFE PT.2*- 30 de noviembre de 2015 ————————————————

2016

- Lanzamiento del álbum especial *THE MOST BEAUTIFUL MOMENT IN LIFE : YOUNG FOREVER* —— 2 de mayo de 2016
- Concierto de 2016 BTS LIVE THE MOST BEAUTIFUL MOMENT IN LIFE ON STAGE : EPILOGUE
- Lanzamiento del álbum regular *WINGS* —— 10 de octubre de 2016
- Premio al Álbum del Año en los MMA de 2016
- Premio al Artista del Año en los premios MAMA de 2016

2017

- Lanzamiento del álbum especial *YOU NEVER WALK ALONE* —— 13 de febrero de 2017
- Gira de 2017 BTS LIVE TRILOGY EPISODE III : THE WINGS TOUR
- Premio al Mejor Artista Social en los Billboard Music Awards de 2017 (BBMA)
- Lanzamiento del miniálbum *LOVE YOURSELF* 承 'Her' —— 18 de septiembre de 2017
- Primer artista coreano en hacer una actuación exclusiva en los American Music Awards (AMA)
- Premio a Artista del Año en los MAMA de 2017
- Premio a Mejor Canción del Año en los MMA de 2017
- Gira de 2017 BTS LIVE TRILOGY EPISODE III : «THE WINGS TOUR» THE FINAL

2018

- Lanzamiento del álbum estándar *LOVE YOURSELF* 轉 'Tear' —— 18 de mayo de 2018
- Premio al Mejor Artista Social y primera actuación en los BBMA de 2018
- Lanzamiento del álbum reeditado *LOVE YOURSELF* 結 'Answer' —— 24 de agosto de 2018
- Gira BTS WORLD TOUR «LOVE YOURSELF»
- Primer discurso de un artista coreano en la Asamblea General de las Naciones Unidas
- Premio a Artista Social Favorito en los AMA de 2018
- Primer artista coreano que protagoniza la portada de la revista estadounidense *Time*
- Concesión de la Orden Hwagwan del Mérito Cultural en los Premios de Cultura y Artes Populares de Corea de 2018

2019

- Primeros artistas coreanos en asistir a los premios Grammy (61.ª edición)
- Lanzamiento del proyecto global ARMYPEDIA
- Lanzamiento del miniálbum *MAP OF THE SOUL : PERSONA* 12 de abril de 2019
- Premios a Mejor Dúo o Grupo y Mejor Artista Social en los BBMA de 2019
- Gira de la BTS WORLD TOUR «LOVE YOURSELF : SPEAK YOURSELF»
- Gira de la BTS WORLD TOUR «LOVE YOURSELF : SPEAK YOURSELF» THE FINAL
- Premios a Dúo/Grupo Favorito de Pop/Rock, a Gira del Año y a Artista Social Favorito en los AMA de 2019

2020

- Lanzamiento del proyecto global de arte contemporáneo, *CONNECT, BTS*
- Actuación conjunta con Lil Nas X en la 62.ª edición de los premios Grammy
- Lanzamiento del álbum estándar *MAP OF THE SOUL : 7* 21 de febrero de 2020
- Participación en la celebración virtual de graduación en YouTube del «Dear Class of 2020»
- Lanzamiento del sencillo digital «Dynamite» —— 21 de agosto de 2020
- Primer número uno en la Billboard Hot 100 de un artista coreano con «Dynamite»
- Discurso en la 75.ª Asamblea General de las Naciones Unidas
- Celebración del *BTS MAP OF THE SOUL ON:E*
- El remix «Savage Love (Laxed – Siren Beat)» llega al número uno de la Billboard Hot 100 estadounidense
- Premio al Mejor Artista Social en los BBMA de 2020
- Lanzamiento del álbum *BE* —— 20 de noviembre de 2020
- Premios al Dúo/Grupo Favorito de Pop/Rock y Artista Social Favorito en los AMA de 2020
- «Life Goes On» llega al número uno de la Billboard Hot 100 estadounidense (primera canción en coreano que lo logra en los 62 años de historia de la lista)

- Primeros músicos pop coreanos que son nominados para la 63.ª edición de los premios Grammy por Mejor Interpretación de Dúo/Grupo Pop, actuación exclusiva ⸺
- Primer grupo asiático que aparece en la portada de *Rolling Stone* ⸺
- Lanzamiento del sencillo digital «Butter» ⸺ 21 de mayo de 2021 ⸺
- El vídeo musical «Butter» bate el récord mundial en YouTube por mayor cantidad de visualizaciones en 24 horas ⸺
- Premios a la Canción Más Vendida, al Artista Con Más Ventas de Canciones, al Mejor Dúo/Grupo y al Mejor Artista Social en los BBMA de 2021 ⸺
- «Butter» bate cinco récords Guinness mundiales ⸺
- «Butter» ocupa el tercer puesto de la lista oficial de sencillos del Reino Unido Top 100 ⸺
- «Butter» encabeza la lista de la Billboard Hot 100 ⸺
- Lanzamiento del álbum de sencillos *Butter* ⸺ 9 de julio de 2021 ⸺
- «Permission to Dance» encabeza la lista de la Billboard Hot 100 ⸺
- Nombramiento como Enviado Presidencial Especial para las Generaciones Futuras y la Cultura y discurso en la 76.ª Asamblea General de las Naciones Unidas ⸺
- La canción «My Universe» en colaboración con Coldplay encabeza la lista de la Billboard Hot 100 ⸺
- Celebración del *BTS PERMISSION TO DANCE ON STAGE* ⸺
- Premios a Artista del Año, a Canción Pop Favorita y a Dúo/Grupo Pop Favorito en los AMA de 2021 ⸺

2022

- Nominación a Mejor Interpretación de Dúo/Grupo Pop, actuación ——— exclusiva, en la 64.ª edición de los premios Grammy ———————
- Premios a la Canción Más Vendida, al Artista Con Más Ventas de ——— Canciones y a Mejor Dúo/Grupo en los BBMA de 2022 —————
- Visita oficial a la Casa Blanca por invitación del presidente Biden ——— con motivo del Mes de la Herencia de los Asiáticos Americanos ——— y Nativos de las Islas del Pacífico y Hawaianos ———————
- Lanzamiento del álbum de antología *Proof* ——— 10 de junio de 2022 -
- Actuación en el concierto *BTS «Yet To Come»* como embajadores ——— promocionales de la candidatura oficial de Busán para la ————— Expo Mundial 2030 ————————————
- Premios a Dúo/Grupo Pop Favorito y a Artista K-pop Favorito ——— en los AMA de 2022 ———————————

2023

- Nominaciones para la 65.ª edición de los premios Grammy a Mejor ——— Interpretación de Dúo/Grupo Pop, Mejor Vídeo Musical y Álbum ——— del Año ————————————————

Penguin
Random House
Grupo Editorial

Título original: BEYOND THE STORY : 10-YEAR RECORD OF BTS
Primera edición: septiembre de 2023

© 2023, BIGHIT MUSIC CO., LTD, por el texto
© 2023, BIGHIT MUSIC CO., LTD, por todas las fotografías e ilustraciones de interior y de cubierta
Publicado por acuerdo con Flatiron Books en colaboración con International Editors & Yáñez Co.
Barcelona © 2023, Penguin Random House Grupo Editorial, S.A.U.
Travessera de Gràcia, 47-49. 08021 Barcelona
© 2023, Penguin Random House Grupo Editorial USA, LLC
8950 SW 74th Court, Suite 2010 Miami, FL 33156
© 2023, Jesús de la Torre, Gabriel Dols y Scheherezade Surià, por la traducción

Se ha gestionado a través de BIGHIT MUSIC CO., LTD la preaprobación de los compositores
correspondientes para el uso de la letra de las canciones citadas en este libro

Penguin Random House Grupo Editorial apoya la protección del *copyright*.
El *copyright* estimula la creatividad, defiende la diversidad en el ámbito de las ideas y el conocimiento,
promueve la libre expresión y favorece una cultura viva. Gracias por comprar una edición autorizada
de este libro y por respetar las leyes del *copyright* al no reproducir, escanear ni distribuir ninguna
parte de esta obra por ningún medio sin permiso. Al hacerlo está respaldando a los autores
y permitiendo que PRHGE continúe publicando libros para todos los lectores.
Diríjase a CEDRO (Centro Español de Derechos Reprográficos, http://www.cedro.org)
si necesita fotocopiar o escanear algún fragmento de esta obra.

Publicado originalmente de forma diferente en Corea del Sur como BEYOND THE STORY
por BIGHIT MUSIC CO., LTD.

Impreso en Colombia / *Printed in Colombia*

ISBN: 978-1-64473-955-6
Depósito legal: B-12044-2023

Compuesto en Comptex&Ass S. L.